应用型本科物流管理专业精品系列规划教材

物流管理

主　编　段延梅　王　旭
副主编　钟海岩
参　编　王倩兰　梁俊松
　　　　张小雪　魏盈盈

北京理工大学出版社
BEIJING INSTITUTE OF TECHNOLOGY PRESS

内容简介

本书由物流基础篇和物流发展新方向篇两部分组成。物流基础篇重点介绍物流各项基本功能，包括物流管理概论、运输管理、仓储管理、库存管理、配送管理、物流信息系统管理、包装、流通加工与装卸搬运、物流客户服务。物流发展新方向篇介绍物流发展的新方向，包括逆向物流与绿色物流、第三方物流、电子化物流、物流金融及供应链管理。

本书可作为物流管理专业、市场营销专业、电子商务专业、物流工程专业和国际贸易专业的教材，也适用于经济管理各专业的教育、培训，还可供企业物流管理专业人士和关心物流管理的各类人员使用。

版权专有　侵权必究

图书在版编目（CIP）数据

物流管理/段延梅，王旭主编.—北京：北京理工大学出版社，2017.8（2022.9重印）
ISBN 978-7-5682-4573-9

Ⅰ.①物… Ⅱ.①段… ②王… Ⅲ.①物流管理－高等学校－教材 Ⅳ.①F252

中国版本图书馆 CIP 数据核字（2017）第 194097 号

出版发行 / 北京理工大学出版社有限责任公司
社　　址 / 北京市海淀区中关村南大街 5 号
邮　　编 / 100081
电　　话 /（010）68914775（总编室）
　　　　　（010）82562903（教材售后服务热线）
　　　　　（010）68948351（其他图书服务热线）
网　　址 / http：//www.bitpress.com.cn
经　　销 / 全国各地新华书店
印　　刷 / 北京紫瑞利印刷有限公司
开　　本 / 787 毫米×1092 毫米　1/16
印　　张 / 16　　　　　　　　　　　　　　　　　责任编辑 / 高　芳
字　　数 / 429 千字　　　　　　　　　　　　　　文案编辑 / 赵　轩
版　　次 / 2017 年 8 月第 1 版　2022 年 9 月第 4 次印刷　责任校对 / 周瑞红
定　　价 / 39.80 元　　　　　　　　　　　　　　责任印制 / 施胜娟

图书出现印装质量问题，请拨打售后服务热线，本社负责调换

前 言

物流管理最早产生于第二次世界大战时期的美国，至今，物流已成为我国经济发展不可或缺的助力，电子商务的快速发展也为物流管理提供了极大机遇和严峻挑战。现代物流以顾客满意度为宗旨，通过对运输、仓储、配送、包装、流通加工、信息管理等活动进行系统有效管理，把供应商、制造商、零售商乃至整个供应链企业紧密联系起来，使商流、物流、信息流在供应链上快速、高效传递。本书在整理加工和积极吸收国内外现有成果的基础上系统地阐述了物流的基本概念、基本理论与基本方法，目的是让学生通过学习，正确理解物流管理基本理论，为从事物流相关工作打下良好基础。本书在编写过程中，力求在教材内容、编写思路等方面有所突破与创新，主要体现在以下方面：

（1）教材内容：本书的内容包括物流基础篇和物流发展新方向篇两个部分。物流基础篇对物流管理的基本活动环节进行了详细阐述；物流发展新方向篇重点阐述了逆向物流与绿色物流、第三方物流、电子化物流、物流金融以及供应链管理几个方面内容，体现了物流发展的趋势，适应了现今市场经济发展的需要。

（2）教材编写思路：本书侧重与其他专业课程的衔接，在编写过程中引入大量热点问题及企业案例，通过案例思考的方式引导学生运用物流管理基本理论解决实际问题；通过注重物流发展的时政消息，为学生更好地把握物流发展方向提供资料。

本书由段延梅、王旭任主编，钟海岩任副主编，王倩兰、梁俊松、张小雪、魏盈盈参与编写。全书由段延梅、王旭确定大纲、编写体例并最终定稿。本书第一章、第七章、第十章由王倩兰老师编写，第二章、第三章由段延梅老师编写，第四章由梁俊松老师编写，第五章、第六章由钟海岩老师编写，第八章、第九章、第十二章由张小雪老师编写，第十一章由魏盈盈老师编写，第十三章由王旭老师编写。全丽娜、户佩、王婉臻参与全书相关资料的收集工作。

本书在编写过程中，充分借鉴了近年来专家、学者们的研究成果，博采众长，限于篇幅不能一一注明出处，在此一并表示感谢。同时由于编写时间仓促，编者水平有限，书中存在的不足或疏漏之处，欢迎广大读者批评指正。

编 者

目 录

第一篇 物流基础篇

第一章 物流管理概论 (2)
第一节 物流的概念和发展过程 (3)
一、流通的概念及功能 (3)
二、物流的概念 (3)
三、商流的定义 (4)
四、信息流的含义 (4)
五、物流、商流与信息流的关系 (5)
六、物流的发展过程 (6)
第二节 物流的分类 (8)
一、按物流研究范围的大小分类 (8)
二、按物流业务活动的性质分类 (8)
第三节 物流经济活动的双重性 (9)
一、物流创造时间价值 (9)
二、物流创造场所价值 (10)
三、物流创造加工价值 (11)
四、物流占用成本 (11)
五、物流增加环境负担 (11)
第四节 物流系统及物流系统工程 (11)
一、物流系统的概念及其特点 (11)
二、物流系统的相关概念 (12)
三、物流系统的目标 (13)
四、物流系统工程 (13)

第二章　运输管理 (17)

第一节　物流运输概述 (18)
一、运输的概念 (18)
二、运输的基本特征 (19)
三、运输的功能 (19)
四、指导运输管理和营运的原理 (20)
五、运输的地位 (21)

第二节　现代物流运输的方式 (22)
一、现代物流运输方式的分类 (22)
二、现代物流运输方式的选择 (26)

第三节　运输合理化 (28)
一、运输合理化的概念 (28)
二、运输不合理的类型 (29)
三、运输合理化的有效措施 (30)

第四节　运输成本及运价 (32)
一、影响运输成本的因素 (32)
二、运输成本的构成 (34)
三、运输成本管理 (35)
四、运输定价 (36)

第三章　仓储管理 (40)

第一节　仓储基础知识 (41)
一、仓储的产生及发展 (41)
二、仓储的含义 (41)
三、仓储的分类 (42)
四、仓储的性质 (43)
五、仓储的功能 (43)

第二节　仓储管理概述 (44)
一、仓储管理的概念 (44)
二、仓储管理的基本原则 (44)
三、仓储管理的内容 (46)

第三节　仓库及其设施设备 (46)
一、仓库 (46)
二、存货、取货设备 (50)
三、分拣、配货设备 (51)
四、验货、养护等设备 (51)
五、仓储设备的使用管理 (51)

第四节　仓库货区布置 (52)

一、货区布置的评估要素 ………………………………………… (52)
　　二、货区布置的主要影响因素 …………………………………… (52)
　　三、货区布置的基本要求 ………………………………………… (53)
　　四、商品保管场所和非商品保管场所的布置方法 ……………… (53)
　第五节　仓储作业管理 ……………………………………………… (56)
　　一、仓储管理作业的基本流程 …………………………………… (56)
　　二、入库管理 ……………………………………………………… (57)
　　三、在库管理 ……………………………………………………… (59)
　　四、出库管理 ……………………………………………………… (62)

第四章　库存管理 …………………………………………………… (69)
　第一节　库存概述 …………………………………………………… (70)
　　一、库存的概念 …………………………………………………… (70)
　　二、库存的作用和弊端 …………………………………………… (71)
　　三、库存的分类 …………………………………………………… (71)
　　四、库存管理过程 ………………………………………………… (72)
　第二节　库存成本管理 ……………………………………………… (74)
　　一、库存成本的构成 ……………………………………………… (74)
　　二、库存成本管理的要求 ………………………………………… (75)
　第三节　库存控制管理 ……………………………………………… (76)
　　一、ABC 分类管理法 ……………………………………………… (77)
　　二、单周期库存模型 ……………………………………………… (78)
　　三、经济订货批量法 ……………………………………………… (79)
　　四、供应链环境下的库存管理 …………………………………… (81)

第五章　配送管理 …………………………………………………… (86)
　第一节　物流配送基本知识 ………………………………………… (87)
　　一、物流配送的含义 ……………………………………………… (87)
　　二、物流配送的特点 ……………………………………………… (87)
　　三、物流配送的作用 ……………………………………………… (87)
　第二节　物流配送的分类 …………………………………………… (88)
　　一、按配送主体所处的行业分类 ………………………………… (88)
　　二、按配送商品的特征不同分类 ………………………………… (89)
　　三、按配送的时间及数量的不同分类 …………………………… (89)
　　四、按加工程度不同分类 ………………………………………… (90)
　　五、按经营形式不同分类 ………………………………………… (90)
　　六、按配送专业化程度不同分类 ………………………………… (91)
　　七、按实施配送的节点不同分类 ………………………………… (91)
　第三节　物流配送的业务流程 ……………………………………… (92)

一、一般业务流程 ………………………………………………………… (92)
　　二、特殊业务流程 ………………………………………………………… (94)

第六章　物流信息系统管理 ……………………………………………………… (98)

第一节　物流信息系统概述 ……………………………………………… (99)
　　一、物流信息系统的含义与其中的信息技术 ………………………… (99)
　　二、物流信息系统的构成 ……………………………………………… (101)
　　三、物流信息系统的作用 ……………………………………………… (103)

第二节　物流信息系统网络平台 ………………………………………… (103)
　　一、区域物流信息网络平台的构成要素及构建原则 ………………… (104)
　　二、物流信息网络平台的主要功能模块 ……………………………… (105)
　　三、物流信息网络平台的主要作业流程 ……………………………… (105)

第七章　包装、流通加工与装卸搬运 …………………………………………… (109)

第一节　包装管理 ………………………………………………………… (110)
　　一、包装的功能 ………………………………………………………… (110)
　　二、包装的种类 ………………………………………………………… (111)
　　三、包装技术 …………………………………………………………… (117)
　　四、包装的合理化和标准化 …………………………………………… (119)

第二节　流通加工管理 …………………………………………………… (121)
　　一、流通加工的概念及功能 …………………………………………… (121)
　　二、流通加工的地位与作用 …………………………………………… (122)
　　三、流通加工的类型 …………………………………………………… (123)
　　四、流通加工的合理化 ………………………………………………… (125)

第三节　装卸搬运 ………………………………………………………… (126)
　　一、装卸搬运的含义及其作业的分类 ………………………………… (127)
　　二、装卸搬运的基本原则 ……………………………………………… (129)
　　三、装卸搬运的合理化 ………………………………………………… (132)
　　四、装卸搬运设备及其选择 …………………………………………… (133)

第八章　物流客户服务 …………………………………………………………… (144)

第一节　物流客户服务概述 ……………………………………………… (145)
　　一、物流客户服务的含义 ……………………………………………… (145)
　　二、物流客户服务的特点 ……………………………………………… (145)
　　三、物流客户服务的要素 ……………………………………………… (146)
　　四、物流客户服务的作用 ……………………………………………… (146)

第二节　物流客户服务内容 ……………………………………………… (147)
　　一、物流客户服务的主要内容 ………………………………………… (147)
　　二、物流客户服务内容的延伸 ………………………………………… (150)

第三节　物流客户服务管理 …………………………………………… (152)
　　一、物流客户服务原则 …………………………………………… (152)
　　二、物流客户服务需求 …………………………………………… (153)
　　三、物流客户服务策略 …………………………………………… (154)

第二篇　物流发展新方向篇

第九章　逆向物流与绿色物流 …………………………………… (160)
第一节　逆向物流 ……………………………………………………… (161)
　　一、逆向物流的内涵和特点 ……………………………………… (161)
　　二、逆向物流的原则与重要性 …………………………………… (162)
　　三、逆向物流管理模式 …………………………………………… (163)
第二节　绿色物流 ……………………………………………………… (167)
　　一、绿色物流的含义 ……………………………………………… (168)
　　二、绿色物流的必要性 …………………………………………… (168)
　　三、绿色物流的理论基础 ………………………………………… (169)
　　四、绿色物流系统的构成 ………………………………………… (171)
　　五、逆向物流与绿色物流的关系 ………………………………… (173)

第十章　第三方物流 ……………………………………………… (177)
第一节　第三方物流理论 ……………………………………………… (178)
　　一、第三方物流的概念 …………………………………………… (178)
　　二、第三方物流公司的类型 ……………………………………… (179)
第二节　第三方物流的客户服务 ……………………………………… (180)
　　一、第三方物流客户服务的内容 ………………………………… (180)
　　二、第三方物流客户服务的特性 ………………………………… (181)
　　三、客户服务水平定位 …………………………………………… (183)
　　四、客户投诉处理体系 …………………………………………… (186)
　　五、物流服务的持续改进 ………………………………………… (189)
第三节　第三方物流企业的发展战略 ………………………………… (189)
　　一、第三方物流企业市场环境分析 ……………………………… (189)
　　二、第三方物流企业发展战略设计 ……………………………… (190)

第十一章　电子化物流 …………………………………………… (198)
第一节　电子商务物流概述 …………………………………………… (199)
　　一、电子商务物流的概念 ………………………………………… (199)
　　二、电子商务与物流的相互作用 ………………………………… (200)
　　三、电子商务中物流方案的重点考虑因素 ……………………… (200)

第二节　电子商务物流的运营 …………………………………………………(201)
　　　一、电商仓储 ……………………………………………………………………(201)
　　　二、电商配送 ……………………………………………………………………(203)

第十二章　物流金融 ………………………………………………………………(209)

　　第一节　物流金融概述 …………………………………………………………(210)
　　　一、物流金融的概念及产生背景 ………………………………………………(210)
　　　二、物流金融的作用及其面临的风险 …………………………………………(211)
　　第二节　物流金融模式与业务运作流程 ………………………………………(215)
　　　一、物流金融模式 ………………………………………………………………(215)
　　　二、物流金融业务运作流程 ……………………………………………………(217)

第十三章　供应链管理 ……………………………………………………………(222)

　　第一节　供应链的基本理论 ……………………………………………………(223)
　　　一、供应链的定义 ………………………………………………………………(223)
　　　二、供应链的结构和特征 ………………………………………………………(224)
　　　三、供应链的类型 ………………………………………………………………(225)
　　第二节　供应链管理概述 ………………………………………………………(228)
　　　一、供应链管理产生的背景及发展历程 ………………………………………(228)
　　　二、供应链管理的定义 …………………………………………………………(232)
　　　三、供应链管理的特点 …………………………………………………………(233)
　　　四、供应链管理的目标 …………………………………………………………(235)
　　　五、供应链管理的作用 …………………………………………………………(236)
　　　六、供应链管理的具体内容 ……………………………………………………(237)
　　第三节　基于供应链的物流管理 ………………………………………………(240)
　　　一、供应链管理与物流管理的关系 ……………………………………………(240)
　　　二、基于供应链的物流管理特征 ………………………………………………(240)
　　　三、基于供应链的物流管理存在的问题 ………………………………………(242)

参考文献 ……………………………………………………………………………(245)

第一篇

物流基础篇

物流管理概论

★学习目标

通过本章的学习学生应掌握以下知识:
1. 理解流通的含义及功能。
2. 理解物流、商流、信息流的基本含义,能够掌握物流、商流与信息流的关系。
3. 掌握物流的分类。
4. 理解物流经济活动的双重性。
5. 掌握物流系统的含义。

★导入案例

物流中的快递乱象

"双十一"过去好几天了,你买的宝贝都到了吗?是不是还有一些在路上?知道吗,此时此刻,你的宝贝可能正在遭遇如此"快递"!央视财经《消费主张》记者通过投递简历,应聘位于深圳市龙华新区大浪北路的广东全峰物流有限公司,成为一名分拣员,目睹了种种快递乱象。

记者暗访发现,这家快递公司存在多种"出格"的行为:分拣简单粗暴,"看谁扔得远";快件安检"都是表面工作";新来员工不培训就上岗;分拣员边分拣边抽烟,完全无视安全规定;私拆快件包装,随意吃拿糖果;另外,在快件装车时也不按照规范要求操作……

这些乱象是在"双十一"才出现吗?未必,很可能平时也这样,所以,不少分拣员养成了各种恶习。而且,上述乱象不仅存在于广东这家快递公司,其他快递公司应该也存在,因为粗暴分拣、偷吃东西等案例,过去已被曝光过不少,只是没想到一家快递公司就有这么多乱象。

快递业已存在很多年,随着电商业快速发展而迈入快车道,但发展至今仍是一种"野蛮"状态。各种乱象不仅损害快递行业形象,也会影响电商业发展,因为电商离不开快递,更损害了消费者利益。当部分快件被损坏或被偷拿时,就变成消费者与电商之间的纠纷,对双方谁都有伤害。

(案例来源:http://www.eoffcn.com/ksjq/shenlun/68936.html)

问题:
1. 根据上述材料,谈谈如何切实可行地整治快递乱象。
2. 谈谈快递与物流的关系。

第一节 物流的概念和发展过程

一、流通的概念及功能

流通有广义与狭义之分。广义的流通是商品买卖行为以及相互联系、相互交错的各个商品形态变化所形成的循环的总过程，它使社会生产过程永不停息、周而复始地运动。狭义的流通是商品从生产领域向消费领域的运动过程，由售卖过程和购买过程构成，它是社会再生产的前提和条件。

流通的功能，一是通过购销等商品交易活动创造物资的所有权效用；二是通过运输创造物资的空间效用；三是通过储存创造物资的时间效用，将商品转移到用户手中。流通活动包括购、销、运输、储存、包装、装卸、加工和信息，其中，购、销以及商流信息活动属于商流活动，而运输、储存、包装、装卸、加工和物流信息活动属于物流活动，商流信息活动和物流活动信息共同构成流通信息流活动。流通活动由商流活动、物流活动和信息流活动共同构成，物流活动是流通活动的一部分。

二、物流的概念

物流是物资有形或无形地从供应者向需求者进行的物资物质实体的流动。具体的物流活动包括包装、装卸、运输、储存、流通加工和信息等诸项活动。通过物流活动，可以创造物资的空间效用、时间效用，流通加工活动还可能创造物资的形质效用。

这个定义中，明显地包含以下几个要点：

第一，"有形""物资物质实体"，强调实体流动；

第二，"从供应者向需求者"，强调的是分销领域，即流通领域；

第三，"有形或无形"，有形指物质实体，无形指信息；

第四，"流动"而不是"流通"；

第五，"具体的物流活动"包括包装、装卸、运输、储存、流通加工和信息等诸项活动；

第六，物流的功能包括"可以创造物资的空间效用、时间效用"和"形质效用"。

由这个定义可以看出，实际上物流应当具有一个非常普遍和广泛的含义，它既包括物资的运动状态（运输），也包括物资的静止状态（储存），还包括物资的静动状态（包装、装卸、流通加工）。所谓静动状态，就是从宏观上看，它是静的；而从微观上看，它又是动的。物资无论处在运动状态、静止状态，还是静动状态，都是处在物流状态。也就是说，只要是物资存在，它就必然处在物流状态。根据物质不灭定律，社会中的物质只可能转化形态，而不可能消灭；物流也只可能变换形态，而不可能消灭，也可以说，物流是普遍的、绝对的。

这个定义中，明显地包含了以下几个特点：

第一，突出了流通，即把物流看成流通的一部分。因为它强调了"从供应者到需求者"，强调了"流通加工"等；

第二，突出了专业物流活动，强调了运输、储存、包装、装卸、流通加工、信息等几项专业活动；

第三，突出了物流的功能："空间效用""时间效用""形质效用"。

三、商流的定义

商流是物资在由供应者向需求者转移时物资社会实体的流动,主要表现为物资与其等价物的交换运动和物资所有权的转移运动。具体的商流活动包括买卖交易活动及商情信息活动。商流活动可以创造物资的所有权效用。

这个定义中,也包含了以下几个要点:

第一,"物资社会实体",强调物资价值实体的流动;

第二,"从供应者向需求者",强调是流通领域;

第三,"从供应者向需求者转移时物资社会实体的流动",强调的是与物资物质实体流动,即物流的伴随关系;

第四,"流动",而不是"流通";

第五,商流主要表现为等价交换和所有权的转移,"具体的商流活动包括买卖交易活动及商情信息活动";

第六,商流的功能包括"可以创造物资的所有权效用"。

这个定义中,明显地包含了以下几个特点:

第一,突出了流通,即把商流看成流通的一部分;

第二,突出了与物流活动的伴随关系;

第三,突出了商流的功能:"所有权效用"。

四、信息流的含义

信息流也是流通的组成部分,它和物流、商流一起共同构成了流通的"三流"。

流通领域的信息流又称流通信息流。流通信息,是指伴随流通活动而产生并且为流通活动服务的信息,包括由文字、语言、图表、信号等表示的各种文件、票据和情报资料等。流通信息流,是指流通信息的产生、加工、储存和传递等。

与一切经济信息一样,流通信息对于流通具有非常重要的作用,这些作用主要表现在以下四个方面:

(1) 反映作用。所有的流通活动,既包括商流活动,也包括物流活动,都是通过信息来描述的。活动的时间、空间、方式、流量、流速、效果等,都是由信息来描述和反映的。人们主要通过信息来了解具体的商流活动和物流活动。信息描述是否准确、真实,决定了人们对于活动的认识和掌握程度,从而也影响人们对于活动的决策结果。

(2) 服务作用。所有流通活动的进行都需要了解市场行情、环境条件、资源分布、工作程序、约束条件等。这些信息为流通活动的进行提供了服务。没有这些信息的支持,流通活动就不能够顺利而有效地进行。

(3) 指导作用。流通活动的进行需要有科学管理方法、技术、标准、指标以及有关方针政策、规章制度做指导,只有这样,流通活动才能够按照正确、科学的轨道运行。这些信息对于流通活动起着很重要的指导作用。

(4) 控制作用。有些信息能够对流通活动起控制作用。这些大多是一些控制信息。例如,库存控制中的库存警戒点、经济订货批量,商流活动中的订货合同、各种法律法令、规章制度、领导指令等,都是一些控制信息,它们都对流通活动的运行起着控制作用。

商场如战场,在激烈竞争的市场经济中,企业迅速、准确地反映和传递信息,能够做出及时果断的决策,从而能够灵敏地掌握市场变化,抓住机遇,避免风险,保障流通活动高效率地顺利进行，在竞争中取得胜利。

五、物流、商流与信息流的关系

1. 物流和商流的关系

物流和商流都是从商品流通职能中延伸和分解出来的，是同一物质资料流通过程中相伴发生的两个方面。物流和商流存在着相互依存关系。由于物流和商流各有不同的内容、运行特点和规律性，两者可以分别作为独立的范畴进行研究。物流与商流的联系与区别可以总结如下：

（1）物流和商流的联系。

第一，它们都属于流通领域，是商品流通的两种不同形式，在功能上互相补充。通常是先发生商流后发生物流，在商流完成以后进行物流。

第二，它们都是从供应者到需求者的流动，具有相同的出发点和归宿。

（2）物流和商流的区别。

第一，流动的实体不同：物流是物资物质实体的流动，商流是物资社会实体的流动。

第二，功能不同：物流创造物资的空间效用、时间效用、形质效用，而商流创造物资的所有权效用。

第三，发生的先后和路径都可能互不相同：在特殊情况下，没有物流的商流和没有商流的物流都是可能存在的。

总之，物流和商流既有区别又有联系，既分工又合作，既独立又统一，和谐地共处于流通过程之中，互补地共同完成流通的功能。

在市场经济条件下，商流是物流的前提，而物流是商流的继续和完成。商流实现了物质资料在所有权方面的转移，而物流在此基础上实现物料、产品、商品等由生产领域向消费领域的实体性运动。因此，物流受商流制约，商流靠物流来完成。具体的商流最终要靠物流实现，但并不意味着每一次商流都必须伴有物流的绝对运动，即有时可能在多次商流后才伴有物流的绝对运动。商流阻滞会直接影响物流顺畅运动，而物流不畅也会直接影响物料、商品到达用户、消费者手中的时效性，以及物料、商品价值实现的时效性；反之，物流又影响到商流的发展。因此，高质量商流必须有高质量物流作为保障。

2. 物流、商流与信息流的关系

物流、商流和信息流通称为流通过程中的"三流"。信息是指有价值的消息、数据。这里的信息流是指由商流和物流所引起并反映其变化的资料、数据、指令等，在传递、处理过程中的经济活动。

信息流从其载体和服务对象来划分，可以分为商流信息和物流信息两大类。在这两类信息中，有一些是交叉的、共同的，也有一些是物流和商流所特有的非共同信息。

商流信息主要包括进行商品交换有关的信息，如资源信息、价格信息、市场信息、资金信息、合同信息、付款结算信息等。

物流信息主要包括物质资料品种、数量、流量、流向、库存量、物流费用、车辆信息、站场信息、通道线路信息等。

商流中的供需合同等不仅提供了交易的结果，而且提供了物流活动的依据。物流信息库存量不但是物流活动的数据，而且是商流的依据，是这两种信息的交汇处。国际互联网、企业内联网等信息网络的应用与普及，为商务电子化、不同信息的沟通和交汇创造了更好的基础条件。

"三流"部分内容可以集成化处理。在现代电子信息技术和市场经济条件下，电子化商务发展很快，全面、准确、迅速地掌握商流和物流信息是正确决策、实时响应、有效控制的基本前提。

案例思考

商流与物流分离前的运作方式

2001年之前,雅芳的物流运作是商流与物流合一的。除总部工厂仓库外,75个分公司各有一个仓库,物流运作是由工厂仓库—分公司仓库—经销商自提,即雅芳通过长途陆运或空运的方式,将货物从广州工厂仓库运到全国75个分公司的仓库,然后由经销商到所属区域的各个分公司提取货物,并在专卖店或专柜向顾客出售。然而,随着销售额的增长,这种方式的弊端也日益显现出来。一方面,随着销售品种和销售额的增加,库存额高居不下,库存周转天数越来越高,而分散在全国的75个仓库需要投入大量的人力来从事仓储、打单等工作;另一方面,物流不畅导致经销商满意度降低,流失率高。从1999年到2002年年初,雅芳的经销商流失率高达20%。处于十字路口的雅芳感到必须要对物流进行重新整合,构建高效的供应链体系才能有效支撑业务,达到提高满意度、降低成本的目标。商流与物流分离后的运作方式经过近1年的考察和研究,雅芳拿出了一套叫作"直达配送"的物流解决方案。其实质是商流与物流的分离,即取消全国75个大大小小的分公司仓库,成立区域物流中心,经销商的订货直接由总部安排区域物流中心向其配送。雅芳重新进行了物流网络规划,并借助IT来支撑。

(案例来源:https://zhidao.baidu.com/question/547617863.html)

案例思考:
你认为商流与物流分离对企业发展有什么好处?

六、物流的发展过程

物流的发展过程大体上经历了三个不同的阶段,即物流初级阶段、物流开发阶段和物流现代化阶段。

1. 物流初级阶段

物流初级阶段,一般认为是20世纪50年代前后。这一时期,由于生产社会化、专业化程度不高,生产与流通之间的联系较为简单,生产企业的精力主要集中在生产上,管理的重点是放在如何增加产品的数量,对物流在发展经济中的作用缺乏充分认识,重生产轻流通。随着经济社会的不断发展,生产和生活消费对物质产品需求数量的增加,作为克服生产与消费之间背离的物流,与生产的矛盾日益暴露出来,直接影响经济的发展,迫使人们逐渐重视物流的研究和加强物流的管理工作。例如,第二次世界大战以后,日本在国民经济恢复初期,物流尚未被人们认识,运输、储存、包装等物流环节在流通过程中基本上是分散管理,而生产过程中的物流活动,更未引起人们的重视,仅纳入生产过程附带进行管理。随着战时经济向和平经济的转变,物流管理和货物运输严重落后的情况日益暴露出来,加上资本主义所有制的固有弊端,各企业、商社之间无法协调配合,使供销、货物装卸、运输、储存等方面出现了许多问题,造成物质产品一头积压另一头短缺、损坏率高、运输流向不合理等现象。所有这些问题,成为影响当时日本经济发展的一个重要原因。为了解决这些问题,日本组织考察团去美国进行实地考察,引进物流管理技术,并首先在国营铁路运输中使用集装箱,商社、企业也开始研究改进物流工作。

2. 物流开发阶段

物流开发阶段的标志是经济学界和实业界对物流的重要性有了较为深刻的认识,并推动了整个经济社会的物流开发。这一阶段时间大体上是20世纪60—70年代。随着生产社会化的迅速发展,单纯依靠技术革新、扩大生产规模提高生产率来获得利润的难度越来越大,这就促使人们开始寻求新的途径,如通过改进和加强流通管理、降低流通费用。相对来说,可以比较容易获得较高的利润。因此,改进流通、加强物流管理就成为现代企业获得利润的新的重要源泉之一。美国经济学家和商业咨询家彼得·特鲁克把流通领域的潜力比喻为"一块经济界的黑大陆"和"一块未被开垦的处女地"。美国慧纳埃公司提出的一项关于物流效益的研究报告认为,节约流通费用对美国来说,等于有一座价值400亿美元的金矿尚待开发。在20世纪70年代中期出现的经济衰退,迫使企业更even重视降低成本,以提高商品的竞争力,但其着眼点从生产领域转向了流通领域,通过流通开发和改进对顾客的服务和降低运输费用、储存费用来增加利润。在这种情况下,20世纪70年代以后物流界掀起了革命性的变革。日本早稻田大学商学部教授西泽修在《主要社会的物流战》中指出:"从1970年开始,物流革命以惊人的势头不断进行,有突然进入物流时代的感觉。"在日本先后成立了"物流管理协议会"等机构,发行和出版了《流通设计》《物流》《物流管理》等杂志和许多物流方面的著作。在产业界,设立了物流部、物流管理部、物流对策室、流通服务部等机构。物流革命之所以如此急速发展,可以肯定地说是因为人们认识到它是降低产品成本、提高经济效益的宝库。这一时期改进物流的工作主要是在各企业内部进行。尽管在包装、装卸、保管、运输、情报信息方面实现了局部的合理化,但由于缺乏从整体上研究开发物流系统,各部门、行业、企业之间缺乏紧密配合,所以从整个社会来看,物流费用并没有明显下降,总体上经济效益不高。

3. 物流现代化阶段

物流现代化阶段和历史上的石油危机相关。1973年中东战争引起石油危机以后,世界范围内的原材料和燃料价格猛涨,人工费用不断增加,这使得一向依靠廉价原材料和劳动力来获取利润的企业不能再轻而易举地从这两个方面获取利润。这种情况迫使企业在物流方面采取强有力的措施,大幅度降低物流费用,以弥补原材料、燃料和劳动力费用上涨造成的损失。现代系统理论、系统工程、价值工程等科学管理理论和方法的出现,使在更大范围内实现物流合理化成为可能。这一时期物流研究和管理上的特点是,把物流的各项职能作为一个大系统进行研究,从整体上进行开发。在美国,加强物流系统的管理被视为美国"再工业化"的重要因素。日本设立了专门机构来统筹全国的物流活动,使物流的系统化、综合化、协调化有了很大的发展,物流现代化水平明显提高。在运输设施方面,政府拨出巨款,扩建港口、整修道路、建设高速公路和集装箱专用码头等;在装卸工具方面,托盘、叉车、传送带、自动分拣机、自动输送机等现代化装卸搬运机械被普遍运用;在包装方面,积极推行规范化、标准化;在仓库方面,建立了一大批自动化立体仓库、恒温仓库、配送中心、流通加工基地、货运汽车终端集散点等现代化物流基础设施;无人驾驶车辆相继使用和配送过程中高新技术相继应用等;商品销售的网络化、系统化逐步实现,批发、代理、专营、百货商店、超级市场在各地相继建立。与物流现代化相应的流通经营管理现代化也随之发展起来。例如,借助现代化设施——计算机进行输送方式的改革,在大力发展运输设施的基础上谋求系统化,组织铁路—水路、公路—铁路、公路—水路、公路—空运等的联运;改变仓库单纯的储存保管功能,使其变为集储存保管、配送、流通加工于一体的流通中心或物流中心;在物流技术上,在注意改进硬件(物流设施)的同时,十分重视软件的改进和提高,加强现代情报信息技术和计算机技术的应用,使物流向系统化、整体优化方向发展。

第二节 物流的分类

一、按物流研究范围的大小分类

按物流研究范围的大小，物流可分为宏观物流、中观物流和微观物流。

（1）宏观物流。宏观物流是社会再生产总体的物流，是从经济社会整体上认识和研究物流。从空间位置来看，宏观一般是指大的空间范围。例如，一个国家的国民经济物流，称为国内物流或社会物流；国与国之间的贸易过程中所产生的物流，称为国际物流。

（2）中观物流。中观物流是区域性社会再生产过程中的区域性物流，它是从区域上的经济社会来认识和研究物流的。从空间位置来看，中观一般是指较大的空间。例如，一个国家的经济区的物流，称为特定经济区物流；一个国家的城市经济社会的物流，称为城市物流。

（3）微观物流。微观物流带有局部性，一个生产者企业、物流的某一具体职能、某一具体物流实务、某一物质资料的物流问题等，都属于微观物流。微观物流的最大特点表现为具体性、实务性和局部性。

二、按物流业务活动的性质分类

（1）供应物流。供应物流是指企业（包括生产企业和流通企业）的物质资料从生产者或中间商的供应开始，到采购进来投入生产前的物流活动。

（2）生产物流。生产物流是指物质资料从投入生产的第一道工序开始，到半成品、成品或可出售制品入库整个生产过程中的物流活动，包括流通过程带有生产性的劳务所产生的物流活动，如包装、流通加工等的物流活动。

（3）销售物流。销售物流是指从企业成品库、流通仓库，或工厂分发销售过程中所产生的物流活动，包括生产厂商的直接销售和流通企业的销售。

（4）回收物流。回收物流是指生产消费过程和生活消费过程的可再利用物品在回收过程中所产生的物流活动。例如，货物运输和搬运中所使用的包装容器、废旧装载工具、工业生产中产生的边角余料、废旧钢材等在回收中所发生的物流活动。

（5）废弃物物流。在生产消费和生活消费过程中所产生的废旧物，一部分可再利用，通过回收形成一种新的资源；而另一部分不可再利用的废旧物，可称为废弃物。这些废弃物处理过程所发生的物流活动，属废弃物物流范围。

案例思考

沃尔玛的退货管理

沃尔玛于20世纪60年代创建，在20世纪90年代一跃成为美国第一大零售商。在短短几十年的时间里，沃尔玛的连锁店几乎遍布全世界，并以其优质快捷的服务、惊人的销售利润、先进的管理系统闻名全球。沃尔玛的快速成长，与其卓越的物流管理思想及其实践密切相关。

1. 逆向物流中的退货

沃尔玛十分重视物流运输和配送中心，在物流方面投入了大量的资金。在物流运营过程中，沃尔玛逐步建立起一个"无缝点对点"的物流系统，"无缝"即整个供应链连接得非常顺畅。沃尔玛的供应链是指产品从工厂到商店货架的整个物流系统，这种产品的物流应当尽可能平滑。从1990年开始，美国的一些大型连锁零售商为了提高退货处理效率，按照专门化和集约化的原则，仿照正向物流管理中的商品调配中心的形式，采用逆向思维，累计在全美分区域设立了近百个规模不等的"集中退货中心"，以集中处理退货业务。这成为逆向物流管理的开始。目前，美国通过集中退货中心处理的退货已占总数的六成以上，集约化处理已成为逆向物流管理的主导方式。集中退货中心的管理既提高了返品的流通效率，又降低了逆向物流耗费的成本，加速返品资金的回收。此外，集中处理退货还可以大大减少零售店和生产厂家的工作量，充分利用零售店卖场空间，同时也有利于收集和掌握与退货相关的商业动态。

2. 逆向物流中的配送

沃尔玛施行统一的物流业务指导原则，不管物流的项目是大还是小，必须把所有的物流过程集中到一个伞形结构下，并保证供应链上每个环节的顺畅。这样，沃尔玛的运输、配送以及对于订单与购买的处理等所有的过程，都是一个完整网络中的一部分。完善合理的供应链大大降低了物流成本，加快了物流速度。

3. 逆向物流中的循环

沃尔玛物流的循环与配送中心是联系在一起的，配送中心是供应商和市场的桥梁，供货商直接将货物送到配送中心，从而降低了供应方的成本。沃尔玛的物流过程，始终注重确保商店所得到的产品与发货单上的完全一致，精确的物流过程使每家连锁店接受配送中心的送货时只需卸货，不用再检查商品，有效降低了成本。

4. 选择一个适合的逆向供应链服务商

逆向供应链服务商通过有效管理客户的退货流程，通过履行接收和支付处理，逆向供应链专家将退返商品转化为收益，将本来的包袱转化成持续型的利润中心，同时降低了逆向供应链所需的专用资源和基础设施的费用。

逆向供应链服务商有自己的销售平台，能快速处理不同种类的退货。

（案例来源：https://sanwen8.cn/p/108P0wS.html）

案例思考：

逆向物流如何在沃尔玛中应用？

第三节　物流经济活动的双重性

物流是增值性经济活动，又是增加成本和环境负担的经济活动。对物流双重性的认识，应当是研究物流管理的一个基本点。物流管理的任务是在尽量降低物流成本占用，尽量减轻物流造成的环境负担基础上，使物流活动能够增值。

一、物流创造时间价值

时间价值是指"物"从供给者到需要者之间本来就存在一段时间差，由于改变这一时间差创造的价值。时间价值通过物流获得的形式有以下几种：

1. 缩短时间创造价值

缩短物流时间，可获得多方面的好处，如减少物流损失、降低物流消耗、增加物的周转、节约资金等。从全社会物流的总体来看，加快物流速度、缩短物流时间是物流必须遵循的一条经济规律。

2. 弥补时间差创造价值

在经济社会中，需要和供给普遍存在时间差，例如，粮食集中产出，但是人们的消费是一年365天，天天有需求，因而供给和需求之间出现时间差。

供给与需求之间存在时间差，是一种普遍的客观存在，正是有了这个时间差，商品才能取得自身最高价值，才能获得十分理想的效益。由于商品本身不会自动弥合这个时间差，所以没有有效的方法，集中生产出的粮食除了当地少量消耗外，就会损坏、腐烂，而在非产出时间，人们就会没有粮食吃。物流便是以科学、系统的方法来弥补，有时可以改变这种时间差，以实现其"时间价值"。

3. 延长时间差创造价值

物流总体和不少具体物流遵循"加快物流速度，缩短物流时间"这一规律，以尽量缩小时间间隔来创造价值，尤其是针对物流的总体。

但是，在某些具体物流中也存在人为能动地延长物流时间来创造价值的情况。例如，秋季集中产出的粮食、棉花等农作物，通过物流的储存、储备活动，有意识地延长物流的时间，以均衡人们的需求；配合待机销售的囤积性营销活动的物流便是一种有意识地延长物流时间、有意识地增加时间差来创造价值。

二、物流创造场所价值

"物"从供给者到需求者之间有一段空间差，供给者和需求者之间往往处于不同的场所，由于改变"物"的不同场所存在位置，创造的价值称为"场所价值"。

物流创造场所价值是由现代社会产业结构、社会分工所决定的，主要原因是供给和需求之间的空间差，商品在不同地理位置有不同的价值，通过物流将商品由低价值区转到高价值区，便可获得价值差，即"场所价值"。场所价值有以下几种具体形式：

1. 从集中生产场所流入分散需求场所创造价值

现代化大生产的特点之一，往往是通过集中的、大规模的生产以提高生产效率，降低成本。在一个小范围集中生产的产品可以覆盖大面积的需求地区，有时甚至可覆盖一个国家乃至若干国家。通过物流将产品从集中生产的低价位区转移到分散于各处的高价位区有时可以获得很高的利益。物流的"场所价值"也由此决定。

2. 从分散生产场所流入集中需求场所创造价值

和上面相反的情况在现代社会中也不少见，例如，粮食是在土地上分散生产出来的，而一个大城市的需求却相对大规模集中；又如一个大汽车厂的零配件生产也分布得非常广，但却集中在一个大厂中装配，这也形成了分散生产和集中需求，物流便因此取得了场所价值。

3. 从低价值地生产流入高价值地需求创造场所价值

现代社会中供应与需求的空间差比比皆是，十分普遍，除了由大生产所决定之外，有不少是自然地理和社会发展因素决定的，例如农村生产粮食、蔬菜而异地于城市消费，南方生产荔枝而异地于各地消费，北方生产高粱而异地于各地消费，等等。现代人每日消费的物品几乎都是相距一定距离甚至十分遥远的地方生产的。这种复杂交错的供给与需求的空间差都是靠物流来弥合的，物流也从中取得了利益。

在经济全球化的浪潮中，国际分工和全球供应链的构筑，一个基本选择是在成本最低的地区进行生产，通过有效的物流系统和全球供应链，在价值最高的地区销售，信息技术和现代物流技术为此创造了条件，使物流得以创造价值和增值。

三、物流创造加工价值

"物"通过加工而增加附加价值,取得新的使用价值,这是生产过程的职能。在加工过程中,由于物化劳动和活劳动的不断注入,增加了"物"的成本,同时更增加了它的价值。

在流通过程中,可以通过流通加工的特殊生产形式,使处于流通过程中的"物"通过特定方式的加工而增加附加值,这就是物流创造加工价值的活动。

物流创造加工价值是有局限性的。它不能取代正常的生产活动,而只能是生产过程在流通领域的一种完善和补充。但是,物流过程的增值功能往往通过流通加工得到很大的体现,所以,根据物流对象的特性,按照用户的要求进行这一加工活动,可以对整个物流系统完善起到重大作用。尤其在网络经济时代,物流作为对于用户的服务方式,依托信息传递的及时和准确,得以有效组织这种加工活动,因此它的增值作用也是不可忽视的。

四、物流占用成本

无论是国民经济领域还是企业经济领域,物流都是构成成本的主要领域。有时在成本构成中占据首位。表1-1反映了各个国家和地区物流成本占GDP的比重。

表1-1 物流成本占GDP的比重

国家和地区	GDP/10亿美元	物流成本/10亿美元	占GDP的比重/%
中国	4 250	718	16.9
中国台湾	308	40	13.1
新加坡	85	12	13.9
中国香港	175	24	13.7
日本	3 080	351	11.4
美国	8 083	849	10.5
英国	1 243	125	10.1

由表1-1可以看出,即使是发达国家或地区,物流的成本仍然占据重要的角色。

五、物流增加环境负担

物流对环境有较大的负面影响,这个负面影响随着物流量的增大而增大,随着物流合理化而将降低。物流管理的责任,就是要保证在物流满足国民经济和企业经济发展的前提下,尽量减轻环境负担。

第四节 物流系统及物流系统工程

一、物流系统的概念及其特点

物流系统是由多个既互相区别又互相联系的单元结合起来,以物资为工作对象,以完成物资物质实体流动为目的的有机结合体。最基本的物流系统由包装、装卸、运输、储存、加工及信息处理等子系统中的一个或几个有机地结合而成;每个子系统又可以往下分成更小的子系统;

物流系统本身又处在更大的系统之中。

上述概念可理解为：

第一，"多个既互相区别又互相联系的单元"，即有多个单元，它们既互相区别又互相联系。这是构成系统基本和必要的条件。所谓单元，可以是单位组织、空间、职能和功能、时间，也可以是其他因素。它们都是能够独立完成某一个或大或小的功能任务的独立体，大可以大到很大的系统，小可以小到一个人、一台设备、一台车、一项工作。

第二，"以物资为工作对象，以完成物资物质实体流动为目的"，这是物流系统的功能或目的。任何系统都有一个特定的功能或目的，这是构成系统的又一个条件。物流系统既然是一个系统，当然应有一个特定的功能。物流系统区别于一般系统的特点，即它是以物资为工作对象，以完成物资物质实体流动为目的的系统。这个特点强调两层意思：一是以物资作为工作对象，因为物流就是处理物资的；二是强调物资物质实体流动，这是物流的本质意义，是一切物流活动所共同具有的本质特征。

第三，"有机结合体"也是一般系统的基本特征和基本条件，物流系统也具有这个基本特征和基本条件。

第四，"最基本的物流系统由包装、装卸、运输、储存、加工及信息处理等子系统中的一个或几个有机地结合而成"，这是物流系统的子系统的构成。子系统可以按照空间、时间、功能、职能或其他因素进行划分。包装、装卸、运输、储存、加工及信息处理这些子系统是必须要有的，这是物流系统最基本的条件。如果没有这些最基本的物流活动，也就不是物流系统了。但这并不是说，任何物流系统必须具备所有这些物流活动，只要有"一个或几个"就可以了，同时，必须是"有机地"结合而成，凑合不行，一般组合也不行，一定要有机地组合成一个"有机结合体"，才能够算是一个"系统"。

第五，"每个子系统又可以往下分成更小的子系统"，这说明物流系统的子系统可以往下再分，构成一个等级层次结构。这也是一般系统的基本特征和条件。可以按空间分、按时间分、按功能分、按其他因素分，分到最基本单元为止。这样构成一个既相互区别又相互联系的多个单元构成的等级层次结构，它就是一个系统。

第六，"物流系统本身又处在更大的系统之中"，这说明物流系统往上可以再合，可以和同等级的其他系统再结合成一个更大的系统。这也是一般系统的基本特征和条件。物流系统也具有这样的特征和条件。物流系统处在这个更大的系统之中，这个更大的系统又是这个物流系统的环境，物流系统也必须适应这个环境才能够生存和发展。

物流系统区别于一般系统的特点是，它的特定功能或系统的目的，即以物资为工作对象，以完成物资物质实体流动为目的。任何一个系统，只要它是以物资为工作对象，以完成物资实体流动为目的，则都是一个物流系统。

二、物流系统的相关概念

物流系统的环境，是指物流系统所处的更大的系统。它是物流系统处理的外部条件，是物流系统情愿或不情愿都必须接受的条件。物流系统与其环境之间的相互作用具体表现为物流系统的输入、输出、约束和干扰。

物流系统的输入，是指环境对物流系统的输入，它是一种直接输入，是作为物流系统处理的对象而输入物流系统的。输入的具体内容：一是物资；二是信息。

物流系统的输出，是指物流系统对环境的输出，它是一种的直接输出，是物流系统处理的结果的输出。输出的具体内容，也是物资和信息，但是输出的物资与输入的物资是不同的，是加进了物流服务的物资。

物流系统的约束，是指环境对物流系统的输入，它是一种间接输入，是物流系统处理的外部条件和约束条件，包括物资、信息、能源和政治、经济、文化、地理、气候等软件、硬件条件。它们的具体体现，也是一些物资和信息，但是这些物资是一些其他物资，不是输入和输出的那些物资。

物流系统的干扰则是一种偶然的约束，是突然发生的、意料之外的事故、灾害、特殊情况等，是一种意外的约束而已。

物流系统的处理、输入、输出和约束，又称物流系统运行的"四要素"。

三、物流系统的目标

1. 服务好

服务好，不是像人们通常所想象的那样只是服务态度热情、友好一点，而是包括很广泛的内容。物流系统本身，全部都是服务。物流系统就是一个服务系统，它的所有活动都是服务活动，为生产服务、为流通服务、为客户服务。而这种服务的核心，就是满足客户的需求。而满足客户的需求表现在各个方面，最主要的是满足客户对于所需物资的需求。不缺货、保质、保量，及时送货，安全可靠地运输、储存、包装、装卸，做到物流成本低、服务态度好，为客户提供信息支持、技术咨询、技术支持和售后服务等，几乎遍及物流活动的各个方面、各个环节。因此，服务好，实际上就是需要物流系统全面做好各个方面的工作。

2. 费用省

费用省是指物流的总费用最省。物流系统是由多个单元构成的，物流活动又由多种类型、多个环节构成，各种物流方式、各个物流环节都会发生物流费用。一个物流系统所有的物流方式、物流环节所发生的物流费用的总和，就是这个物流系统的总费用。整个物流系统的第二个目标，就是要使这个物流总费用最省。

要做到物流总费用最省，要求整个物流系统要优化，各个单元也要优化，要尽量利用各种物流优化技术，充分利用和努力节约资源，提高工作效率，降低物流成本。

要做到物流总费用最省，还要求整个物流系统各个单元、各个环节都要协调配合，协调能提高生产力，协调还可以提高工作效率、降低成本，能够达到"$1+1>2$"的效果，这样就可以实现总费用最省。

在物流系统的实际运行中，这两个目标往往是互相矛盾的：服务水平越高，物流成本也就越高，服务水平高出一定程度以后，随着服务水平继续提高，物流成本会急剧上升。在这种情况下，则要注意学会协调和折中，选取一个既能使总费用较省又能使服务水平较满意的方案。

四、物流系统工程

1. 物流系统工程的概念

物流系统工程，就是综合运用各种知识，设计制造或改造运行物流系统的综合性工程体系。
上述概念可理解为：

第一，"综合运用各种知识"，这是系统工程不同于传统工程的地方。传统工程涉及的知识领域比较少、比较专、比较窄，而系统工程涉及的知识领域比较多、比较宽，这是因为系统工程一般是一个人机工程，需要处理人的因素，所以不但需要自然科学知识，而且需要社会科学、管理学、经济学、哲学、心理学、法律学等知识，也就是要综合运用各种知识。

第二，"设计制造或改造运行物流系统"，这里包括两层意思：一是物流系统工程工作的对象是物流系统；二是工作的内容是设计、制造、改造、运行。这些都是传统的工程方法。

第三，"综合性的工程体系"，强调了综合性，即传统工程手段的综合；强调了是工程体系，这是物流系统工程的工程学性质。

2. 物流系统工程的基本观点和基本思想方法

物流系统工程既然是一个系统工程，就应当具备系统工程的基本观点，即系统的观点、整体最优的观点、发展变化的观点、协调配合的观点、适应环境的观点、控制的观点、人是系统主体的观点。

物流系统工程的基本思想方法，也就是一般系统工程的基本思想方法。对于一般的物流系统工程，可以运用七个步骤的思想方法，即摆明问题、指标设计、系统综合、系统分析、系统优化、择优决策、计划实施。对于任何一个物流系统工程问题，总是先弄清问题，查清原因；然后确定目标，看问题要解决到什么程度；之后为达到这些目标，拟订各种可行方案；再对这些可行方案进行分析，分别进行调试、完善、优化；最后在优化后的可行方案中挑选最优的方案付诸实施，制定实施计划、步骤、方针政策。

对于比较复杂的大型物流系统，则可以用三维结构的思想方法。把整个系统工程分成时间维、逻辑维和知识维。即把整个工程过程分成七个时间阶段，即规划阶段、拟订方案、分析阶段、实验阶段、调试阶段、运行阶段、更新阶段。每个阶段都实行上述七个步骤，每个阶段的每个步骤都综合运用相应的知识，这样一个阶段、一个步骤进行，直到最后完成。

本章小结

流通的功能可以通过购销等商品交易活动创造物资的所有权效用，也可以通过运输创造物资的空间效用，还可以通过储存创造物资的时间效用，将商品转移到用户手中。故流通活动就是由商流活动、物流活动和信息流活动共同构成的，物流活动是流通活动的一部分。信息流也是流通的组成部分，它和商流、物流一起共同构成了流通过程中的"三流"。

物流活动存在于各行各业，一方面为商品（或服务）带来了附加价值，另一方面又是增加成本、环境负担的经济活动。对物流双重性的认识，应当是研究物流管理的一个基本点。物流管理的任务是在尽量降低物流成本占用，尽量减轻物流造成的环境负担基础上，使物流活动能够增值。

为此，必须对物流系统的输入、输出、约束和干扰进行研究，得出相关关系，从系统论的角度研究、解决实际物流管理问题。

思考与练习

一、单项选择题

1. 物质的运输功能是实现物质的（　　）。
   A. 空间效用　　　　　　　　　　B. 时间效用
   C. 社会效用　　　　　　　　　　D. 形态效用

2. 按物流业活动的性质，物流可分为（　　）。
   A. 企业物流、社会物流、国际物流
   B. 供应物流、生产物流、销售物流、回收物流、废弃物流
   C. 分销物流、社会物流、国际物流
   D. 企业物流、分销物流、国际物流

3. 下列有关物流与商流关系的论述中不正确的是（   ）。
   A. 社会发展初期，商流与物流是统一的，随着社会生产力水平发展，商流与物流逐渐分离
   B. 在当今高度发达的市场经济环境中，物流发生的同时，物品所有权也随之转让
   C. 在一定条件下，商流与物流分离可以降低物流成本，加快货物的交货速度
   D. 采取赊销购物方式，会引起物流在前，商流在后的物流、商流分离形式
4. 当供应商采用货到付款的方式与其他企业交易商品，则会引起（   ）。
   A. 物流在前，商流在后   B. 商流在前，物流在后
   C. 商流与物流同时发生   D. 商流迂回，物流直达
5. 物流系统的功能要素是指物流系统所具有的（   ）。
   A. 运行手段   B. 基本能力
   C. 实现目标的条件   D. 基本结构
6. 物流系统的设计应以（   ）为中心。
   A. 库存战略   B. 运输战略
   C. 设施分布   D. 顾客服务
7. 商品流通是以（   ）为媒介，实现商品由生产领域流向消费领域的经济活动。流通的对象是具有一定使用价值和交换价值的商品。
   A. 货币   B. 信息   C. 生产   D. 交换

二、多项选择题

1. 流通信息对于流通具有非常重要的作用，这些作用表现在（   ）。
   A. 反映作用   B. 服务作用
   C. 指导作用   D. 控制作用
2. 按物流研究范围的大小，物流可分为（   ）。
   A. 宏观物流   B. 中观物流
   C. 微观物流   D. 绿色物流
3. 物流合理化表现在（   ）。
   A. 物流设施合理化及运输网络化 B. 商品流合理化
   C. 包装规范化、系列化   D. 物流机构和环节合理化
4. 物流和商流的区别表现在（   ）。
   A. 流动的实体不同
   B. 功能不同
   C. 两者相互补充，都属于流通领域
   D. 物流和商流又是相互独立的，发生的先后和路径可能相同

三、判断题

1. 物流是以仓储和运输为主体的行业。   （   ）
2. 设备的更换是指利用先进的科学技术成就来提高原有设备的性能、效率。   （   ）
3. 在电子商务活动过程中，强调的是信息流、商流、资金流和物流的整合，其中物流是实现电子商务的重要环节和基本保证。   （   ）
4. 流通加工型配送中心除了开展配送服务外，还根据用户的需要在配送前对商品进行流通加工。   （   ）
5. 从物流的角度来看，包装是生产的终点，但却是物流的起点。   （   ）

6. 物流系统的功能要素是指物流系统所具有的基本结构。（　　）

四、简答题
1. 什么是物流？什么是商流？两者有什么区别？
2. 什么是物流系统？物流系统有哪些特点？

五、案例分析题

美国布鲁克林酿酒厂物流管理

美国布鲁克林酿酒厂于 1987 年 11 月将它的第一箱布鲁克林啤酒运到日本，并在最初的几个月里使用了各种航运承运人。最后，日本金刚砂航运公司被选为其唯一的航运承运人。金刚砂公司之所以被选中，是因为它向布鲁克林酿酒厂提供了增值服务。金刚砂公司在其国际机场的终点站交付啤酒，并在飞往东京的航班上安排运输，金刚砂公司通过其日本报关办理清关手续。这些服务有利于保证产品完全符合保鲜要求。

另外，布鲁克林酿酒厂将改变包装，通过装运小桶装啤酒而不是瓶装啤酒来降低运输成本。虽然小桶的重量与瓶的重量相等，但减少了玻璃破碎而使啤酒损毁的机会。此外，小桶啤酒对保护性包装的要求也比较低，这将进一步降低了装运成本。

（案例来源：http：//www.docin.com/p-1490929563.html）

问题：

结合美国布鲁克林酿酒厂的物流管理，谈一谈企业物流管理的关键点。

第二章

运输管理

★学习目标

通过本章的学习学生掌握以下知识：
1. 了解运输的地位和运输的功能。
2. 掌握指导运输管理和营运的原理。
3. 了解各种运输方式的技术经济特点。
4. 掌握运输合理化的有效措施。
5. 掌握影响运输成本的因素及运输成本构成。

★导入案例

蒙牛物流管理：打造快速物流系统

物流运输是乳品企业重大挑战之一。蒙牛目前的触角已经伸向全国各个角落，其产品远销到中国香港、中国澳门，甚至还出口东南亚。为了能在最短的时间内、有效的存储条件下，以最低的成本将牛奶送到商超的货架上，蒙牛采取了以下措施：

1. 缩短运输半径

对于酸奶这样的低温产品，由于其保质日期较短，蒙牛要保证在2~3天送到销售终端。为了保证产品及时送达，蒙牛尽量缩短运输半径。当蒙牛的产品线扩张到酸奶后，蒙牛的生产布局也逐渐向黄河沿线以及长江沿线伸展，使牛奶产地尽量接近市场，以保证低温产品快速送达卖场、超市的要求。

2. 合理选择运输方式

目前，蒙牛产品的运输方式主要有两种：汽车和火车集装箱。蒙牛在保证产品质量的原则下，尽量选择费用较低的运输方式。

对于路途较远的低温产品运输，为了保证产品能够快速地送达消费者手中，保证产品的质量，蒙牛往往采用成本较高的公路运输。

为了更好地了解汽车运行的状况，蒙牛还在一些运输车辆上装上了GPS系统，给物流以及相关人员（包括客户）带来了方便，避免了有些司机在途中长时间停车而造成货物未及时送达或者产品途中变质等问题。

而像利乐包、利乐砖这样保质期比较长的产品,则尽量依靠内蒙古的工厂供应,因为用户里有最好的奶源。产品远离市场的长途运输问题就依靠火车集装箱来解决。与公路运输相比,这样更能节省费用。

在火车集装箱运输方面,蒙牛与中铁集装箱运输公司开创了牛奶集装箱"五定"班列这一铁路运输的新模式。"五定"即"定点、定线、定时间、定价格、定编组"。"五定"班列定时、定点、一站直达,有效地保证了牛奶运输的及时、准确和安全。

2003年7月20日,首列由呼和浩特至广州的牛奶集装箱"五定"班列开出。将来自内蒙古的优质牛奶运送到了祖国大江南北,打通了蒙牛的运输"瓶颈"。目前,蒙牛销往华东、华南的牛奶80%依靠铁路先运到上海、广州,然后向其他周边城市分拨。通过"五定"列车,上海消费者在70个小时内就能喝上草原鲜奶。

3. 全程冷链保障

低温奶产品必须全过程都保持为2~6℃,这样才能保证产品的质量。蒙牛牛奶在"奶牛—奶站—奶罐车—工厂"这一运行序列中,采用低温、封闭式的运输。蒙牛的冷藏运输系统都能保证将刚挤下来的原奶在6个小时内送到生产车间,确保牛奶新鲜的口味和丰富的营养。出厂后,在运输过程中,则采用冷藏车保障低温运输。蒙牛在零售终端(小店、零售店、批发店等)投放冰柜,以保证其低温产品的质量。

4. 使每一笔单子变大

物流成本控制是乳品企业成本控制中一个非常重要的环节。蒙牛减少物流费用的方法是尽量使每一笔单子变大,形成规模后,在运输的各个环节上就都能得到优惠。

此外,蒙牛的每一次运输活动都经过了严密的计划和安排,运输车辆每次往返都会将运进来的外包装箱、利乐包包装等原材料和运出去的产成品做一个基本结合,使车辆的使用率提高了很多。

(案例来源:http://blog.sina.com.cn/s/blog_505e667e01009zsc.html)

问题:

1. 蒙牛选择运输方式的依据是什么?
2. 运输在物流中的地位如何?

第一节 物流运输概述

运输是物流的核心业务,是物流运作与管理不可或缺的一环。在许多场合,人们甚至把它作为整个物流的代名词。组织者应该选择技术、经济效果最好的运输方式或联运组合,合理地确定输送路线,以满足运输的安全、迅速、准时和低成本的要求。

一、运输的概念

运输是实现人和物空间位置变化的活动,与人类的生产和生活息息相关。运输的产生与发展,经历了漫长的历史过程,它伴随着社会生产力的发展和科学技术的进步而产生、发展,促进了社会、政治、经济和文化的进步,是人类文明的车轮,是人类社会进步的动力。

运输是指用设备和工具,将物品从一个地点向另一个地点运送的物流活动。其中包括集货、搬运、中转、装入、卸下和分散等一系列操作。运输用于消除物品在供应者与消费者之间的空间间隔,创造物品的空间效益,实现物品的使用价值,满足消费者的需求。当实体因从一个地方转移到另一个地方时，空间位置改变了，时间上使用价值也得到了延续，从而创造了实体的空间价值和时间价值。

运输和搬运的区别在于：运输是较大空间范围的活动，而搬运是在同一地域之内的活动。运输作为社会生产力的有机组成部分，主要是通过完成物品的空间位移表现出来的，将生产和消费所处的不同空间连接起来，实现物品在不同地点之间的移动。

现代大生产要求按时供应大量的原料、燃料和材料，并从生产地输出成品到消费区去。生产、分配、交换和消费，必须通过运输的纽带才能得到有机的结合。生产的社会化程度越高，商品经济越发达，生产对流通的依赖性越大，运输在再生产中的作用越重要。

二、运输的基本特征

运输过程是运输组织者使用运输设施、设备和工具作用于物品实体本身，改变物品实体的空间位置的过程，因此，相对于物流的其他过程来说，运输有其明显的特征。

（1）运输是社会生产过程在流通领域内的继续。产品在生产过程完成后，必然要从生产领域进入消费领域，只有通过运输，产品才能变成消费品，所以运输与流通是紧密相连的，是社会生产过程在流通领域内的继续。

（2）运输不产生新的实物形态产品。运输的劳动对象是实体，它只改变实体的空间位移，但却不增加社会产品的实物总量，不产生新的实物形态产品。

（3）运输消费和运输生产是同一过程。运输产品的效用和运输的生产过程密不可分，只能在生产过程中被消费。生产过程开始，消费过程也就开始，生产过程结束，消费过程也就结束。这一特点要求一方面运输应留有足够的运输能力储备，以免由于能力不足而影响消费者需求，另一方面应对运输过程进行周密的规划和管理，因为运输过程中出现的任何差错都无法通过对运输产品的"修复"而使消费者免受侵害或影响。

（4）运输的服务性。运输提供的是一种劳务服务，运输业对劳动对象只有运输权，只能改变劳动对象的空间位置，对物资实体不具有所有权。

（5）运输的资本结构有其特殊性。运输的固定资本比重大，流动资本比重小，资本的周转速度相对较慢。

（6）运输具有"网络型产业"特征。运输生产的场所多而广，具有"网状"特征。运输的网络性生产特征决定了运输内部各个环节以及各种运输方式相互间密切协调的重要性。

三、运输的功能

运输的功能，是指通过运输，克服产品在生产与需求之间存在的空间和时间上的差异，或者通过运输，对产品进行临时储存。

（1）产品的转移功能。运输的主要功能就是克服产品在生产与需求之间存在的空间和时间上的差异，使产品在价值链中来回移动，即通过改变产品的地点与位置，消除产品在生产与消费之间的空间位置上的背离，或将产品从效用价值低的地方转移到效用价值高的地方，创造出产品的空间效用。运输的主要目的就是要以最少的时间和费用完成物品的运输任务。同时，产品转移所采用的方式必能满足顾客的要求，产品遗失和损坏必须降到最低的水平。通过位置移动，运输对产品进行了增值，创造出产品的时间效用。

（2）产品的储存功能。如果转移中的产品需要储存，而短时间内产品又将重新转移的话，卸货和装货的成本也许会超过储存在运输工具中的费用，这时，将运输工具暂时当作储存工具是可行的。当交付的货物处在转移之中,而原始的装运目的地被改变时,产品也需要临时储存。因此,运输有时也可对产品进行临时储存,对产品的储存也是运输的功能之一。

四、指导运输管理和营运的原理

指导运输管理和营运的两条基本原理分别是规模经济和距离经济。

(1) 规模经济。规模经济的特点是随装运规模的增长,使每单位重量或体积的运输成本下降。运输规模经济之所以存在,是因为与转移一票货物有关的固定费用可以按整票货物的重量分摊。一票货物越重,就越能摊薄成本,由此使每单位重量的成本更低。与货物转移有关的固定费用包括接收运输订单的行政管理费用、定位运输工具装卸的时间、开票,以及设备费用等。这些费用之所以被认为是固定,是因为它们不随装运的数量而变化。

(2) 距离经济。距离经济的特点是每单位距离的运输成本随距离的增加而减少。运输的距离经济又称为递减原理,因为费率或费用随距离的增加而逐渐减少。距离经济的合理性类似规模经济。尤其是运输工具装卸所发生的相对固定的费用必须分摊每单位距离的变动费用。距离越长,可以使固定费用分摊给更多的里程,导致每千米支付的总费用更低。在评估各种运输战略方案或营运业务时,这些原理就是重点考虑因素。其目的是要使装运的规模和距离最大化,同时仍要满足顾客的服务期望。

案例思考

拒绝超限超载 保护公路安全

2016年9月18日,贵州省货车非法改装和超限超载治理工作领导小组发布公开信,倡议广大货运车主、货运源头企业及机动车维修企业业主今后不超限超载,不为无牌无证、证照不全车辆装载,不为非法改装车辆装载,不为车辆超标准装载,不为超限超载提供虚假装载证明,不指使、强令车辆驾驶员超标准装载运输货物,不非法改装车辆,为确保道路交通安全献出宝贵的力量。

公开信说,贵州省实现了"小省办大交通"的历史性突破,但在建设成就斐然的背后,日趋严重的货车非法改装和超限超载问题,严重缩短公路使用寿命,破坏公路设施,使桥梁、隧道等建筑物成为危桥危隧;频繁引发交通事故,严重危害人民群众生命财产安全。据统计,货运车辆交通事故80%以上由超限超载引发,90%以上次生事故与超限超载有直接关系,超限超载运输已成为道路交通安全的"第一杀手"。

公开信呼吁,为保护贵州省来之不易的公路建设成果,我们携起手来,共同努力,从自我做起,拒绝超限超载,保护公路安全,共同构建安全和谐的交通运输环境。

同时,记者昨日从召开的全省货车非法改装和超限超载治理工作电视电话会议上获悉,贵州省即日起开展为期一年的专项行动,对货车非法改装和超限超载等问题进行集中治理,使货车非法改装现象得到有效遏制,全省公路货车超限超载率控制在2%以内。

(案例来源:http://news.163.com/16/0919/01/C19PH5O900014Q4P.html)

案例思考:

1. 超载运输对道路、客车、交通通畅及行车安全有哪些危害?
2. 结合指导运输管理和营运的基本原理分析超载运输存在的根本原因。

五、运输的地位

在现代生产中，生产的专门化、集中化，生产与消费被分割的状态越来越严重，被分隔的距离也越来越大。运输如今被人们称为"经济的动脉"。运输的地位有以下几点：

（一）运输在国民经济中的地位

1. 运输是社会物质生产的必要条件之一

运输是生产过程的继续，是国民经济的基础，是社会物质生产的必要条件之一，是社会再生产得以顺利进行的必要条件。虽然运输这种生产活动与一般生产活动不同，它不创造产品价值和使用价值，而只变动产品所在的空间位置，但这一变动使生产能继续下去，使社会再生产不断推进，所以将其看成一个物质生产部门。如果没有运输，生产内部的各个环节便无法连接。

2. 运输是连接产销、沟通城乡的纽带

国民经济由农业、工业、建筑业、运输业、商业等部门组成，各部门之间既相互促进，又相互制约；既相互独立，又相互联系。而运输是国民经济的大动脉，作为社会物质生产的必要条件，联结着生产与再生产、生产与消费的环节，国民经济各部门、各企业，城乡，不同国家和地区。运输功能的发挥扩大了国民经济活动的范围，缩小了物质交流的空间，实现了在此范围内价值的平均化和合理化。运输使整个国民经济活动得以正常运行。

（二）运输在物流系统中的地位

1. 运输是"第三利润源"的主要部分

（1）从运费来看，运费在全部物流费中所占比例最高，因此节约的空间是很大的。

（2）运输是运动中的活动，承担大跨度空间转移的任务，所以活动时间长、距离长、消耗也大。消耗的绝对数量大，其节约的潜力也就大。

（3）由于运输总里程长，运输总量巨大，通过体制改革和运输合理化可大大缩短运输吨千米数，从而获得比较大的节约。

在物流各环节中，合理地组织运输，不断地降低物流运输费用，对于提高物流经济效益和社会效益都有着重要作用。

2. 运输是物流系统功能要素的核心

随着经济的全球化和一体化，通过运输实现物品的空间效用呈现出越来越明显的强化趋势，通过储存保管实现物品的时间效用则呈现出弱化趋势。这种趋势带来的直接影响就是对物流业，特别是运输业务越来越大的需求，这在客观上无形地突出了运输功能的主导作用。通过强化运输和其他物流功能，降低或消除储存功能的作用，传统物流系统为了避免随机因素的干扰而设置的"安全库存"量大大降低，甚至有可能使理想状态的"零库存"变为现实。运输功能的主导地位和要素核心作用也日益明显，成为物流系统最关键的核心功能要素。

3. 运输是实现物流合理化的关键

物流的合理化是指在各物流子系统合理化基础上形成的最优物流系统总体功能。而运输是物流系统中的关键因素，它的合理与否直接影响其他物流子系统的构成，而且运输是创造物流空间效用的主要功能要素，在物流系统整体功能中发挥了中心环节的作用。物流的合理化在很大程度上取决于运输的合理化。运输的合理化是物流系统合理化的关键，有着举足轻重的地位。只有运输的合理化，才能使物流系统结构更加合理，结构功能更强，系统总体功能更优。

第二节　现代物流运输的方式

一、现代物流运输方式的分类

（一）按运输设备、运输工具区分的运输方式

1. 公路运输

公路运输是主要使用汽车或其他车辆（如人、畜力车）在公路上进行货客运输的一种方式。

公路运输主要承担近距离、小批量的货运和水运、铁路运输难以到达地区的长途、大批量货运及铁路、水运优势难以发挥的短途运输。由于公路运输具有灵活性，近年来，在有铁路、水运的地区，长途大批量运输也开始使用公路运输。

公路运输的主要优点是灵活性强，公路建设期短，投资较低，易于因地制宜，对收到站设施要求不高，可采取"门到门"运输形式，即从发货者门口直到收货者门口，而无须转运或反复装卸搬运。公路运输也可作为其他运输方式的衔接手段。公路运输的经济半径一般在 200 km 以内。

2. 铁路运输

铁路运输是使用铁路列车运送货物和旅客的一种运输方式。

铁路运输主要承担长距离、大批量的货运，在没有水运条件地区，几乎所有大批量货物都是依靠铁路，是在干线运输中起主力运输作用的运输形式。

铁路运输的主要优点是速度快、受自然条件限制小、载运量大、运输成本较低。主要缺点是灵活性差，只能在固定线路上实现运输，需要与其他运输手段配合和衔接。铁路运输的经济半径一般在 200 km 以上。

3. 水路运输

水路运输是使用船舶运送客货的一种运输方式。

水路运输主要承担大批量、长距离的运输，是在干线运输中起主力作用的运输形式。在内河及沿海，水运也常作为小型运输工具使用，担任补充及衔接大批量干线运输的任务。

水路运输的主要优点是成本低，能进行低成本、大批量、远距离的运输。但是水运也有显而易见的缺点，主要是运输速度慢，受港口、水位、季节、气候影响较大，因而一年中中断运输的时间较长。

水路运输有以下四种形式：

（1）沿海运输。使用船舶通过大陆附近沿海航道运送客货的一种方式，一般使用中小型船舶。

（2）近海运输。使用船舶通过大陆邻近国家海上航道运送客货的一种运输形式，视航程可使用中型船舶，也可使用小型船舶。

（3）远洋运输。使用船舶跨大洋的长途运输形式，主要依靠运量大的大型船舶。

（4）内河运输。使用船舶在陆地内的江、河、湖、川等水道进行运输的一种方式，主要使用中小型船舶。

4. 航空运输

航空运输是使用飞机或其他航空器进行运输的一种方式。

航空运输的单位成本很高，因此，主要适合运载的货物有两类：一类是价值高、运费承担能力很强的货物，如贵重设备的零部件、高档产品等；另一类是紧急需要的物资，如救灾抢险物资等。

航空运输的主要优点是速度快，不受地形的限制。在火车、汽车都不到达的地区也可依靠航空运输，因而有其重要意义。

5. 管道运输

管道运输是利用管道输送气体、液体和粉状固体的一种运输方式。

其运输形式是靠物体在管道内顺着压力方向循序移动实现的，同其他运输方式的重要区别在于，管道设备是静止不动的。

管道运输的主要优点是，由于采用密封设备，在运输过程中可避免散失、丢失等损失，也不存在其他运输设备本身在运输过程中消耗动力所形成的无效运输问题。另外，管道运输运输量大，适用于大且连续不断运送的物资。

结合上述内容，可以得出现代物流中主要的运输方式有铁路、公路、水路、航空和管道五种。此外，为了加快运输的速度，提高运输的效益，更好地满足顾客多样化的需要，在集装箱、GPS 等设施设备不断发展的基础上，多式联运、大陆桥运输、包裹运输也得到了快速发展。本部分将主要讨论铁路、公路、水运、航空和管道五种运输方式，下面对五种运输方式的优缺点做简单介绍，如表 2-1 所示。

表 2-1　五种运输方式的组成部分及优缺点的比较

运输方式	系统组成部分	优点	缺点
铁路运输	线路、机车车辆、信号设备和车站	运量大，速度快，成本低，不太受自然条件限制，全天候，准时	基建投资较大，灵活性差，运输范围受铁路线限制
公路运输	公路、车辆和车站	机动灵活，可实现"门到门"运输，建设周期短，投资较低，无须转运或反复搬运，是其他运输方式完成集疏运的手段	容易受气候和道路条件的制约，准时性差，货物安全性较低，对环境污染较大
水路运输	船舶、港口和航道	载运量大，运距长，运输成本低，对环境污染小	速度慢，受港口、水位、季节、气候等因素影响大
航空运输	航空港、航空线网和飞机	速度极快，范围广，不受地形限制，货物比较安全	运量小，成本极高，站点密度小，需要公路运输方式配合，受气候因素影响
管道运输	管线和管线上的各个站点	运量大，运费低、能耗少、较安全可靠、一般受气候环境影响、劳动生产率高，货物零损耗，不污染环境	只适用于输送原油、天然气、煤浆等货物，通用性差

现代物流运输的五种运输方式产生的历史不同，其技术经济性能指标各异，运输生产过程也各有其不同的特点，形成了各自的适用范围，如表 2-2 所示。

表 2-2 各种运输方式的技术经济特征

运输方式	铁路运输	公路运输	水路运输	航空运输	管道运输
成本	低于公路	成本高于铁路、水路和管道运输,仅比航空运输成本低	成本一般较铁路低	成本最高	成本与水路运输接近
速度	长途快于公路运输,短途慢于公路运输		速度较慢	速度极快	
能耗	能耗低于公路和航空运输	能耗高于铁路和水路运输	能耗低,船舶单位能耗低于铁路,更低于公路	能耗极高	能耗最小,在大批量运输时与水路运输连接
便利性	机动性差,需要其他运输方式的配合和衔接才能实现"门—门"运输	机动灵活,能够进行"门—门"运输	需要其他运输方式的配合和衔接才能实现"门—门"运输	难以实现"门—门"运输,必须借助其他运输工具进行集疏运	运送货物种类单一,且管线固定,运输灵活性差
投资	投资额大、建设周期长	投资小,投资回收期短	投资少	投资大	建设费用比铁路低60%左右
运输能力	能力大,仅次于水路(经济半径在200千米以上)	载重量不高,运送大件货物较为困难(经济半径在200千米以内)	运输能力最大	只能承运小批量、体积小的货物	运输量大
对环境的影响	占地多	占地多,环境污染严重	土地占用少	—	占用的土地少,对环境无污染
适用范围	大宗低值货物的中、长距离运输,也适用于大批量、时间性强、可靠性要求高的一般货物和特种货物的运输	近距离、小批量的货运或是水运、铁路难以到达地区的长途、大批量货运	运距长,运量大,对送达时间要求不高的大宗货物运输,也适合集装箱运输	价值高、体积小、送达时效要求高的特殊货物	单向、定点、量大的流体状且连续不断货物的运输

(二)按运输线路区分的运输方式

1. 干线运输

干线运输是利用铁路、公路的干线,大型船舶的固定航线进行的长距离、大数量的运输,是进行远距离空间位置转移的重要运输形式。干线运输一般速度较同种工具的其他运输要快,成本也较低。干线运输是运输的主体。

2. 支线运输

支线运输是与干线相接的分支线路上的运输。支线运输是干线运输与收、发货地点之间的补充性运输形式，路程较短，运输量相对较小，支线的建设水平往往低于干线，运输工具水平也往往低于干线，因而速度较慢。

3. 城市内运输

城市内运输是一种补充性的运输形式，路程较短，干线、支线运输到站后，站与用户仓库或指定接货地点之间的运输，由于是单个单位的需要，所以运量也较小。

4. 厂内运输

厂内运输是指在工业企业范围内，直接为生产过程服务的运输。一般在车间与车间之间、车间与仓库之间进行。小企业之间以及大企业车间内部、仓库内部则不称"运输"，而称"搬运"。

（三）按运输方式区分的运输方式

1. 集货运输

集货运输是将分散的货物汇集集中的运输形式，一般是短距离、小批量的运输，货物集中后才能利用干线运输形式进行远距离及大批量运输，因此，集货运输是干线运输的一种补充形式。

2. 配送运输

配送运输是将据点中已按用户要求配好的货分送给各个用户的运输。一般是短距离、小批量的运输，从运输的角度讲是对干线运输的一种补充和完善的运输。

（四）按运输协作程度区分的运输方式

1. 一般运输

孤立地采用不同运输工具或同类运输工具而没有形成有机协作关系的为一般运输，如公路运输、火车运输等。

2. 联合运输

联合运输简称联运，是使用同一运送凭证，由不同运输方式或不同运输企业进行有机衔接接运货物，利用每种运输手段的优势充分发挥不同运输工具效率的一种运输方式。

采用联合运输，对用户来讲，可以简化托运手续，方便用户。同时可以加快运输速度，也有利于节省运费。

经常采用的联合运输方式有铁海联运、公铁联运、公海联运等。

3. 多式联运

多式联运是联合运输的一种现代形式。一般的联合运输，规模较小，在国内大范围物流和国际物流领域，往往需要反复地使用多种运输手段进行运输。在这种情况下，进行复杂的运输方式衔接，并且具有联合运输优势的称作多式联运。

案例思考

实际生活中的运输问题

某公司计划托运 1 000 吨钢材到新疆乌鲁木齐，公司销售科钱经理派刚毕业的陈鹏去办理相关的托运业务。今天一早陈鹏刚上班，钱经理就把他叫进了办公室。

钱经理："小陈，你今天上午赶快把乌鲁木齐的 1 000 吨货物发出去，昨天对方的王经理给我打电话，说一定要把那批钢材托运出去，否则要延误工程施工进度了。"

陈鹏："好的，我今天上午就把这事办了。"

陈鹏走出经理办公室，心里就嘀咕了："我到公司上班才几天时间，业务还不熟悉。况且我还从来没办过货物的托运，该选择哪种运输方式，该如何办理呢？"

（案例来源：https：//wenku.baidu.com/view/1e9a03c902020740bf1e9b85.html）

思考：
运输方式的选择需要考虑哪些方面的内容？

二、现代物流运输方式的选择

（一）选择自行运输还是外包运输

1. 企业选择自行运输的主要原因

（1）企业内部的自行运输体现了组织的总体采购战略，便于控制，但是实施低成本、高效率的自行运输需要企业内部各部门之间的广泛合作和沟通。

（2）企业之所以会自行运输，最主要的原因是考虑到承运人不一定能达到自己所需要的服务水平。通常而言，为了提高服务水平，企业选择自行运输的原因有：

①服务的可靠性；
②订货提前期较短；
③意外事件反应能力强；
④与客户的合作关系。

（3）企业通过在运输工具上喷印公司的名称和图片，可以起到广告作用。

2. 企业选择外包运输的主要原因

第一，虽然外包运输减轻了企业的压力，可以使企业集中精力于新产品的开发和产品的生产，但是委托运输需要处理与企业外部的承运商之间的关系，增加了交易成本，也增加了对运输控制的难度。

第二，出于成本的考虑。

关于外包运输还是自行运输的决策不仅是运输决策，更是财务决策。

（二）运输方式的选择

一般来讲，运输方式的选择受运输物品的种类、运输量、运输距离、运输时间、运输成本等五个方面因素的影响。当然这些条件不是互相独立的，而是紧密相连、互相影响的。运输企业可以根据所需运输服务的要求，参考不同运输方式的不同营运特征进行正确的选择。一般来说，主要考虑以下几个方面的因素：

1. 运输费用

企业要开展商品运输工作，必然要付出一定的人力、物力和财力，因此企业进行运输决策时，要受其经济实力以及运输费用的制约。

2. 商品性能

一般来讲，水果、蔬菜、鲜花等鲜活商品，电子产品、宝石以及时令性商品等宜选择航空运输；粮食、煤炭等大宗货物适宜选择水路运输；石油、天然气、碎煤浆等适宜选择管道运输。

3. 运输速度和路程

运输速度的快慢、运输路程的远近决定了货物运送时间的长短。通常情况下，批量大、价值低、运距长的商品适宜选择水路或铁路运输；而批量小、价值高、运距长的商品适宜选择航空运输；批量小、距离近的适宜选择公路运输。

4. 运输的服务和质量属性

运输质量来之不易，它是经过仔细计划，并得到培训、全面衡量和不断改善支持的产物。对运输质量来说，关键是要精确地衡量运输可得性和一致性，这样才有可能确定总的运输服务质量是否达到所期望的服务目标。运输企业如要持续不断地满足顾客的期望，最基本的是承诺的服务质量不断提高。

5. 运输的可得性

不同运输方式的运输可得性也有很大差异，公路运输最可得，其次是铁路运输，水路运输与航空运输只有在港口城市与航空港所在地才可得。

6. 运输的一致性

运输的一致性是指在若干次装运中履行某一特定的运次所需的时间与原定时间或与前几次运输所需时间的一致性，它是运输可靠性的反映。近年来，托运方已把一致性看作高质量运输的最重要的指标。如果运输缺乏一致性，就需要安全储备存货，以防预料不到的服务故障。运输一致性还会影响买卖双方承担的存货义务和有关风险。

7. 市场需求的缓急程度

在某些情况下，市场需求的缓急程度也决定着企业应当选择何种运输工具。如市场急需的商品须选择速度快的运输工具，如航空或汽车直达运输，以免错过时机；反之，可选择成本较低而速度较慢的运输工具。

（三）承运人—托运人合同

有效的物流网络要求托运人和承运人在战略和操作方面都保持良好的关系。托运人一般喜欢与可靠的、能提供高质量服务的承运人之间订立长期合作合同。合同对托运人和承运人都有好处，可以使得托运人对运输活动便于管理，增强了可预测性，并可去除费率波动对托运人的影响。另外，合同还可保证达到托运人所要求的运输服务水平，从而使运输成为托运人的竞争优势领域。同时，合同这种合作方式也有利于承运人自觉改善运输服务，使得承运人的服务适合托运人的物流需求，并使运费和服务之间的关系更直接，而且改善了托运人和承运人之间的关系。此外，长期合同减少了承运人为了满足特殊的托运人服务要求而购买机器设备的投资风险，并保证托运人得到所需的特殊的服务。一般情况下，既提供随叫随到服务，又提供合同服务的承运人会给合同托运人以最高的优先级，因为合同的普遍特征使服务不周的惩罚费用很高。托运人对承运人有较强的影响力，并能得到较好的服务。

（四）运输协议的协商

承运人的价格策略越来越灵活，这使得托运人有比较大的余地通过与承运人的协商来降低成本。协商程序的目的是考虑到协议各方的利益，开发出一种对于承运人和托运人双方都有利的协议，并且促使双方密切合作。因为大多数协商都以服务成本定价为基础，所以承运人应该精确核算其成本。只有所有的成本都经过全面考虑，承运人和托运人才能协作，以便共同降低承运人的服务成本。

（五）车辆路线计划

运输设备需要巨大的资金投入，运作中成本也很高，因此，在企业可接受的利润率和客户服务水平限制下开发最合理的车辆路线计划非常重要。

一般而言，承运人从合理的车辆路线计划中得到的好处有：更高的车辆利用率、更高的服务水平、更低的运输成本、减少设备资金投入、更好的决策管理。对托运人而言，运输路线计划可以降低他们的成本并提高其所接受的服务水平。

尽管有各种各样的路线计划问题,但人们可以把路线计划分为以下几种不同的类型:

1. 单一出发地和单一目的地且出发地和目的地不同

单一出发地和单一目的地且出发地和目的地不同的车辆路线计划问题可以看作网络规划问题,可以用运筹学的方法解决,其中最简单直接的解法是最短路线方法。

2. 多出发地和多目的地

实际运输中常碰到有多个供应商并供应给多个工厂的问题,或者把不同工厂生产的同一产品分配到不同客户处的问题,在这些问题中,出发地和目的地都不是单一的。在这类问题中,各供应点的供应量往往也有限制。

3. 出发地和目的地是同一地点

自有车辆运输时,车辆往往要回到出发地。比较常见的情况是,车辆从一座仓库出发到不同的零售点送货并回到仓库,这一问题实际是出发地和目的地不同的问题的延伸,但相对而言更为复杂一些。它的目标是找到一个可以走遍所有地点的最佳顺序,使得总运输时间最少或距离最短。这一类问题没有固定的解决思路,在实践中通常是根据实际情况的不同,结合经验寻找适用的方法。

在实际运输中,一些具体的限制使得问题变得更为复杂,比如:①每一地点既有货物要送又有货物要取;②有多辆运输工具可以使用,每一运输工具都有自己的容量和承载量限制;③部分或全部地点的开放时间都有限制;④因车辆容量的限制或其他因素,要求先送货再取货;⑤司机的就餐和休息时间需要考虑。有了这些限制,运输路线计划和进度计划就很难找到最佳方案。实际操作中,通常求助于简单易行的方法以得到解决问题的可行方案。

第三节　运输合理化

一、运输合理化的概念

运输合理化是指按照货物流通规律,组织货物运输,力求用最少的劳动消耗,得到最高的经济效益。也就是说,在有利于生产、市场供应、节约流通费用以及劳动力的前提下,使货物运输里程最短,经过最少的环节,用最快的时间,以最小的损耗和最低的成本,把货物从出发地运到客户要求的地点。

由于运输是物流中最重要的功能要素之一,物流合理化在很大程度上依赖于运输合理化。运输合理化的影响因素很多,起决定性作用的有以下五个方面的因素:

1. 运输距离

在运输时,运输时间、运输货损、运费、车辆或船舶周转等运输的若干技术经济指标,都与运输距离有一定比例关系。因此,运输距离长短是运输是否合理的一个最基本因素。缩短运输距离既具有微观的企业效益,也具有宏观的社会效益。

2. 运输环节

每增加一次运输,不但会增加起运的运费和总运费,还会增加运输的附属活动,如装卸、包装等,各项技术经济指标也会因此下降。减少运输环节,尤其是同类运输工具的环节,对合理运输有促进作用。

3. 运输工具

各种运输工具都有其使用的优势领域,对运输工具进行优化选择,按运输工具特点进行装卸运输作业，最大限度地发挥所用运输工具的作用，是运输合理化的重要一环。

4. 运输时间

运输是物流工程中需要花费较多时间的环节。尤其是远程运输，在全部物流时间中，运输时间占绝大部分，所以，运输时间的缩短对整个流通时间的缩短有决定性的作用。运输时间短，有利于运输工具的加速周转，充分发挥运力的作用；有利于货主资金的周转；有利于运输线路通过能力的提高，对运输合理化有很大贡献。

5. 运输费用

运输费用在全部物流费中占很大比例，运输费用的高低在很大程度上决定了整个物流系统的竞争能力。运输费用降低，无论对货主企业来讲，还是对物流经营企业来讲，都是运输合理化的一个重要目标。运输费用的判断，也是各种合理化措施是否行之有效的最终判断依据之一。

二、运输不合理的类型

物流中的不合理运输是指不注重经济效益，造成运力浪费、运费增加、货物流通速度降低、货物损耗增加的运输现象。物流运输不合理的表现主要有以下几种类型：

1. 空驶

空车无货载行驶，可以说是运输不合理的最严重形式。造成空驶主要有以下几种原因：

第一，有社会化的运输体系而不利用，却依靠自备车送货提货，这往往出现单程车，单程空驶的运输不合理。

第二，工作失误或计划不周，造成货源不实，车辆空去空回，形成双程空驶。

第三，车辆过分专用，无法搭运回程货，只能单程实车，单程回空周转。

2. 对流运输

对流运输也称"相向运输"或"交错运输"，是指同一种货物或可以相互替代的货物在同一线路上或平行线路上做相对方向的运送，而与对方运程的全部或一部分发生重叠交错的运输称为对流运输。它是运输不合理最突出、最普遍的一种，它有两种表现形式：

第一，明显对流，即同类的（或可以互相代替的）货物沿着同一线路相向运输。

第二，隐蔽对流，即同类的（或可以互相代替的）货物在不同运输方式的平行路线上或不同时间进行相反方向的运输。

3. 迂回运输

迂回运输是指货物多余的路线、绕道运输的运输不合理方式，即不经过最短路径的绕道运输，是舍近求远的一种运输。

4. 重复运输

重复运输是指一种货物本来可以直接运到目的地，但因物流仓库设置不当或计划不周使其在中途卸下，再重复装运送达目的地。另一种形式是，同品种货物在同一地点运进，同时又运出。

5. 倒流运输

倒流运输是对流运输的一种派生形式，是指货物从销地或中转地向产地或起运地回流的一种运输现象。

6. 过远运输

过远运输是指相同质量、相同价格的货物舍近求远的不合理方式，即销地应由距离较近的产地购进所需相同质量和价格的货物，但却超出货物合理辐射的范围，从远距离的地区运来，或产地就近供应,却调到较远的消费地运输现象。

7. 运力选择不当

未发挥各种运输工具优势,而不正确地利用运输工具造成的不合理现象,称为运力选择不当。不根据承运货物数量及重量选择,盲目决定运输工具,造成过分超载、损坏车辆或货物不满而浪费运力的现象。常见运力选择不当的形式有:弃水走陆;铁路、大型船舶的过近运输;运输工具承载能力选择不当。

8. 托运方式选择不当

对于货主而言,在可以选择最好托运方式而未选择,造成运力浪费及费用支出加大的一种运输不合理。例如,应选择整车而未选择,反而采取零担托运;应当直达而选择了中转运输等。

9. 超限运输

超限运输是指超过规定的长度、宽度、高度和重量,容易引起货损、车轴损坏和公路路面及公路设施的损坏,还会造成严重的事故。这是当前表现突出的运输不合理。

10. 无效运输

无效运输即不必要的运输,是指被运输的货物杂质较多,使运输能力浪费于不必要的物资运输。

以上对运输不合理的描述,主要就形式本身而言,是从微观观察得出的结论。在实践中,必须将其放在物流系统中,做出系统分析和综合判断,从而优化全系统。

三、运输合理化的有效措施

1. 提高运输工具实载率

实载率有两个含义:一是单车实际载重与运距的乘积和标定载重与行驶里程的乘积的比率;二是车船的统计指标,即一定时期内车船实际完成的物品周转量(以吨千米计)占车船载重吨位与行驶千米乘积的百分比。

提高实载率的意义在于,充分利用运输工具的额定能力,减少车船空驶和不满载行驶的时间,减少浪费,从而求得运输的合理化。在铁路运输中,采用整车运输、整车拼装、整车分卸及整车零卸等具体措施,都是提高实载率的有效途径。

2. 采取减少动力投入,增加运输能力的有效措施

运输的投入主要是能耗和基础设施的建设,在设施建设已定型和完成的情况下,尽量减少能源投入,是少投入的核心。做到了这一点就能大大节约运费,降低单位货物的运输成本,从而达到运输合理化的目的。这种运输合理化的要点是少投入、多产出,走高效益之路。

国内外在这方面的有效措施有:

(1)"满载超轴"。超轴是指在机车能力允许的情况下,多加挂车皮。

(2)拖排和拖带法。利用竹、木本身浮力,采取拖带法运输,可省去运输工具本身的动力消耗。

(3)顶推法。顶推法是指将内河船舶编成一定队形,由机动船顶推前进的航行。我国内河货运采取的就是这种方法。该法的优点是航行阻力小,顶推量大,速度较快,运输成本很低。

(4)汽车列车。汽车列车的原理和船舶拖带、火车加挂基本相同,都是在充分利用动力能力的基础上,增加运输能力。

(5)大吨位汽车。在运量比较大的路线上,采用大吨位汽车进行运输,比小吨位汽车进行

运输能够有相当大的节约。

3. 发展直达运输

直达运输是指越过商业物资仓库环节或铁路交通中转环节,把货物从产地或起运地直接运到销地或用户所在地,减少中间环节的一种运输方式。直达运输是追求运输合理化的重要形式。其对合理化的追求要点是:通过减少中转过载换装,从而提高运输速度,节省装卸费用,降低中转货损。

4. 发展配载运输

配载运输是指充分利用运输工具载重量和容积,合理安放装载的货物及载运方法以求得合理化的一种运输方式。配载运输也是提高运输工具实载率的一种有效形式。

(1) 实行解体运输。对一些体大笨重、不易装卸又容易碰撞致损的货物可将其拆卸装车分别包装,以缩小所占空间,并易于装卸和搬运,以提高运输装载效率。

(2) 组织轻重装配。这是指把实重货物和轻泡货物组装在一起,既可充分利用车船装载容积,又能达到装载重量,以提高运输工具的使用率。

(3) 改进堆码方法。根据车船的货位情况和不同货物的包装形状,采取各种有效的堆码方法,以提高运输效率。当然,推进物品包装的标准化,逐步实行单元化、托盘化,是提高车船装载技术的一个重要条件。

5. 发展特殊运输技术和运输工具

依靠科技进步是运输合理化的重要途径。集装箱船比船舶能容纳更多的箱体,集装箱高速直达车船加快了运输速度等,都是通过采用先进的科学技术实现合理化。例如,专用散装及罐车解决了粉状物、液状物运输损耗大、安全性差等问题;袋鼠式车皮、大型半挂车解决了大型设备整体运输问题;"滚装船"解决了车载货的运输问题。

有不少产品,由于产品本身形态及特性问题,很难实现运输的合理化,如果进行适当加工,就能够有效解决合理运输问题。例如,将造纸材料在产地预先加工成干纸浆,然后压缩体积运输,就能解决造纸材料运输不满载的问题。轻质产品预先捆紧包装成规定尺寸,装车就容易提高装载量;水产品及肉类预先冷冻,就可提高车辆装载率并降低运输损耗。

6. 发展社会化运输体系

运输社会化是指发展运输的大生产优势,实行专业分工,打破一家一户自成运输体系的状况。实行运输社会化,可以统一安排运输工具,避免对流、倒流、空驶、运力不当等多种不合理形式,不但可以追求组织效益,而且可以追求规模效益。

社会化运输体系中,各种联运方式水平较高。联运方式充分利用面向社会的各种运输系统,通过协议进行一票到底的运输,有效打破一家一户的小生产作业,受到了托运人的欢迎。

新经济提供的信息技术、网络技术、物流机械装备的大规模技术、自动化技术等,已经使构成物流的运输活动发生了很大的变化,形成了新的发展趋势:运输从物流的主导地位变成现代物流的支撑因素;随着全球经济一体化的进程,运输的空间距离将被拉大,承担大量运输的远洋海运和承担多品种、少批量、多批次的长距离空中快运两类运输形式的比重将有比较大的增长;无论在基础平台建设方面还是在运行方面,都会出现一体化的趋势。

7. 发展"四就"直拨运输

"四就"直拨运输是指物流经理在组织货物调运的过程中,以当地生产或外地到达的货物不运进批发仓库,采取直拨的办法,把货物直接分拨给市内基层批发、零售店或用户,从而减少一道中间环节。"四就"直拨,首先由管理机构预先筹划,然后就厂、就站(码头)、就库、就车

（船）将货物分送给用户，而无须再入库。"四就"直拨运输的含义与具体方式见表2-3。

表2-3 "四就"直拨运输的含义与具体方式

主要形式	含义	具体方式
就厂直拨	物流部门从工厂收购产品，在经厂验收后，不经过中间仓库和不必要的运输环节，直接调拨给销售部门或直接送到车站码头运往目的地的方式	厂际直拨、厂店直拨、厂批直拨、用工厂专用线、码头直接发运
就车站直拨	物流部门对外地到达车站的货物，在交通运输部门允许占用货位的时间内，经交接验收后，直接分拨运给各销售部门	直接运往市内各销售部门，直接运往外埠要货单位
就仓库直拨	在货物发货时越过逐级的层层调拨，直接从仓库拨给销售部门	对需要储存保管的货物就仓库直拨；对需要更新库存的货物就仓库直拨；对常年生产、常年销售货物就仓库直拨；对季节生产、常年销售货物就仓库直拨
就车船直拨	对外地用车、船运入的货物，经交接验收后，不在车站或码头停放，不入库保管，随即通过其他运输工具换装直接运到销售部门	就火车直装汽车；就船直装火车或汽车；就大船过驳小船

运用直拨的办法，把货物直接分给基层批发、零售中间环节，这种方式可以减少一道中间环节，在时间与其他方面收到双重的经济效益。

8. 推进综合一贯制运输

综合一贯制运输，即货运汽车承担末端输送的复合一贯制运输，是复合一贯制运输的主要形式，在一般情况下两者是等同的。综合一贯制运输是把货运汽车的机动灵活和铁路、海运的成本低廉以及飞机的快速的特点组合起来完成门到门的运输，是通过优势互补，实现运输的效率化、低廉化，缩短运输时间的运输方式。

在复合运输中发货单位发货时，只要起运地一次办理好运输手续，收货方在指定到达站即可提取运达的商品，它具有一次起标、手续简便、全程负责的好处。

9. 实施托盘化运输

托盘化运输是指利用托盘作为单元载货运输的一种方法，其关键在于全程托盘化，即一贯托盘化运输。一贯托盘化运输对于货主、运输业、社会均有很大好处。

第四节 运输成本及运价

一、影响运输成本的因素

按照《物流术语》（GB/T 18354—2006）的规定，运输成本是指运输企业进行运输生产活动所发生的各项耗费的货币表现，包括直接运输费用和管理费用。

要想进行科学的运输成本决策，首先应了解影响运输成本的因素。运输经济通常受七个因素的影响，尽管这些因素并不是运费表上的组成部分，但企业在进行物流运输成本决策时，必须对这些因素加以综合考虑。

1. 货物运送距离

货物运送距离是影响运输成本的主要因素，因为它直接对劳动力、燃料和维修保养等变动成本发生作用，如图 2-1 所示。

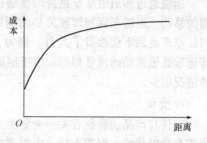

图 2-1 运输成本与运送距离的关系

（1）成本曲线并不是从原点开始的。

（2）随着距离增大成本曲线逐渐变缓，这种特征被称作递远递减原则，即运送距离越长，成本增加量越小。

2. 载货量

根据运输的规模经济原理可知，每单位重量的运输成本是随载货量的增加而减少的。如图 2-2 所示。这部分运费被提取和交付活动的固定费用以及行政管理费用分摊，但是这种关系会受到运输工具最大尺寸的限制。一旦车辆满载，就会对下一辆车重复这种关系。因此应该把小批量的载货整合成大批量的载货，以期实现规模经济。

3. 货物的疏密度

货物的疏密度是把重量和空间方面的因素结合起来考虑的。因为运输成本通常表示为每单位重量所花的数额。在重量和空间方面，单独的一辆运输汽车更多地受到空间限制，即使该产品的重量很小，车辆一旦装满，也不可能再增加装运数量。此时，重量不是运输车辆实际的疏密度和燃料成本的主要影响因素，货物的疏密度越高，把固定运输成本分摊到增加的重量上去，这些产品所承担的每单位重量的运输成本也就相对越低。如图 2-3 所示，每单位重量的运输成本随货物疏密度的增加而呈现下降的趋势。

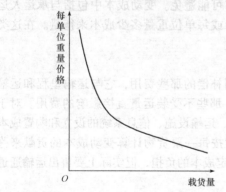

图 2-2 运输成本与载货量的关系

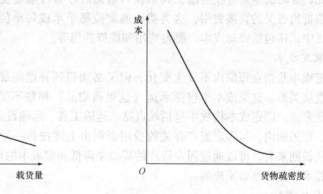

图 2-3 运输成本与货物疏密度的关系

4. 运输工具的积载能力

积载能力是指产品在具体尺寸及其对运输工具的空间利用程度的影响。一般来说，具有标准矩形的产品要比形状古怪的产品更容易积载。积载能力还受到装运规模的影响：大批量的产品往往能够相互嵌套、便于积载，而小批量的产品则有可能难以积载。

5. 搬运方式及效率

物品在运输或配送过程中通常要用刚性容器或承载工具进行成组，形成运输单元（集装单元），以提高搬运效率。成组后的集装单元增加了搬运活性，可以提高搬运效率，同时也保护了商品，减少货损货差，从而使运输、配送成本下降。

6. 运输需求的不平衡性

运输通道和通道流量是否均衡等因素也会影响运输成本。运输通道是指起运地与目的地之间的移动。运输车辆和驾驶员必须返回起运地，因此要么找一票货物带回来，要么只能空车返回。空车返回不仅浪费了人力、物力，也使运输成本大大增加。理想的情况是"平衡"运输，即运输通道两端的流量相等。由于制造地点与消费地点的需求不平衡，所以，通道两端流量相等的情况很少。

7. 责任

责任与产品的特征有关，主要关系到货物损坏风险和导致索赔事故。对产品具体要考虑的因素是易损坏性，财产在货运中损害的责任、易腐性、易被偷窃性、易自燃性或自爆性。承运人必须通过向保险公司投保来预防可能发生的索赔，否则有可能要承担任何可能损坏的赔偿责任。托运人可以通过改善保护性包装，或通过减少货物灭失损坏的可能性降低其风险，最终降低运输成本。

二、运输成本的构成

运输成本由四项内容构成，即基础设施成本、运转设备成本、营运成本和作业成本。这些成本通常可根据成本特性划分为变动成本、固定成本、联合成本和公众成本四部分。

1. 变动成本

变动成本是指在一定时间内随着运输作业量的变化，在一次投入使用并消耗的各种材料及为作业人员支付报酬所发生的各种费用。即与每一次运输直接相关的费用，与运输里程和运输量成正比。

因此，变动成本只有在运输工具未投入营运时才有可能避免。变动成本中包括与承运人运输每一票货物有关的直接费用，这类费用通常按每千米或每单位重量多少成本来衡量。在这类成本构成中，还包括劳动成本、燃料费用和维修费用等。

2. 固定成本

固定成本是指在短期内不发生变化，但又必须得到补偿的那些费用，它与运输里程和运输量没有直接关系。这类成本中包括承运（这里指物品）那些不受装运量直接影响的费用。对于运输企业来说，固定成本构成中包括端点站、运输工具、运输设施、信息系统的设立和购置成本等费用。在短期内，与固定资产有关的费用必须由上述按每一票货物计算变动成本的贡献来弥补；而从长期来看，可以通过固定资产的买卖来降低固定成本的负担，但实际上要售出运输通道或运输技术往往是非常困难的。

3. 联合成本

联合成本是指决定提供某种特定的运输服务而产生的不可避免的费用。例如，当承运人决定将一汽车的货物从地点A运往地点B时，这意味着这项决定中已产生了从地点B至地点A的回程运输的"联合成本"。于是，这种成本要么必须由最初从地点A到地点B的运输来弥补，要么必须找一位有回程货物的托运人来进行弥补。联合成本对运输费用有很大的影响，因为承运人所要的运价中必须包括隐含的联合成本，它的确定要考虑托运人有无适当的回程货物，或者这种回程运输成本由原先的托运人来弥补。

4. 公众成本

公众成本是指承运人代表所有的托运人或某个分市场的托运人支付的费用。例如，端点站或管理部门之类的费用，具有企业一般管理费用的特征，通常是按照活动水平，如装运处理的数目多少分摊给托运人承担的。但是，用这种方式来分摊企业管理费，有可能发生不正确的费用分配。比如，一个托运人也许只是约定，但并没有实际使用传递服务时就需要为这种约定支付费用。

三、运输成本管理

运输成本管理是指对运输生产经营活动所发生的成本和费用进行系统预测、计划、控制、核算、分析和考核等一系列管理工作。运输管理的目的是提高运输效率、降低运输成本。

1. 成本预测

成本预测是根据有关成本数据和企业具体发展情况，运用一定的技术方法，对未来的成本水平及其变动趋势做出科学的估计。成本预测是成本决策、成本计划和成本控制的基础工作，可以提高成本管理的科学性和预见性。

2. 成本决策

成本决策是在成本预测的基础上，结合其他相关资料，运用一定的科学方法，从若干个方案中选择一个满意的方案的过程。进行成本决策、确定目标成本是编制成本预算的前提，也是实现成本的事前控制、提高经济效益的重要途径。

3. 成本预算

成本预算是指所有以货币形式及其他数量形式反映的、有关企业未来全部物流活动的行动计划与相应措施的数量说明。成本预算管理，可以给企业提出明确的目标，推动企业加强成本管理责任制，增强企业的成本意识，控制费用，挖掘降低成本的潜力，保证企业降低成本目标的实现。

4. 成本控制

成本控制是指企业在物流活动中，以不断降低成本和提高服务水平为目的，对影响成本的各种因素加以管理，及时发现与预定目标成本之间的差距，采取一定的措施，保证物流成本目标和成本预算任务的完成。从企业生产经营过程来看，成本控制包括成本的事前控制、事中控制和事后控制。成本的事前控制是整个成本控制活动中最重要的环节，它直接影响以后各作业流程成本的高低。成本的事中控制是对作业过程实际劳动耗费的控制。成本的事后控制是通过定期对过去某一段时间成本控制的总结、反馈来控制成本。通过成本控制，可以及时发现存在的问题，采取纠正措施，保证成本目标的实现。

5. 成本核算

成本核算是根据企业确定的成本计算对象，采用相适应的成本计算方法，按照规定的成本项目，通过一系列的费用汇集与分配，计算出成本计算对象的实际总成本和单位成本。成本核算可以真实地反映运输过程中的实际耗费，同时也是对各种费用实际支出的控制过程。

6. 成本分析

成本分析是指利用物流成本核算结果及其他相关资料，分析成本水平与构成的变动情况，研究影响成本升降的各种因素及其变动原因，寻找降低成本的途径。

上述各项成本管理活动的内容是一个互相配合、相互依存的有机整体。成本核算为成本预测提供基础资料；成本预测是成本决策的前提；成本计划是成本决策所确定目标的具体化；成本控制是对成本计划的实施进行监督，以保证目标的实现；成本核算与分析是对目标是否实现的检验。

四、运输定价

承运人在确定向托运人收取运费的费率时,承运人可以采取下面这些定价战略:

1. 服务成本战略

服务成本战略是一种"累积"方法,承运人是根据提供这类服务的成本加上毛利润来确定运输费率的。运输成本定价的理论依据是:运输业作为一个独立的物质生产部门,其价格必须能够反映生产过程中所耗费的生产要素数量,即反映生产过程中的运输成本状况。这种服务成本方法代表了基本的或最低的运输收费,是对低价值货物或在高度竞争的情况下使用的一种定价方法。基于服务成本的运输定价方法又包括下面三种方式:

第一,按标准费用收取,在这种情况下,无效的运营费用不会转嫁给客户。

第二,向客户收取发生运输服务的实际成本费用。这种情况大都发生在使用公司内部自己的运输部门提供运输服务时。客户支付运输的实际费用,往往造成运输部门把无效的运营费用和不合理的运输费用也全部转嫁给客户。

第三,收取边际费用,在这种情况下,固定费用作为日常开支不考虑,只收取变动费用。当运能很大时,这种方法比较有效。

2. 价值定价战略

价值定价战略是一种可供选择的战略,它是根据托运人所感觉到的服务价值,而不是实际提供这种服务的成本来收取运费的,即从需求者的角度,根据运输服务能力为托运人创造的运输价值的多少来定价。运输价值体现托运人为获得运输服务而愿意支付的价格,反映了运输服务所创造的经济价值。当对于高价值货物或竞争状况有所限制时,承运人趋向于使用价值定价战略。

3. 组合战略

组合战略是在最低的服务成本与最大的服务价值之间来确定某种中间水平的运价。大多数运输公司都使用这种中间值的运价,被视为标准的做法。因此,物流经理必须要了解运价浮动的范围和可供选择的战略,以便能够进行恰当的谈判。

4. 基于市场的运输定价战略

制定运价要充分考虑运输产品的供求情况。这种理论强调市场的供求关系对制定运价的影响是,它强调运价应随着运输供给的增加而下降,随着运输供给的减少而上升;运价应随着运输需求的增加而上升,随着运输需求的减少而下降。价值规律正是通过价格围绕价值上下波动的形式来实现的。基于市场的运输定价一般有以下几种方式:

(1) 按市场上相竞争的承运人相似服务的费用收取,市场价格可能比实际价格高,也可能比实际价格低,如市场中过剩的运输能力可能会降低运输价格,这就需要经常进行监测。

(2) 按调整后的市场价格进行收费,如果运输组织效率高,调整后的市场价格就会低;反之就高。

(3) 两者相结合的运输定价,这种定价方式也包括两种:

第一,根据运输组织的目标利润定价,在这种方法中,价格等于实际或标准费用加上部门的目标利润。

第二,在运输组织和客户之间先签署一个协议价格,为使协议更有效,必须有一个可以比较的市场价格,客户也有选择其他承运人的灵活性。

5. 净费率定价战略

净费率定价一般都已经结合了确定的折扣率和附加费用,这种做法的目的是要彻底削减承运人负担的行政管理费用,直接对顾客的需求做出反应,以简化费率制定的过程。因此,承运人希望通过去除价格制定中的许多计算过程来赢得新的托运人,并巩固现有的托运人客户;而托运人因为它有助于结账的精确性,并且让人能够清楚地了解如何在运输过程中节约费用,也广泛使用。

本章小结

运输是物流的核心业务,是物流运作与管理不可缺少的一环。在了解运输的概念和基本功能的基础上,掌握运输方式的基本特征和影响运输方式选择的因素,以便在实际生活中灵活运用。只有掌握运输成本的影响因素及构成,了解运输的定价策略,并重点掌握运输合理化的具体措施,才能为企业节约运输成本。

思考与练习

一、单项选择题

1. 运输成本最低的运输方式是（　　）。
   A. 铁路运输　　　　　　　　B. 公路运输
   C. 水路运输　　　　　　　　D. 航空运输
   E. 管道运输
2. 自营（用）运输以（　　）为主要运输方式。
   A. 铁路运输　　　　　　　　B. 公路运输
   C. 水路运输　　　　　　　　D. 航空运输
3. 将山西大同的 100 万吨煤炭运往秦皇岛,选择（　　）方式最合理。
   A. 公路运输　　　　　　　　B. 铁路运输
   C. 水路运输　　　　　　　　D. 航空运输
4. 水路运输的固定成本比铁路运输的固定成本（　　）。
   A. 高　　　　　　　　　　　B. 低
   C. 差不多　　　　　　　　　D. 不确定
5. 运输规模经济的特点是随着装运规模的增长,单位重量的货物（　　）。
   A. 运输成本不变　　　　　　B. 运输成本降低
   C. 运输成本增长　　　　　　D. 运输成本不确定
6. 每单位距离的运输成本随着距离的增加而（　　）。
   A. 不变　　　　　　　　　　B. 降低
   C. 增长　　　　　　　　　　D. 不确定

二、多项选择题

1. 按运输方式,运输可分为（　　）。
   A. 铁路运输　　　　　　　　B. 水路运输
   C. 公路运输　　　　　　　　D. 航空运输与管道运输
2. 对运输合理化起决定性作用的有（　　）。
   A. 运输距离　　　　　　　　B. 运输环节
   C. 运输工具　　　　　　　　D. 运输时间

3. 下列属于运输不合理的表现有（　　）
   A. 空驶　　　　　　　　　　B. 对流运输
   C. 迂回运输　　　　　　　　D. 过远运输
4. 运输成本由哪些因素构成？（　　）
   A. 变动成本　　　　　　　　B. 固定成本
   C. 联合成本　　　　　　　　D. 公众成本
5. 承运人在确定向托运人收取运费率时，可以采取哪些定价策略？（　　）
   A. 服务成本策略
   B. 价值定价策略
   C. 组合策略
   D. 基于市场运输定价策略及净费率定价策略

三、判断题

1. 铁路运输的货运量在我国货运中所占的比重最大。（　　）
2. 只有公路运输可以实现"门—门"直达运输，因而公路运输在直达性上有明显的优势。（　　）
3. 物流运输成本在物流总成本中所占的比重，与其他物流活动基本持平。（　　）
4. 公路运输的经济半径一般在 200 千米以内。（　　）
5. 倒流运输是指本可以选取短距离进行运输，却选择较长路线进行运输的一种运输不合理形式。（　　）

四、简答题

1. 简述运输的概念及基本功能。
2. 选择运输方式时要考虑哪些因素？
3. 影响物流运输合理化的因素有哪些？
4. 运输成本的构成有哪些？
5. 运输定价的理论有哪些？

五、分析题

冷链物流行业现状分析未来前景预测

近几年来，冷链物流的规模快速增长。以农产品冷链物流为例，我国生鲜农产品产量快速增加，每年约有 4 亿吨生鲜农产品进入流通领域，冷链物流比例逐步提高，未来几年，我国果蔬、肉类和水产品冷链流通率将由 5%、15% 和 23% 提升到 20%、30% 和 36% 以上，冷藏运输率分别由 15%、30% 和 40% 提升到 30%、50% 和 65%，将带来数百亿乃至千亿元的冷链物流市场需求。

我国平均食物年产值约为 3 000 多亿美元，但由于没有很好的冷藏条件，食物产后损失严重，果蔬、肉类、水产品流通损失率分别达到 20%~30%、12%、15%，腐烂损耗的果蔬可满足将近两亿人的基本营养需求，损耗量居世界首位，而冷链发达国家果蔬损失率控制在 5% 以下。易腐食品、药品、疫苗等产品市场需求的日益扩大，需要冷链产业来满足，而我国的冷链建设正处于发展的起步阶段。不过，随着产销量的快速增长，我国冷链物流将进入快速增长时期。

据前瞻产业研究院发布的《2016—2021 年中国冷链物流行业市场前瞻与投资战略规划分析报告》数据显示，2015—2020 年，我国果蔬产品冷链流通量将以 18%~20% 的年均复合增长率增长，到 2020 年冷链流通量达到 3.4 亿吨。

（案例来源：http：//www.pincai.com/baike/65105.html）

问题：

随着我国保鲜技术的迅速发展，冷链物流的发展环境和基础设施条件不断完善，使得冷链物流得到较快的发展。现阶段，冷链物流受物流基础设施能力、物流技术等因素的制约，导致冷链物流运输效率低下，腐损率高，成本高，成为所有冷链物流企业直接面临的难题。企业该如何在既有条件下提高冷链物流的流通效率，降低物流运输过程中的重点腐损率和物流成本？

第三章

仓储管理

★ 学习目标

通过本章的学习学生应掌握以下知识：
1. 了解仓储的含义，掌握仓储的分类，重点理解仓储的作用。
2. 掌握仓储管理的基本原则及内容。
3. 熟悉仓库设施设备，理解仓储设备的使用管理。
4. 了解仓储作业基本流程。
5. 理解仓储绩效评价的意义及原则，了解仓储绩效管理的指标体系。

★ 导入案例

高效的生产挑战仓库存在的必要性

人类社会已进入"一切都要按时"的时代。惠普喷墨打印机生产线上，在几分钟前才用卡车运来的零部件很快成为源源不断的成品打印机，紧接着就装上另一辆载货汽车，运往各销售点。整个装配工作效率高得惊人，并且无懈可击。你也许会认为这家工厂属于惠普公司，但是它属于索莱克特龙公司，是一家超级承包制造公司。

在许多行业，纵向一体化已经让位于虚拟一体化。通用汽车公司把本来可以让其下属公司生产的汽车组建外包给其他公司生产，几十种配件，直到最后一分钟才进行装配。美国三大汽车制造厂也将这些配件出售给它们的汽车发动机厂和装配厂。

未来学家设想将出现这样一个时代，即产品开发商、制造商和经销商将通过数据网络紧密地联系在一起，使仓库没有必要存在。各公司将根据零售商每天的需要而生产商品。

（案例来源：仓储管理概论－综合课件－道客巴巴，http：//www.doc88.com/p-294365881489.html）

问题：

目前，人们都在努力削减供应链中的库存和仓储环节，那么，仓储环节真的能够完全消失吗？

第一节　仓储基础知识

一、仓储的产生及发展

人类社会自剩余产品出现以来，就产生了储存的需求。"积谷防饥"是我国古代的一句警世名言，其简单的意思是将丰年剩余的粮食储存起来以防歉年之虞。

原始社会末期，当某个人或者某个部落获得食物自给自余时，就把多余的产品储藏起来，同时，也就产生了专门储存产品的场所和条件，于是"窑穴"就出现了。西汉时期建立的"常平仓"是我国历史上最早由国家经营的仓库。可见，我国古代人们的"仓"是指储藏粮食的场所；而"库"则是指储存物品的场所，以后，人们逐渐将"仓"和"库"两个字连在一起使用，表示储存各种商品的场所。随着商品经济的飞速发展，现代意义上的仓库已不同于古代的仓库，其含义要广泛得多。

纵观我国仓储活动的发展历史，仓储活动的发展过程可以分为古代仓储业、近代仓储业和现代仓储业三个阶段。

（1）古代仓储业。我国古代商业仓库是随着社会分工和专业化生产的发展而逐渐形成和扩大的。我国古代的"邸店"，可以说是商业仓库的最初形式，但由于受当时商品经济的局限，它既具有商品寄存性质，又具有旅店性质。随着社会分工的进一步发展和交换的不断扩大，专门储存商品的"塌房"从"邸店"中分离出来，成为带有企业性质的商业仓库。

（2）近代仓储业。伴随我国近代工业和商业的产生和发展，我国近代仓储业也逐步发展起来。我国近代仓储业起源于商品流通领域。近代我国的商业性仓库也称为"堆栈"，是指堆存和保管物品的场地和设备。堆栈业与交通运输业、工商业的发展状况，以及与商品交换的深度和广度关系极为密切，在我国工商业发展较快地区的堆栈也较为发达。例如，1929年上海的大小仓库已有40多家，库房总容量达90万吨。散装货品、堆场货栈、私营管理是当时仓储的特点。

（3）现代仓储业。新中国成立以后，随着工业化的逐步发展，仓储业得到了非常大的改变。特别是20世纪后期，我国经济快速发展，并且融入经济全球化的发展洪流中。经济的发展带动了物流的发展，经济的全球化、商品的多样化、消费者需求的个性化对物流提出了更高的要求。现代信息技术的发展使物流向着快速、准确、高效和综合的方向发展。在经济发达的地区和城市，现代化的仓储物流设施开始发展起来，它既包括先进的库房设施、高货架系统、高货架叉车、自动货架、自动分拣系统、全封闭库房，也包括库房中信息系统、条形码、WMS系统、无线射频等技术的应用。

二、仓储的含义

《物流术语》（GB/T 18354—2006）对仓储的定义是：仓储是指利用仓储设施存放、储存未及时使用的物品、物资等的行为，即在特定的场所储存物品、物资等的行为。

仓储的定义中包含静态仓储和动态仓储两个方面。静态仓储是指当物资、物料、物品等未被及时消耗掉，需要专门的场所进行存放。动态仓储是指将物资、物料、物品存入仓库以及对存放在仓库里的物资、物料、物品进行保管、控制和供货等的行为。

仓储分为狭义的储存和广义的仓储。其中狭义的仓储是指商品离开生产领域但在进入消费领域之前，处于流通领域时所形成的"停滞"。广义的储存不仅存在于从生产进入消费的过程中，而且也存在于生产过程和消费流通过程中。

另外，仓储不但包括商业和物资部门为了保证销售和供应而建立的物品，还包括交通运输部门为衔接各种运输方式，在车站、码头、港口和机场建立的物品。仓储包括生产企业的原材料、半成品、成品仓储等。此外，出于政治、军事的需要或为了防止地震、水灾、火灾、旱灾、风灾等自然灾害，进行的物资储备也属于仓储（储备仓储）。

三、仓储的分类

（一）按仓储的经营主体划分

1. 自营仓储

自营仓储主要包括生产企业仓储和流通企业仓储。生产企业为了保障原材料供应、半成品及成品的保管需要而进行仓储保管，其储存的对象较为单一，以满足生产为原则。流通企业的自营仓储则为其所经营的商品进行仓储保管，其目的是支持销售。通常，自营仓储不具有经营独立性，仅仅是为了企业的产品生产或商品经营活动服务。相对来说，自营仓储规模小，数量众多，专业性强，仓储专业化程度低，设施简单。

2. 营业仓储

营业仓储是仓储经营人以其拥有的仓储设施，向社会提供仓储服务。仓储经营人与存货人通过订立仓储合同的方式建立仓储关系，并且依据合同约定提供仓储服务并收取仓储费用。

3. 公共仓储

公共仓储是利用公用事业的配套服务设施，为车站、码头提供仓储配套服务。它具有内部服务的性质，为车站、码头的运输和作业服务；同时也具有营业仓储的性质，无仓储合同，仓储费用包含在运输费用中。

4. 战略储备仓储

战略储备仓储是国家根据国防安全、社会稳定的需要，对战略物资实行战略储备而形成的仓储。

（二）按仓储的功能划分

1. 储存仓储

储存仓储是指物资较长时期存放的仓储。

2. 物流中心仓储

物流中心仓储是指以物流管理为目的的仓储活动，是为了有效实现物流的空间与时间价值，对物流的过程、数量、方向进行调节和控制的重要环节。

3. 配送仓储

配送仓储是指商品在配送交付消费者之前所进行的短期仓储，是商品在销售或者供生产使用前的最后储存，并在该环节进行销售或使用前的简单加工与包装等前期处理。

4. 运输转换仓储

运输转换仓储是指衔接铁路、公路、水路等不同运输方式的仓储，一般设置在不同运输方式的相接处，如港口、车站库场所进行的仓储。

5. 保税仓储

保税仓储是指使用海关核准的保税仓库存放保税货物的仓储行为，进而复出或暂缓纳税；不用于国内销售、暂时入境、海关予以缓税。

（三）按仓储物的处理方式划分

1. 保管式仓储

保管式仓储是指存货人将特定的物品交由仓储保管人代为保管，物品保管到期，仓储保管人将代管物品交还存货人的方式所进行的仓储。

2. 加工式仓储

加工式仓储是指仓储保管人在物品仓储期间根据存货人的合同要求，对保管物品进行合同规定的外观、形状、成分构成、尺度等方面的加工或包装，使仓储物品满足委托人所要求达到的变化的仓储方式。

3. 消费式仓储

消费式仓储是指仓库保管人在接受保管物时，同时接受保管物的所有权，仓库保管人在仓储期间有权对仓储物行使所有权，待仓储期满，保管人将相同种类、品种和数量的替代物交还给委托人所进行的仓储。

四、仓储的性质

仓储是物质产品的生产持续过程，物质的仓储也创造了产品的价值；仓储既有静态的物品储存，也有动态的物品存取、保管、控制的过程；仓储活动发生在仓库等特定的场所，仓储的对象既可以是生产资料，也可以是生活资料，但必须是实物。由此可见，从事商品的仓储活动与从事物质资料的生产活动虽然在内容和形式上不同，但它们都具有生产性质，无论是处在生产领域的企业仓库，还是处在流通领域的储运仓库和物流仓库，其生产的性质是一样的。

尽管仓储具有生产性质，但与物质资料的生产活动却有很大的区别，主要表现为：

第一，不创造使用价值。

第二，具有不均衡性和不连续性。

第三，具有服务性质。

五、仓储的功能

1. 社会生产顺利进行的必要过程

仓储本身是由生产率的提高造成的，但同时仓储的发展又促进生产效率的提高。现代社会生产的一个重要的特征就是专业化和规模化生产，劳动生产率极高，产量巨大。绝大多数产品都不能被及时消费，需要经过仓储的手段进行储存。

2. 劳动产品价值保存的作用

生产出的产品在消费之前必须保持其使用价值，否则将会被废弃。这项任务就需要由仓储来承担，仓储对产品进行保护、养护、管理，甚至处理、加工，防止其损坏而丧失使用价值。

3. 流通过程的衔接

产品从生产到消费，不断经过分散—集中—分散的过程，还可能需要经过不同运输工具的转换运输，为了有效地利用各种运输工具，降低运输过程中的作业难度，实现经济运输，物品需要通过仓储进行候装、配载、包装、成组以及疏散等。

4. 市场信息的传感器

社会仓储产品的变化是了解市场需求的极为重要的途径。仓储量减少、周转量增大，表明社会需求旺盛；反之，为需求不足。任何产品的生产必须满足社会的需要，生产者都需要把握市场需求的动向。仓储环节所获得的市场信息虽然说比销售信息滞后，但更为准确和集中，信息反应快捷，且信息成本极低。

5. 现货交易的场所

一般来说，存货人要转让已在仓库存放的商品时，购买人可以到仓库查验商品，取样化验。双方可以在仓库进行转让交割。大多具有便利交易条件的仓储都提供交易活动服务，甚至部分形成有影响的交易市场。

6. 提供信用保证

在大批量货物的实物交易中，购买方必须查看、检验货物，确定货物的存在和货物的品质，方可成交。购买方可以到仓库查验货物。此外，由仓库保管人出具的货物仓单是实物交易的凭证，可以作为对购买方提供的保证。实际中，仓单本身就可以作为融资工具，也可以直接使用仓单进行质押。

7. 开展物流管理的重要环节

仓储是物流的重要环节，物品在物流过程中相当一部分时间处在仓储之中，在仓储中进行运输整合，配送准备，流通加工，也在仓储中进行市场供给调节。

第二节 仓储管理概述

一、仓储管理的概念

仓储管理是对仓库及仓库内的物资所进行的管理，是仓储机构为了充分利用所具有的仓储资源，提供高效的仓储服务所进行的计划、组织、控制和协调过程。仓储管理包括仓储资源的获得、仓库管理、经营决策、商务管理、作业管理、仓储保管、安全管理、劳动人事管理、财务管理等一系列管理工作。

二、仓储管理的基本原则

仓储管理具有复杂性，因此要严格遵循仓储管理的基本原则。

1. 效率原则

效率是指在一定劳动要素投入量时的产品产出量。仓储的效率表现在仓储利用率、货物周转率、货物进出仓库的时间等指标上。高效率意味着较小的劳动要素投入和较高的产品产出。高效率还需要有有效管理过程的保证，包括现场的组织、督促、标准化、制度化的操作管理，严格的质量责任制的约束。

效率管理是仓储的生产管理的核心。获得最大的产品产出量的同时实现最小的劳动量的投入。效率是仓储其他管理的基础，没有生产的效率，就不会有经营的效益，也就无法开展优质的服务。

2. 经济效益的原则

注重经济效益是仓储管理的重要原则。作为参与市场经济活动主体的仓储业，也应该围绕着获得最大经济效益的目的进行组织和经营，但同时也需要承担部分的社会责任，履行环境保护,实现生产经营的社会效益。

3. 服务的原则

服务是贯穿仓储中的一条主线,仓储活动本身就是向社会提供服务产品。

仓储的服务水平与仓储的经营成本有着密切的相关性,两者互相对立。服务好,成本高,收费则高。仓储服务管理就是在降低成本和提高(或者保持)服务水平之间保持平衡。

这里必须说明一点,传统物流与现代物流最大的差别体现在库存环节。传统的仓储业是以收保管费为商业模式的,希望自己的仓库总是满满的,这种模式与物流的宗旨背道而驰。现代物流以整合流程、协调上下游为己任,静态库存越少越好,其商业模式也建立在物流总成本的考核之上。虽然这两类仓储管理在商业模式上有着本质区别,但是在具体操作上,如入库、出库、分拣、理货等很难区别,在分析研究时必须注意它们的异同之处,这些异同也会体现在信息系统的结构上。

案例思考

巨沃:从"腼腆少年"到仓储物流企业明星

深圳市巨软科技开发有限公司是中国电商仓储龙头企业,为鞋服、家纺、食品、电子商务、医药流通及第三方物流等行业提供全方位的仓储物流解决方案,为客户提供一站式仓储物流服务,是中国智慧仓储一体化解决方案的知名品牌。

巨软科技开发有限公司拥有知名品牌"巨沃",主要产品包括 WMS(仓储管理系统)、OMS(订单管理系统)、BMS(计费管理系统)、WCS(仓储控制系统)、DPS(灯光拣选系统),巨沃还拥有自主研发的硬件产品,包括"电子标签""RFID"等。

巨沃成立 13 年以来,一直像一个腼腆的少年一样专注于 WMS 软件系统的开发,默默地成长,却不被人所熟知。

2009 年,巨沃得到一个机会,与照明行业的龙头企业欧普照明合作,那时的欧普正处于高速上升时期,产品畅销供不应求。总部仓库每天不停地被催货,整个物流体系团队焦头烂额。巨沃的工程师瞄准这次机会,在欧普仓库调研之后,为欧普独家定制一套 WMS 一体化解决方案,这种针对性极强的实施方案得到了欧普的大力支持与认可,欧普的物流与 IT 部门迅速成立项目团队配合巨沃的方案。系统上线之后瞬间得到了欧普整个公司以及各大分销门店的好评。原来,使用巨沃系统之前,欧普每天上午要花半天时间盘点仓库,下午才能发货,而且仓库货品无序堆放,拣货困难,导致工作效率低下。上线之后经过一个月的测试,发现系统自动记录的数据非常准确,不需要每天再盘点,工作效率提高 100%。再加上巨沃设计的仓库整体规划以及拣货路径优化方案,也给欧普的物流管理人员省下许多力气,工作效率提高了,错误率还降低了。当年,欧普物流与 IT 负责这个项目的团队获得了总裁特别奖。

这一次的设计让巨沃开始崭露头角,很快获得枪手、飞利浦医疗等客户的支持,巨沃同样采用独家定制的模式,认真调研,制订针对性强的仓库解决方案,直到客户满意。巨沃的工作态度和解决方案使得公司在线下仓库管理方面获得了良好的口碑。之后迅速打开局面,从线下一直做到线上,再到线上线下一体的仓库可视化管理,巨沃 WMS 系统牵手百丽鞋业、欧莎服饰、韩都衣舍、百草味、水星家纺等淘系客户榜首级商家,为它们打造兼容性强大的前端和高效的物流管理实施体系。巨沃也因此成为唯一获得"淘宝金牌淘拍档服务商"称号的企业,占据淘宝客户半壁江山,迅速成长为中国电商仓储行业领导品牌。

两年来,巨沃在制造业、电子商务、第三方物流等领域全面发展,得到了申通快递、天天快递、爱购保税、美丽传说（猫扑网）、西王集团、中车集团等行业领先公司的大力支持，进一步稳固了巨沃在仓储系统行业的地位。

（案例来源：http：//news.163.com/16/0909/11/C0H3F8F000014AEE.html）

案例思考：

巨沃体现了仓储管理的哪些基本原则？

三、仓储管理的内容

仓储管理的内容包含以下三个方面。

1. 储位系统管理

清楚地设计好储区之后应当保证仓库的物品与储位系统建立对应的关系。储位指派法则主要由随机储存策略与共用储存策略相配合，定位储存策略与分类储存策略相配合，如先进先出法则（适用短周期的产品）、物品特性法则（适用易燃物品、易盗物品、易腐烂物品、易污损物品）。

2. 货品的有效期管理

在仓储管理中，货品的有效期管理尤为重要。物品的生产日期检查是一项非常重要的任务。

3. 货品的周转期管理

库存周转率对于仓库的库存管理具有非常重要的意义。周转越快，在同额资金下的利润率就越高。

第三节 仓库及其设施设备

仓库是货物储存的场所，仓库在运营过程中需要使用分货、取货设备，分拣、配货设备，验货、养护等设备。仓储设施设备的选择直接影响仓库货区布局。

一、仓库

（一）仓库的概念

仓库是保管、存储物品的建筑物和场所的总称。仓库不仅指用来存放货物，还包括商品、生产资料、工具或其他财产，以及对其数量和价值进行保管的场所或建筑物等设施，又包括用于防止或减少损伤货物而进行作业的土地或水面。

（二）仓库的分类

仓储的本质都是为了储藏和保管，但由于经营主体、仓储对象、经营方式和仓储功能的不同使得不同的仓储活动具有不同的特征。根据不同的分类标准，仓库有多种分类方式。

1. 按仓库所处的领域分类

（1）生产领域仓库。生产领域仓库是为了保证企业生产正常进行而在生产领域内建立的仓库，它包括生产用原料仓库，半成品、在制品和产成品仓库。

（2）流通领域仓库。流通领域仓库分为中转仓库和国家储备仓库。

中转仓库又称为储运仓库，专门从事物资储存和中转运输业务的仓库，是专业储运公司所属的仓库。

国家储备仓库是指中央和地方物资供销机构所属的仓库，存放国家储备机构所掌握的、主要用于调整国家经济计划执行过程中可能出现的重大比例失调或重大变更，以及国家应急需要的某些储备物资。

2. 按仓库的适用范围不同分类

(1) 自用仓库。自用仓库是指企业主要从事内部物流业务的仓库。仓库的建设、物品的管理以及进出库业务均属于本公司的管理范畴。采用自用仓库的一个重要因素就是固定成本,另一个原因就是稳定的需求和市场的集中度以及企业对安全、冷藏、客户服务等方面的控制能力。

(2) 营业仓库。营业仓库是指按照相关管理条例取得营业许可,向一般企业提供保管服务的仓库,是一种社会化的仓库。它面向社会,以经营为手段,以盈利为目的。与自用仓库相比,营业仓库的使用效率较高。

(3) 公共仓库。公共仓库是指国家和公共团体为了公共利益而建设的仓库。公共仓库最大的客户是连锁零售店,因为这些连锁零售店的货流量非常大,并且它们还将仓储同其他一些采购和分销的职能联系起来。企业采用公共仓库的首要原因是资金,其次是利用它的灵活性优势。对仓储空间的租用,可使公司对运输服务的质量做出快速反应,公共仓库使公司可以快速进入或退出市场。公共仓库可以完成测试、组装、标价、标号等工作,还可以提供打包、分拣、完成订单以及 EDI 数据的发送等服务。

(4) 保税仓库。保税仓库是指根据《中华人民共和国关税法》保管国外进口而未纳税的进出口货物的仓库。在一些特殊情况下,货物可能进口后再出口而没有进入"商流"。这时,如果仓库以契约形式存储这些货物,商家就能避免上缴关税。另一个办法是在货物出口后申请退税,利用自由贸易区或自由港的情况也基本相同。

(5) 出口监管仓库。经海关批准,在海关监管下,存放已按规定领取了出口货物许可证或批件,且已对外买断结汇并向海关办完全部出口海关手续的货物的专用仓库。

3. 按仓库功能分类

现代物流管理力求进货与发货同期化,使仓库管理从静态管理转变为动态管理,仓库功能也会随之改变,仓库由于功能不同,可分为以下几种类型:

(1) 集货中心。集货是将零星货物集中起来形成批量性的货物的活动。集货中心可以设在生产点数量很多,且每个生产点产量有限的地区,只要这一地区某些产品总产量达到一定程度,就可以设置这种有"集货"作用的物流据点。

(2) 分货中心。分货是将大批量运到的货物分成批量较小的货物的活动,分货中心是主要从事分货工作的物流据点。企业可以采用大规模包装、集装或散装的方式将货物运到分货中心,然后按照企业生产或销售的需要进行分装,利用分货中心可以降低运输费用。

(3) 转运中心。转运中心主要用来承担货物在不同运输方式之间的转运。

(4) 加工中心。加工中心主要用来进行流通加工。

(5) 储调中心。储调中心以储备为主要工作内容,从功能上看,储调中心和传统仓库基本一致。

(6) 配送中心。配送中心是从事货物配备和组织对用户的送货,以高水平实现销售或供应的现代流通设施。

(7) 物流中心。物流中心是指从事物流活动的场所或组织。

4. 按保管商品的特性分类

(1) 通用仓库。通用仓库一般用来保管没有特殊要求的商品,设备和构造简单,使用范围广。

(2) 专用仓库。专用仓库是专门用于存放某一类商品的仓库。

(3) 特种仓库。特种仓库主要用于储存具有特殊性能、特别要求保管条件的商品，如化工产品、危险品。特种仓库主要有冷藏仓库、保温仓库和危险品仓库等。

(4) 水上仓库。水上仓库是漂浮在水面上的储藏货物的趸船、囤船、浮驳或其他水上建筑，或者在划定水面保管木材的特定水域，沉浸在水下保管物资的水域。

5. 按仓库建筑结构和保管条件分类

(1) 平房仓库。平房仓库一般结构简单，建筑费用便宜，人工操作方便，在我国县城及以下的广大地区广泛使用。

(2) 多层仓库。多层仓库平面布置具有六个特点：①根据储存物品类别和建筑耐火等级，遵照现行建筑设计防火规范来确定多层仓库最大占地面积、防火隔间面积、层数；②一层或多层仓库的占地面积小于300平方米时，可设一个疏散楼梯，面积小于100平方米的防火隔间，可设置一个门；③多层仓库建筑高度超过24米时，应按高层库房处理；④多层库房物料分布原则：上轻下重，周转快的物料分布在低层；⑤仓库建筑可分为单跨或多跨，当设有地下室时，地下室净空高度不宜小于2.2米；⑥楼板荷重控制在2吨/平方米左右为宜。

(3) 高层货架仓库。高层货架仓库又称为立体仓库，其建筑高度一般在5米以上，最高的可达40米，常用的立体仓库高度为7~25米。

6. 按仓库设备分类

(1) 一般平放仓库。一般平放仓库是指没有使用任何固定式货架设备，将货物直接堆放在地上，或者是仅使用托盘来储存货物的仓库。

(2) 货架仓库。货架仓库是指仓库内设置各种货架设备，以多层方式储存货物的仓库。

(3) 多层式仓库。多层式仓库是指在多层楼房仓库内设置垂直式输送机的仓库或提升机的仓库。

(4) 自动化立体仓库。自动化仓库是由电子计算机进行管理和控制，不需要人工搬运作业，而实现收发作业的仓库。立体仓库是采用高层货架以货箱或托盘储存货物，用巷道堆垛起重机及其他机械进行作业的仓库。将上述两种仓库作业结合的仓库称为自动化立体仓库。

自动化立体仓库，一般指采用几层、十几层乃至几十层高的货架储存货物，并且用专门的仓储作业设备进行货物出库或入库作业的仓库。由于这类仓库能充分利用空间进行储存，因而，利用率较高。

案例思考

海尔物流和立体库

海尔集团通过分析发现，在整个生产过程中，最受制约的就是仓储，即原材料和零部件的仓储和配送，所以海尔选择了这个突破口。

海尔集团在青岛海尔信息园里建立了一座机械化立体库，在黄岛开发区建立了一座全自动化立体库。国内因为人工成本便宜，可利用土地大而有许多人质疑立体库的效果。

但海尔的黄岛立体库长120米、宽60米，仓储面积5 400平方米，立体库有9 168个标准托盘位，托盘规格为1.2米×1米；立体库的建筑高度是16米，放货的高度可达12.8米，每天进出的托盘达到1 200个，实际能力是1 600个。

黄岛立体库有三个作用：

第一个作用是5 400平方米取代了原来65 000平方米的外租库，而且由于使用了计算机系统，管理人员从原来的300多人减少为48人。减少外租库的租金和外租库到车间的来回费用及节省工人工资加起来一年是1 200万元。

第二个作用是降低了物料的库存。因为海尔在计算机系统里都设定了各种库存参数，比如说只允许放7天的料，超过7天不让进，相对来说，使整个库存量下降。当时，空调事业部就是一个库存量下降的典型例子，大约3个月，从9月到12月，库存费用降了1.4亿元。

第三个作用是深化了企业物流系统的规划。

立体库使用后需要两翼推动：

一是海尔要求所有的供方按照标准化的模式送货，统一采用标准化的托盘、标准的周转箱。以往都是纸箱，纸箱的缺点是产品的零部件容易压坏，上线的时候还要倒箱，多次倒箱增加了人工拣选，保证不了产品的质量。现在采用统一的产品包装，从分供方的厂里到海尔的生产线整个过程不用倒箱。对车间也是一样，以往车间的效果脏、乱、差，使用标准箱之后，全部是叉车作业标准化。立体库对双方都产生了有利的作用，即对分供方和海尔内部的整个物流推进都是很重要的。

二是立体库具有灵活性和扩展性，刚开始设计立体库想的只是放空调的东西，但是通过计算机系统管理以后，空调只占很少的库容，公司马上把冰箱、洗衣机、计算机全部放进去，一下减少了这些厂的外租库，整个效果非常明显。

立体库虽然具有很多好处，但并不一定非要建立体库，在车间旁边也可以搭立体货架，这样就节约了车间里面宝贵的生产面积，每一寸土地都能得到充分的利用。

（案例来源：https://wenku.baidu.com/view/553d3224ba1aa8114531d915.html）

案例思考：

海尔立体仓库管理的好处有哪些？

（三）仓库的作用

随着现代物流业的发展，仓库的作用也在不断扩大，包括流通加工、配送、信息服务等，其含义远远超出了单一的存储功能。一般来说，仓库具有以下作用：

1. 储存保管作用

储存保管是仓库最基本的功能。仓库具有一定的空间，用于储存货物，并且可以通过相应的仓储设备，保证货物的完好性。

2. 调节供需作用

仓库在物流中起着"蓄水池"的作用，它可以调节生产与消费之间的关系，使它们在时间和空间上得到协调，以保证社会再生产的顺利进行。对于一般货物和生产用原材料，适量地进行安全储备，是保证生产稳定进行和促进销售的重要手段，也是对抗偶发事件对物流产生破坏的重要应急手段。

3. 流通加工作用

流通加工是将产品加工工序从生产环节转移到物流中进行的作业安排。流通加工作业包括产品包装、装潢包装、贴标签、改型、上色、定量、组装、成型等。虽然仓库中的流通加工往往比在生产地加工成本高一些，但能够及时满足销售需要，促进销售，进而降低整体物流成本。

4. 货物集散作用

仓库可以把生产单位的产品征集起来形成规模，然后根据需要分散发送到各个消费地。通过集散，一方面可以连接生产需求，均衡运输，提高物流速度；另一方面可以实现对运输的调节。因为产品从生产地向销售地的流转主要依靠运输完成，但不同的运输方式在运向、运程、运量及运输线路和运输时间上存在着差距，不同的运输方式一般不能直达目的地，需要在中途改变运输方式、运输线路、运输规模、运输方法和运输工具以及为协调运输时间和完成产品倒装、转运、分装、集装等物流作业，这就需要货物在仓库中进行停留或换载。

5. 配送和加工作用

配送服务是现代物流中仓库的重要职能之一，也是现代配送中心与传统仓库的一个重要区别。现代仓库的功能已由保管型向流通型转变，即仓库由原来的储存、保管货物的中心向流通、销售的中心转变。仓库不仅具有仓储、保管货物的设备，而且还增加了分袋、配套、捆装、流通加工、移动等设施。这样，既扩大了仓库的经营范围，提高了物资的综合利用率，又方便了消费者，提高了服务质量。

6. 信息传递作用

信息传递是伴随着上述作用而发生的。在处理有关仓库管理的各项业务时，需要及时而准确的信息传递作为保证，如仓库利用水平、进出货物频率、仓库的地理位置、仓库的运输情况、顾客需求状况以及仓库人员的配置等，这对一个仓库管理能否取得成功至关重要。

二、存货、取货设备

存货、取货设备包括货架、叉车、堆垛机、起重运输机等。关于货架、叉车、堆垛机、起重运输机的具体介绍将会在第七章进行阐述，此处仅做简单介绍。

1. 货架

就字面含义而言，货架泛指存放货物的架子。在仓库设备中，货架是指专门用于存放成件货物的保管设备。货架在物流及仓库中占有非常重要的地位，随着现代工业的迅猛发展，物流量的大幅度增加，为实现仓库的现代化管理，改善仓库的功能，不仅要求货架数量多，而且要求货架具有多功能，并能实现机械化、自动化要求。

2. 叉车

叉车是以门架和货叉为工作装置的自行式装卸搬运机械，可用于装卸、堆放成件货物，更换工作装置后，也能用于特种物品和散料的装卸搬运作业。

叉车由动力装置、轮式底盘和工作装置三个主要部分组成，工作装置包括门架、链条、叉架、货叉和液压缸等。门架为伸缩结构，铰接在车轴或车架上，通过倾斜液压缸可前后倾斜，以便装卸货物和带货行驶。起升液压缸通过链条传动使装有货叉的叉架沿内门架升降，内门架又以外门架为导轨上下伸缩，使叉车能以较低的门架高度完成最高的作业要求。由于叉车品牌众多，车型复杂，加之产品本身技术强并且非常专业，因此企业可以根据仓储货物的种类、型号等选择适用的叉车。

3. 堆垛机

堆垛机是整个自动化立体仓库的核心设备，通过手动操作、半自动操作或全自动操作实现把货物从一处搬运到另一处。

堆垛机可以分为以下几类：

（1）按用途划分：单元型、拣选型和单元－拣选型三种。

（2）按控制方式划分：手动、半自动和全自动三种。

（3）按转移巷道划分：固定式、转移式和转移车式三种。

（4）按结构划分：单立柱和双立柱两种。

（5）按货叉取货方式划分：标准和特殊两种。

4. 起重运输机

起重运输机适用于装卸大件笨重货物，也可借助于各种吊索具装卸其他货物。

三、分拣、配货设备

分拣、配货设备包括分拣机、托盘、搬运车、传输机械等。

托盘是最基本的物流器具,有人称其为"活动的平台""可移动的地面"。它是静态货物转变成动态货物的载体,是装卸搬运、仓储保管以及运输过程中均可利用的工具,与叉车配合利用,可以大幅度提高装卸搬运效率;用托盘堆码货物,可以大幅度增加仓库利用率;托盘一贯化运输,可以大幅度降低成本。托盘的利用最初始于装卸搬运领域,目前,托盘单元化包装、托盘单元化保管、托盘单元化装卸搬运、托盘单元化运输,比比皆是,整个物流系统活动中,小小的托盘发挥出巨大的威力。

四、验货、养护等设备

验货、养护等设备包括以下五类:

(1) 计量设备。计量设备是商品进出库的计量、点数以及货存期间的盘点、检查等。这类设备的管理,对商品进出库工作效率关系重大。

(2) 物资养护设备。物资养护设备主要有吸水机、隔潮机、烘干机、测潮机、温湿度计、鼓风机、冷暖机等。它们用于检验、保养商品。

(3) 消防设备。消防设备包括警报器、消防车、泵站、各式灭火器、水源设备、砂土箱、铁钩、斧子、水桶、水龙带等。它们主要用于防火和灭火。

(4) 流通加工设备。用量小或满足临时需要的用户,不具备进行高效率初级加工的能力,流通加工可以使用户省去进行初级加工的投资、设备、人力,方便了用户。依据加式方式不同,流通加工设备大致可分为包装机械、切割机械、印贴标记条形码设备、拆箱设备和称重设备等。

(5) 控制、管理设备。控制、管理设备包括计算机及辅助设备等。

五、仓储设备的使用管理

1. 设备管理的方式

由于仓储设施设备的繁杂,功能各异,所以大部分设备都是分散使用,因此设备的管理方式,通常是在统一管理的基础上,实行分级管理,专人操作、专门管理部门负责的方式。当然,因为企业各自情况(如仓库规模、设备数量、设备集中与分散、固定与流动等)不同,造成管理方式的不同。所以企业应根据自身的情况选择合适的管理方式。

2. 设备的技术管理

对仓库中的设备建立管理、使用、维修、保养制度,是仓储管理工作中的一个重要环节,尤其是一些大型仓库机械设备较多,更应该加强管理。其中装卸搬运机械管理工作有以下四个要点:

(1) 制定必要的规章制度、操作规程,并认真贯彻执行。

(2) 加强对操作、维修人员的安全教育和技术培训,实行使用、维修相结合的方法,不断提高技术水平。

(3) 加强技术资料的管理工作,建立设备技术档案。

(4) 及时总结推广先进经验,努力节约原材料、燃料,降低装卸搬运成本。

案例思考

自动化仓库的困惑

20 世纪 70 年代,北京某汽车制造厂建造了一座高层货架仓库(自动化仓库)作为中间仓库,存放装配汽车所需的各种零配件。此厂所需的零配件大多数是由其协作单位生产,然后运输至自动化仓库。该厂是我国第一批发展自动化仓库的企业之一。

该仓库结构分为高库和整理室两部分,高库是采用固定式高层货架与巷道堆垛机结构,从整理室到高库之间设有辊式输送机。当入库的货物包装规格不符合托盘或标准货箱时,还需要对货物的包装进行重新整理,这项工作就是在整理室进行的。由于当时各种物品的包装没有标准化,因此,整理工作的工作量相当大。

货物的出入库是运用计算机控制与人工操作相结合的人机系统。这套设备在当时来讲是相当先进的。该库建在该厂的东南角,距离装配车间较远,因此,在仓库与装配车间之间需要进行二次运输,即将所需的零配件先出库,装车运输到装配车间,然后才能进行组装。

自动化仓库建成后,这个先进设施在企业的生产经营中所起的作用并不理想,因此其利用率也逐年下降,最后不得不拆除。

(案例来源:http://3y.uu456.com/bp-021a731ssf0e7cd1842s3608-1.html)

案例思考:
1. 自动化仓库为什么在该企业没有发挥其应有作用?
2. 仓储企业从中得到哪些启示?

第四节 仓库货区布置

一、货区布置的评估要素

货区布置的评估需要从仓储成本、货品流量、作业时间、作业感觉及空间效率五个方面进行评估。

第一评估仓储成本。仓储成本包括固定保管费用、保管设备费用及其他搬运设备费用等。

第二评估货品流量。货品流量是指进货量、拣货量、保管量、补货量及出货量等。

第三评估作业时间。作业时间是指出入库时间等。

第四评估作业感觉。作业感觉是指作业方法及作业环境等。

第五评估空间效率。空间效率是指储存品特性、梁柱、储存货品量、出入库设备及通道的安排布置等。

二、货区布置的主要影响因素

影响仓库货区布置的因素主要有以下两种:

(1) 仓库的规模和功能。仓库设施设备之间的配套衔接是仓库总平面布置中的重要问题,仓库的规模越大、功能越多,则需要的设施设备通常就越多。如果仓库规模小、功能少,那么仓库的总平面布置就变得相对简单。

(2) 仓库的专业化程度。在实际业务中,储存物品的种类越多,各种物品的理化性质就会有所不同，所要求的储存保管保养方法及装卸搬运方法也将有所不同。

因此，仓库的专业化程度与库存物品的种类密切相关。库存物品种类越多，仓库的专业化程度越低，仓库货区布局的难度就越大。库存物品种类越少，仓库的专业化程度越高，仓库货区布局的难度就越小。

三、货区布置的基本要求

对于企业或组织来说，合理的仓库布置应当满足下列要求：

（1）有利于节省投资。企业应当充分利用现有的资源和外部协作条件，根据设计规划任务和库存物品的性质选择配置设施设备，以便可以最大限度地发挥其效能。

（2）有利于仓储业务的顺利进行。企业在进行货区布局时应当适应仓储作业过程的要求。仓储作业过程是指仓库从接收物品开始直到把这些物品完好地发放出去的全部活动过程，由入库、储存、出库三个阶段构成，包括信息流和实物流两个方面。其中，信息流是指与实物流有关的各种单据、凭证、报表、文件、资料、库存物品档案等的填写、核对、传递、保存等；实物流是指库存物品在仓库内外的流动，按作业流程的先后顺序，主要包括接运、验收、保养、保管、分拣备货、加工、包装、发运、集货、配送等环节。

（3）有利于保证安全。仓库建筑必须严格按照国家的规定建设，并且作业环境的安全卫生标准也要符合国家的相关规定。

（4）合理利用仓库地坪建筑承载能力。仓库地坪单位面积建筑承载能力因地面、垫层和地基的结构而有所不同。实际业务中可采用装卸机械化、各种形式货垛和货架来充分利用地坪承载能力。

四、商品保管场所和非商品保管场所的布置方法

商品保管场所的布置是将各种商品合理地布置到库房、料棚或料场的平面和空间。其目的是提高仓库平面和空间利用率，提高物品保管质量，方便进出库作业，从而降低物品的仓储处置成本。

1. 商品保管场所布置的基本思路

（1）根据物品特性分区分类储存，将特性相近的货物集中存放。

（2）将同一供应商或者同一客户的物品集中存放，以便进行分拣配货作业。

（3）将周转率高的物品存放在进出库装卸搬运最便捷的位置。

（4）将单位体积大、单位重量大的物品存放在货架底层，并且靠近出库区和通道，对于重量小的商品可储存在有限的载重货架上。

2. 商品保管场所布置的形式

仓库商品保管场所布置可以分为平面布置和空间布置。

（1）平面布置。平面布置是指对保管场所内的货垛、通道、垛间距、收发货区等进行合理的规划，并正确处理它们的相对位置。

在实际业务中，平面布置主要依据库存各类物品在仓库中的作业成本，按成本高低分为A、B、C三类，A类物品大约应占据作业最有利的货位，B类次之，C类再次之。平面布置的形式有很多种，如图3-1所示。

①垂直式布置。垂直式布置是指货垛或货架的排列与仓库的侧墙互相垂直或平行，具体包括横列式布置、纵列式布置和纵横式布置。

横列式布置是指货垛或货架的长度方向与仓库的侧墙互相垂直。这种布置的优点是通道长

且宽、副通道短,整齐美观,便于存取查点,有利于通风和采光,如图3-2所示。

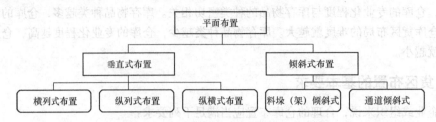

图3-1 商品保管场所平面布置的形式

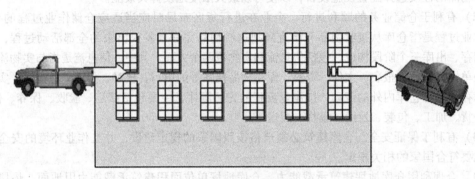

图3-2 仓库横列式布置

纵列式布置是指货垛或货架的长度方向与仓库侧墙平行。这种布置的优点是可以根据库存货物的不同在库时间频繁程度安排货位,在库时间短、进库频繁的货物放置在通道的两侧,在库时间长、进库不频繁的货物放置在里侧,如图3-3所示。

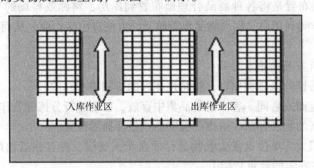

图3-3 仓库纵列式布置

纵横式布置是指在同一保管场所内,既有横列式布置又有纵列式布置。纵横式布置兼有横列式布置和纵列式布置两者的优点,如图3-4所示。

②倾斜式布置。倾斜式布置是指货垛或货架与仓库侧墙或主通道呈60°、45°或30°夹角,具体包括料垛(架)倾斜式布局和通道倾斜式布局。

料垛(架)倾斜式布局是横列式布局的变形,它是为了便于叉车作业、缩小叉车的回转角度、提高作业效率而采用的一种布局方式,如图3-5所示。

通道倾斜式布局是指仓库的通道斜穿保管区,把仓库划分为具有不同作业特点,如大量储存和少量储存的保管区等,以便进行综合利用。在这种布局形式下,仓库内形式复杂,货位和进出库路径较多，如图3-6所示。

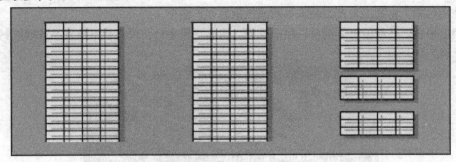

图3-4　仓库纵横式布置

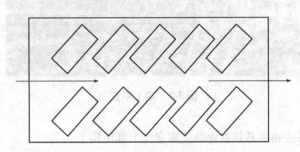

图3-5　仓库料垛倾斜式布局

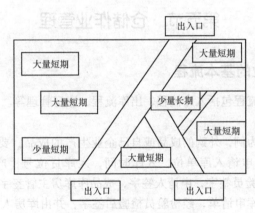

图3-6　仓库通道倾斜式布局

倾斜式布局方式有很大的局限性，只有在一定的条件下方可采用。它只适用于品种单一、批量大、用托盘单元装载、就地码垛、使用叉车搬运的商品，在一般的综合仓库不宜采用。实际操作中，究竟选用哪种布置方式最有利，要视具体情况而定。要根据库房面积的大小、库房的长宽比、料架的规格尺寸、商品的堆码方式、收发作业的方式和机械化程度等综合考虑，从而提出最佳的布置方案。

（2）空间布置。空间布置又称为仓库内部竖向布局，是指库存物品在仓库立体空间上布局，空间布置的目的在于充分有效地利用仓库空间，便于收发和提高保管质量。仓库空间布置可以采取下列方式：

①就地堆垛。借助于物品的外部轮廓或包装进行码垛。

②托盘、集装箱堆码。将物品装入集装箱或码放在托盘上，然后把集装箱或托盘进行堆码。

③使用料架。将物品直接或装入料箱或托盘后存入料架。

④架上平台。在料架上方铺设一层承载板，构成二层平台，可直接堆放物品或摆放料架，如图3-7所示。

图3-7　架上平台

⑤空中悬挂。将某些物品悬挂在库墙或库房的上部结构上。

第五节　仓储作业管理

一、仓储管理作业的基本流程

仓储管理作业的基本流程包括入库流程、出库流程、库房管理等。

1. 入库流程

以成品库的入库流程为例，外购的成品或自己企业生产的成品，要先由申请人填写入库单。入库单的内容主要包括：申请入库单位，入库时间，入库货位号，产品的品种、质量、数量（件数、重量）、金额，检验员签字，申请人签字，成品库库房主管签字等。

申请人持填写好的入库申请单，经检验员检验后签字，并由库房人员核实入库数量登记，库房主管签字。入库申请单一式三份，第一联存根，第二联财务核算，第三联保管员记账。入库时要严把质量关，做好各项记录，以备查用。

2. 出库流程

货物出库的方式主要有三种：客户自提、委托发货和公司送货。客户自提是指客户自己派人或派车来公司的库房提货。委托发货是对自己去提货有困难的客户而言，他们会委托仓储公司去找第三方物流公司提供送货服务。公司送货是指仓储企业派自己的货车，给客户送货的一种出库方式。无论采用哪种出货的方式，都要填写出库单，出库单主要有以下项目：发货单位、发货时间、出库品种、出库数量、金额、出库方式选择、运算结算方式、提货人签字、成品库主管签字。

出库单也是一式三份，第一联存根，第二联记账，第三联客户、提货人留存。提货车到达仓库后，出示出库单据，在库房人员协调下，按指定的货位、品种、数量搬运货物装到车上。保管人员做好出库质量管理，做好数量记录，检查人员做好记录，制作出库检验表，由复核人员核实品种、数量和提单，制作出仓库出门条。出库时交出库门卫，核实后放行。

3. 库房管理

在谈论保管作业之前首先应明确保管原则，仓库业的保管原则是：面向通道进行保管；尽可能地向高处码放，提高保管效率；根据出库频率选择位置；同一品种在同一地方保管；根据物品重量安排保管的位置；依据形状安排保管方法；依据先进先出的原则。

仓库存储空间的利用有如下三种情况：

①不固定放置系统，把商品放置在空闲的地方，并输入计算机，用计算机进行调度和寻找，以提高空间的利用率。

②固定放置系统，将商品放在固定地点。

③半固定放置系统，是前两项的混合形式。

库存中心多采用不固定放置方式，配送中心多采用固定放置方式。

下面将详细介绍库存管理的三个流程。

二、入库管理

仓储作业入库管理包括入库前的准备工作及入库活动的实质进行，因此，这里主要介绍商品入库前的准备工作、商品入库的程序以及在入库过程中对商品的验收和验收中发生问题的处理。

（一）商品入库前的准备

商品入库前的准备工作有以下五项：

1. 加强日常业务联系

根据储存情况，经常与有关部门联系，了解来库商品情况，掌握入库商品的品种、类别、数量和到库时间，以精确安排入库的准备事项。

2. 妥善安排仓容

接到进货单后，在确认为有效无误时，可根据入库商品的性能、数量、类别，结合分区分类保管的要求，核算所需的货位面积（仓容）大小，确定存放位置，以及必要的验收场地。

3. 组织人力

根据商品进出库的数量和时间，做好收货人员和搬运、堆码人员等劳动力的安排工作。采用机械操作的要定人、定机，事先安排作业顺序，做好准备。

4. 准备验收和装卸搬运的机具

商品入库前，要根据入库商品验收内容和方法，以及商品的包装体积、重量，准备齐全各种点验商品数量、质量、包装和装卸、堆码所需的点数、称量、测试机具等所有用具。

5. 准备苫垫、劳保用品

根据入库商品的性能、数量和储存场所的条件，核算所需苫垫、劳保用品的数量，据以备足必需的数量。

（二）商品入库的程序

入库作业要在一定时间内迅速、准确地完成。商品入库程序如下：

1. 大数验收

仓库收货人员与运输人员或运输部门进行商品交接后，进行大数验收，这是商品入库的第一道工序。大数点收，一般采用逐件点数计总以及集中堆码点数两种方法。逐件点数，靠人工点记费力易错，可采用简易的计算器，计算累计以得总数。对于花色品种单一，包装大小一致，数量大或体积大的商品，适宜用集中堆码点数法，即入库的商品，堆成固定的垛形（或置于固定容量的货垛），排列整齐，每层、每行件数一致，一批商品进库完毕，货位每层（横列）的件数与堆高（纵列）的件数相乘，即得总数。但需要注意，码成的货垛，其顶层的件数往往是零头，与以下各层件数不一样，如果简单统计，容易产生差错。

2. 检查商品包装和标志

在商品大数点收的同时，对每件商品的包装和标志要进行仔细检查。收货人员应注意识别商品包装是否完整、牢固，有无破损、受潮、水湿、油污等异状。对液体商品要检查包装有无渗漏痕迹。对于包装有问题的商品要及时进行处理，以免发生商品质量变质。

3. 办理交接手续

入库商品经上述两道工序之后，即可与送货人员办理交接手续，由仓库收货人员在送货单上签收，此后的工作将由仓库管理部门负责，商品出现问题也由仓库方承担。

4. 商品验收

商品入库后，要根据有关业务部门的要求及本库必须抽验入库的规定，进行开箱，拆包点验。

5. 办理商品入库手续

商品验收后，由保管员或验收人员根据验收结果写在商品入库凭证上，以便记账、查货和发货。经过复核，仓库留下保管员存查及仓库商品账登录所需的入库联单外，其余入库凭证各联退送业务部门，作为正式收货的凭证。商品入库手续办理完毕后，仓库账务人员根据保管员（或验收员）签收的商品入库凭证，将仓储有关项目登入商品保管账中。

（三）商品验收

仓库管理部门在办完大数点收手续后，必须对接收的物品做全面的、认真的、细致的验收，包括开箱、拆包、检验物品的质量和细数。物品验收应注意以下问题：

1. 细数不符

在进行数量验收时一般要求全验。在开箱、拆包核点物品细数时，如发现有多余情况，应在入库通知单上按实签收，并通知供应商，不能做溢余处理，如发现数量减少，也应按实际数量签收，同时联系供应商，不能以其他规格的多余物品做抵充数，或以其他批次余额抵补。

2. 质量问题

在质量验收时，当批量小、规格复杂、包装不整齐或要求严格验收时可以采用全验，全验需要大量的人力、物力和时间，但是可以保证验收的质量。当批量大、规格和包装整齐、存货单位的信誉较高或验收条件有限的情况下，通常采用抽验的方式。

拆包验收发现商品有残损、变质情况，仓库管理人员应将残损物品另外排列，好坏分开。残损物品签收后，应及时通知供应商，并分开堆存，保持原状（如玻璃制品的破损原件等），以便供应商检查和处理。

3. 查询处理

查询处理是仓库管理部门将物品验收中的具体问题，用书面形式通知供应商要求查明情况进行处理的一种方式。

（四）验收中发生问题的处理

货物检验中，可能会发现证件不齐、数量短缺、质量不符合要求等问题，应区别不同情况及时处理。

(1) 凡检验中发现问题等待处理的货物，应该单独存放，妥善保管，防止混杂、丢失、损坏。

(2) 凡质量不符合规定时，应及时向供货单位办理退货、换货交涉，或征得供货单位同意代为修理，或在不影响使用前提下降价处理。商品规格不符或错发时，应先将规格对的予以入库，规格不对的做成验收记录交给主管部门办理换货。

(3) 数量是短缺规定在磅差范围内的，可按原数入账，凡超过规定磅差范围的，应查对核实，做成验收记录和磅码单交主管部门会同货主向供货单位办理交涉。凡实际数量多于原发料量的，可由主管部门向供货单位退回多发数，或补发货款。

在商品验收过程中，如果发现商品有数量或质量问题，应该严格按照有关制度进行处理。在对验收过程发现的问题进行处理时应该注意以下几个方面：

①在商品入库凭证未到齐之前不得正式验收。如果入库凭证不齐或不符，仓库有权拒收或暂存放，待凭证到齐再验收入库。

②发现商品数量或质量不符合规定，要会同有关人员当场做出详细记录，交接双方应在记录上签字。如果是交货方的问题，仓库应该拒绝接收；如果是运输部门的问题就应该提出索赔。

③在数量验收中，计件商品应及时验收，发现问题要按规定的手续，在规定的期限内向有关部门提出索赔要求。否则超过索赔期限，责任部门对形成的损失将不予以负责。

(4) 凡价格不符，供方多收部分应予拒付，少收部分经过检查核对后，应主动联系，及时更正。

(5) 凡属承运部门造成的商品数量短少或外观包装严重残损等，应凭接运提货时索取的货运记录向承运部门索赔。

(6) 证件未到或不齐时，应及时向供货单位索取，到库商品应作为待检验商品堆放在待验区，待证件到齐后再进行验收。证件未到之前，不能验收，不能入库，更不能发货。

(7) 索赔。进口商品在订货合同上均规定有索赔期限。进口机械、电器仪表、车辆等，除索赔期外，还订有使用保证期，发现质量、规格、性能、重量（除合理磅差外）等有问题的，应在索赔期内对外提出索赔。合同订有保证期的物资，发现内在质量低劣，零件残损和性能等不符合合同规定，属于供货责任的，在保证期内也可以对外提出索赔。

三、在库管理

货物经过验收入库后，便进入储存保管阶段，它是仓储业务的重要环节。其主要内容包括根据库区、库容的合理规划，进行分区分类保管和货位合理布局、货物保管、货位编号；对货物正确堆码和苫盖；货物的保管维护；商品的盘点、检查和保管损耗控制等。通过商品在库的科学管理，可以保证商品原有使用价值和价值。

（一）储存区域的合理布局

储存区域的合理布局是指将各种商品合理地布置到库房、货棚、货场的平面和空间，以利提高仓库的利用率。其详细内容会在仓储管理课程中进行阐述，这里不再解释。

（二）商品存放的分区分类和货位布置

1. 商品存放的分区分类

分区分类就是对储存商品在性能一致、养护措施一致、消防方法一致的前提下，把库房货棚、货场划分为若干个保管区域，根据货物大类和性能等划分为若干类别，以便分类集中保管。

不同类型的仓库，分区分类方法不同，大致有以下四种：

（1）按商品种类和性质进行分区分类。

（2）按不同货主的商品经营分工进行分区分类。

（3）按商品流转方向或发往地区进行分区分类。

（4）按商品的危险性质进行分区分类。

2. 货位布置

根据上述商品分区分类保管方案，对各库房、货场进行合理布局，规划和确定库房和货场的货位摆放形式。库房的货位布置主要有横列式、纵列式和混合式三种形式。露天货场货位的布置形式一般多采取与货场的主作业通道成垂直方向排列，以便装卸和搬运。货位布置既要考虑操作的需要，又要考虑商品的安全。因此既要留出一定的作业通道、垛距、墙距等，又要合理、充分利用库房面积，尽量提高仓库、货场的利用率。

（三）货位编号

1. 库房的编号

把整个仓库所有储存场所，依据其地面位置按一定顺序编号。对库房、货棚的号码可统一写在库房外墙或库门上，编号要清晰醒目，易于查找。

2. 库房内各货位的编号

根据库内业务情况，按照库内干、支道的分布，划分为若干个货位，按照顺序编好号码，并视具体条件做出明显标志。为了分清各种商品的准确存放位置，通常还要在货位上等距离划分段落，再编上段号。

3. 货架中各货位的编号

收发零星货物及进行拼装作业的仓库，往往在一个库房内有许多货架，每个货架有许多格，作为存货的货位。可先按照一个仓库内的货架进行编号，然后对每个货架的货位按层、位进行编号。顺序应从上到下，从左到右，从里到外。

4. 货场上各货位编号

货场上各货位编号常见的两种方法：一是在整个货场内先按排编上排号，然后按各排货位顺序编上货位号；二是不分排号，直接按货位顺序编号。

（四）货物堆码

1. 货物堆码的基本要求

（1）合理。对于不同品类、规格、型号、形状、牌号、等级和批次的货物，必须分开堆码，不能混合、间杂堆码。对于不同货物应根据其性能、包装和结构特点，选用适合货物特点的垛形，占用面积、垛间、墙距、走道宽度要合理。另外，码垛时位置的安排要分清入库的先后次序，以便贯彻"先进先出"的原则。

（2）安全。堆码的货垛必须具备尽可能大的稳定性，尤其是重心较高时更要特别注意。要适当选择垛底面积、堆垛高度和垫衬材料，保证堆码的牢固与安全。

（3）定量。在货物堆码时，每垛、每行、每层、每包（件）等数量力求整数，每垛应有固定数量。对某些过磅称重货物不能成整数时，必须明确地标出重量，分层堆码，或成捆堆码，定量存放。

（4）整齐。堆垛排列整齐有序，垛形统一，有利于充分地利用仓库的有效面积和方便作业。因此，堆码货物的垛形要规范，纵横成行成列，货物包装的标志一律朝外排齐，便于查看和发货。

(5) 低耗。坚持一次堆码，减少重复搬运；爱护苫盖物品，节约备品用料，降低消耗；堆码紧凑，节省仓位，提高仓容利用率。

(6) 方便。便于装卸搬运、收发保管、日常维护保养、检查点数、灭火消防，以利货物保管和安全。

2. 有特殊要求的货物堆码

在实际库存管理中还要有特殊要求的货物堆码，主要有要求通风的货物堆码，怕压货物的堆码，容易渗漏的货物堆码，有毒物品的堆码，酸、碱等腐蚀品的堆码，易燃、易爆危险货物的堆码。

3. 货物的垛高

货物的垛高直接影响库容量，它除了由库房地坪安全负荷决定外，还受货物性质和包装的影响，通常是以不超重货物可堆高层数，决定最高允许堆高，但对轻泡货还要受仓库空间高度的影响。货物的堆码要保持通常所说的货垛"五距"，即墙距、柱距、顶距、灯距和垛距。另外，根据货物体积的大小和作业机械的要求，主要通道宽度一般为 1.5~2.5 米。如库内设有排水沟者，则排水沟上面一般不应堆码货物。对于仓库的主要建筑物库房来说，堆码货物要根据仓容定额进行堆码。如没有此定额，堆码时地坪单位面积荷重选择不应大于设计荷重的 90%。

4. 货物堆码的方式

货物堆码的方式主要由货物的性能、形状、包装、仓储设备、存放场所和季节、气候等条件决定。从实践来看，为便于货物保管，清点数量的便利，以及仓库容量的有效利用，常用的堆码方式主要有散堆方式、货架方式、成组堆码方式和垛堆方式。

（五）货物苫垫

需要进行垫垛露天存放的货物在码垛以后，要进行妥善的苫盖，以免货物受雨、露、霜、雪、潮气的侵蚀和日光暴晒的损害。

垫垛的目的是使货物与地面隔离，避免地面潮气自垛底侵入，并使垛底通风；或者减少货物对地坪的压力，并保持货物的清洁；露天货场堆存的货物，垫垛也能避免风、雨、雪对货物的侵蚀。

露天货场存放的货物，除了垫垛，一般都应苫盖，防止货物直接受风、雨、露、霜、雪及阳光的侵蚀。而且，需要苫盖的货物，在堆垛时应根据货物的特性、堆存期的长短、存放货场的条件，注意选择苫盖材料和堆码的垛形。

（六）货物检查、盘点与保管损失

1. 保管期间货物的检查

为了保证在仓库储存保管的货物质量完好，数量准确，必须经常和定期地对所保管的货物进行数量、质量、保管条件、安全等的动态检查，这是仓库保管业务的一项综合性措施。其中，检查的内容主要有数量检查、质量检查、保管条件检查、安全检查四个方面。

检查的方式有日常检查、定期检查和临时性检查。在检查中发现问题要及时进行处理。当货物有变质迹象或发生变质时，应按维护保养要求，查明原因，提出措施进行维护保养；对超过保管期或虽未超过保管期，但质量不能保证的，应通知存货人或仓单持有人及时采取措施或处理；数量有出入的，应弄清情况，查明原因，分清责任；对已破损的，应查明原因，与存货人或仓单持有人协商处理。

2. 货物的盘点

盘点是指定期或临时对库存商品的实际数量进行清查清点的作业，即为了掌握货物的流动情况（入库、在库、出库），对仓库现有物品的实际数量与保管账上记录的数量核对，以便准确地掌握库存数量。货物盘点是保证储存商品达到账、货、卡相符的重要措施之一。

账面上的库存数字和实际库存数字本来应该是一致的，但在实际盘点时往往会发生不相符的情况。其原因主要有：接收或支付货物时，将数字的尾数去掉（四舍五入）；接收或支付货物时，计量有误；保管中有破损、漏损或因蒸发而减少了分量；丢失或者被盗；记账时误记；计量时看错数；物品相互混杂，长久放置不使用的物品和其他物品记到一起，难以分开等。

盘点方式通常有两种：一种是定期盘点，即仓库的全面盘点，是指在一定时间内（一般是每季度、每半年）或年终财务结算前进行一次全面的盘点；另一种是临时盘点，即当仓库发生货物损失事故，或保管员更换，或仓库与货主认为有必要盘点对账时，组织一次局部性的或全面的盘点。

定期盘点需要关闭仓库，全面清理，可避免盘点中的混串与疏漏，使盘点结果能获得准确结存的实际数量。其主要方法有循环盘点法和重点盘点法两种。循环盘点法，是指按照相关货物入库的先后顺序，有计划地对库存保管货物循环不断地进行盘点的一种方法。重点盘点法，是指对货物进出动态频率高的，或者易损耗的，或者昂贵重要的货物进行盘点的一种方法。通过这些日常盘点，可以保证定期的全面盘点。

盘点的内容主要包括数量盘点、重量盘点、货与账核对、账与账核对。在盘点对账中如发现问题，要做好记录，并应逐一进行分析，及时与存货人联系，找出原因，协商对策，并纠正账目中的错误；对霉烂、变质、残损货物，应采取积极挽救措施，尽量减少损失。

3. 货物的保管损耗

货物在保管过程中，因其本身的性质、自然条件的影响、计量工具的合理误差、人为的原因，经常会发生各种损耗。货物的保管损耗是指在一定期间内，保管这种货物所允许发生的自然损耗，一般以货物保管损耗率来表示。

造成货物保管损耗的原因有货物的自然损耗、人为因素或自然灾害造成的损耗、运输损耗与磅差。自然损耗是指货物在运输与库存的流转过程中，因货物性能、自然条件、包装情况、运输工具、装卸设备、技术操作等所造成的不可避免的损耗与自然减量。人为因素或自然灾害造成的损耗，是指因操作或业务人员的失职和保管不善，致使货物发生霉烂、变质或丢失而造成的损失；或由于水灾、地震等自然灾害而造成的非常损失，以及由于包装破损而造成的大量撒漏损失等而造成的损耗。运输损耗是指货物从发货点交接时起，经搬运、装卸、运输、中转到仓库验收、过磅、入库上垛时止，整个过程都可能发生的损耗。货物在进出库时，由于计量工具之间精度上的差别，而造成的货物数量差异，称为磅差。

某种货物在一定的保管条件和保管期内，其自然损耗量与该种货物库存量的比值，称为"商品自然损耗率"，简称保管损耗率，通常用百分数或千分数表示。为了判定商品的保管损耗是否合理，一般对不同情况，不同商品规定相应的合理损耗标准，也称为标准损耗率，低于该标准损耗率的为合理损耗；高于该标准损耗率的为不合理损耗。商品保管损耗率，不仅是判断是否做好商品保管工作的标准，也是划分仓库与存货单位责任的界限，因此在仓储保管合同中，一般都以单独条款加以约定。

四、出库管理

出库管理是指仓库按照货主的调拨出库凭证或发货凭证（提货单、调拨单）所注明的货物名称、型号、规格、数量、收货单位、接货方式等条件，进行的核对凭证、备料、复核、点交、发放等一系列作业和业务管理活动。

出库业务是保管工作的结束，既涉及仓库同货主或收货企业以及承运部门的经济联系，也涉及仓库各有关业务部门的作业活动。为了能以合理的物流成本保证出库物品按质、按量、及时、安全地发给用户，满足其生产经营的需要，仓库应主动与货主联系，由货主提供出库计划，这是仓库出库作业的依据，特别是供应异地的和大批量出库的物品更应提前发出通知，以便仓库及时办理流量和流向的运输计划，完成出库任务。

仓库必须建立严格的出库和发运程序，严格遵循"先进先出，推陈储新"的原则，尽量一次完成，防止差错。需托运物品的包装还要符合运输部门的要求。

（一）出库作业管理的原则

1. 按程序作业

物资发料出库必须按规定程序进行。领料提货单据必须符合要求，对于非正式凭证或白条一律不得发料出库。

2. 做好发放准备

为使物资得到合理使用，及时投产，必须快速、准确发放。为此，必须做好发放的各项准备工作，如"化整为零"、备好包装等。

3. 坚持"先进先出"原则

在保证物资使用价值不变的前提下，坚持"先进先出"的原则。同时，也要做到保管条件差的先出；包装简易的先出；容易变质的先出；有保管期限的先出；回收复用的先出。

4. 及时记账

物资发出后，应随即在物资保管账上核销，并保存好发料凭证，同时调整料卡吊牌。

5. 保证安全

物资出库作业，要注意安全操作，防止损坏包装和震坏、压坏、摔坏物品，同时，还要保证运输安全，做到物品包装完整，捆扎牢固，标志正确清楚，性能不互相抵触，避免发生运输差错和损坏物品的事故。同时，也要保障物品质量安全、已失去原使用价值的物品不允许分发出库。

（二）出库作业的程序

物资出库的一般程序包括催提、出库前的准备、核对出库凭证、备料出库、复核、出库交接、销账存档等。

1. 催提

催提是直接向已知的提货人发出提货通知，当不知道确切提货人时，可以向存货人催提。对于将要到期的仓储物，要做好催提工作，以免接受新的委托，但没有仓容不能接受仓储物。到期催提应在到期日的前一段时间进行，按合同约定期通知，合同没有约定通知期的，仓库应在合理的提前时间内催提，以便提货人有足够的时间准备。

另外，对于在仓储期间发生损害、变质的仓储物，质量保存期就要到期的商品，或者剩余的少量残货、地脚货，也应进行催提，以免堆积占用仓库仓容，同时减少或避免存货人的损失。

2. 出库前的准备

（1）计划工作。根据需货方提出的出库计划或要求，事先做好物资出库的安排，包括货场货位、机械搬运设备、工具和作业人员等的计划、组织。同时仓库接到提货通知时，应及时进行备货工作，以保证提货人可以按时完整提取货物。备货时要认真核对货物资料，核实货物，避免出错。在部分货物出库时，应按照先进先出、易坏先出、不利保管先出的原则，安排出货。对于损害的货物，应动员提货人先行提货，然后根据与提货人达成的协商安排出货，没有协商安排的，暂不出货。

(2) 做好出库物资的包装和涂写标志工作。属于要出库的商品，应按要求进行包装，包装要符合运输部门的规定及适合商品的特点、大小、形状，结实牢固，便于搬运装卸。对于原包装不适应运输要求的，仓库应事先进行整理、加固或改换包装，对于经常需要拆件发零的商品，应事先备好一定数量和不同品种的物品，货物发出后要及时补充，避免临时再拆整取零，延缓发货，拼箱物品一般事先要做好挑选、分类、整理等准备工作。

有装箱、拼箱、改装等业务的仓库，在发货前应根据物品的性质和运输部门的要求，刷写包装标志、标签、注意事项等。

3. 核对出库凭证

物资出库凭证，不论是领（发）料单或调拨单，均应由主管分配的业务部门签章。审核商品出库凭证，主要是按提货单所写的入库凭证号码，核对好储存凭证（保管员账），以储存凭证上所列的货位、货号寻找该批商品。然后将提货单与存储凭证、商品号进行核对，确认正确无误后，要做好出仓标记以确保单、货相符。

核对无误后，在料账上填写预拨数后，将出库凭证移交给仓库保管人员。保管员复核料卡无误后，即可做物资出库的准备工作，包括准备随货出库的物资技术证件、合格证、使用说明书、质量检验证书等。凡在证件核对中，有物资名称、规格型号不对，印签不齐全、数量有涂改、手续不符合要求的，均不能发料出库。

4. 备料出库

仓库接到提货通知时，应及时进行备货工作，以保证提货人可以按时完整提取货物。备货时要认真核对货物资料，核实货物，避免出错，在部分货物出库时，应按照先进先出、易坏先出、不利保管先出的原则，安排出货。已损害的货物应动员提货人先行提货，然后根据与提货人达成的协商安排出货，没有协商安排的，暂不出货。

5. 复核

货物备好后，为了避免和防止备料过程中可能出现的差错，应再做一次全面的复核查对。核查的具体内容包括：是否便于装卸搬运作业；怕震怕潮等物资，衬垫是否稳妥，密封是否严密；收货人、到站、箱号、危险品或防震防潮等标志是否正确、明显；能否承受装载物的重量；能否保证在物资运输装卸中不致破损，保障物资的完整；每件包装是否有装箱单，装箱单上所列各项目是否和实物、凭证等相符合。

如经保管员反复核对确实不符时，应立即调换，并将原错备物品上刷的标记除掉，退回原库房，复核结余物品数量或重量是否与保管账目、商品保管卡片结余数相符，发现不符应立即查明原因。

6. 出库交接

备料出库物资，经过全面复核查对无误后，即可办理清点交接手续。如果是用户自提方式，应将物资和证件向提货人当面点清，办理交接手续。如果是代运方式，则应办理内部交接手续，即由物资保管人员向运输人员或包装部门人员点清交接，由接收人签章，以划清责任。

运输人员根据物资的性质、重量、包装、收货人地址和其他情况选择运输方式后，应将箱件清点，做好标记，整理好发货凭证、装箱单等运输资料，向承运单位办理委托代运手续。对于超高、超长、超宽和超重的物资，必须在委托前说明，以便承运部门计划安排。

承运单位同意承运后，运输人员应及时组织力量，将物资从仓库安全无误地交给承运单位，并办理结算手续。运输人员应向承运部门提供发货凭证样本、装箱单，以便和运单一起交收货人。运单总体应由运输人员交财务部门做物资结算资料，如果是专用线装车，运输人员应于装车后检查装车质量,并向车站监装人员办理交接手续。

7. 销账存档

物资点交清楚,出库发运之后,该物资的仓库保管业务即告结束,物资仓库保管人员应做好清理工作,及时注销账目、料卡,调整货位上的吊牌,以保持物资的账、卡、物一致,将空出的货位标注在货位图上,及时准确地反映物资的进出、存取的动态。

（三）出库的单证流转

出库单证主要是指提货单,它是向仓库提取商品的正式凭证。在不同单位中,其采用的出库方式也会有所不同,而在不同出库方式条件下,单证流转与账务处理的程序也会不同,这里只是就一般情况做一些介绍。

1. 送货方式下的提货单

在送货方式下,一般是采用先发货后记账的形式。提货单随同送货通知单经内部流转送达仓库后,一般是直接送给理货员,而不先经过账务人员。理货员接单后,经过理单、编写地区代号,分送给保管员发货,待货发讫后再交给账务人员记账。对于其他的几种出库方式,其单证的流转与账务的处理过程也基本相同。

货主单位签发的取样单和移库单也是仓库发货的正式凭证,它们的流转和账务处理程序与提货单基本相同。

2. 提货方式下的提货单

自提是提货人持提货单来仓库提货的出库形式。账务人员在收到提货单后,经审核无误,向提货人开出商品出门证,出门证上应列明每张提货单的编号。出门证中的一联交给提货人,账务人员将根据出门证的另一联和提货单在商品明细账出库记录栏内登账,并在提货单上签名,批注出仓吨数和结存吨数,将提货单交给保管员发货。提货人凭出门证向发货员领取所提商品,待货付讫,保管员应盖付讫章和签名,并将提货单返回给账务人员。提货人凭出门证提货出门,并将出门证交给门卫。门卫在每天下班前应将出门证交回账务人员,账务人员凭此与已经回笼的提货单号码和所编代号逐一核对。如果发现提货单或出门证不符,应该立即追查,不得拖延。

（四）出库时发生问题的处理

1. 出库凭证问题

第一,出库凭证上出现质量不合格、规格不符、缺件不配套、包装不牢以及未经仓库检验点收或无技术证件等情况,仓库应主动向业务部门或存货方说明情况。

第二,出库凭证所列品名、规格、型号等与仓库账面和库存实物不符,仓库应主动向业务主管部门反映或在出库凭证上签署意见退回用料单位,以便用料单位与业务主管部门联系处理。

第三,商品进库未经验收,一般暂缓发货,并通知供应商,待验收后再发货,提货期顺延,保管员不得代验。

第四,凡用户自提方式,其凭证超过提货期限,必须办理相关手续方可发货,任何白条都不能作为发货凭证。

2. 出库与实存数量不符

若出现出库与实存数量不符的情况,配送中心仓储部门要认真分析原因,根据具体情况及时进行处理。

第一,属于入库时错账,可以用报出报入方法进行调整,即先按库存账面数开具商品出库单销账,然后按实际库存数量重新入库登账,并在入库单上注明情况。

第二，属于用户单位漏记账而多开出库数，应由用户单位出具新的提货单，重新组织提货和发货。

第三，属于配送中心仓储过程中的损耗，需要考虑损耗数量是否在合理的范围之内，并与用户单位进行协商，合理范围之内的损耗应由用户单位承担，超过合理范围之外的损耗则由配送中心负责赔偿。

3. 包装破漏

包装破漏是指在发货过程中，因商品外包装破散等情况而引起的商品泄漏、裸露等问题。对此种问题，发货时应对其进行整理或更换包装，方可出库，否则造成的损失应由配送中心承担。

4. 串发货和错发货

串发货和错发货，是配送中心仓储部门发货人员对商品种类不很熟悉，或者由于工作中的疏漏，把错误规格、数量的商品发出库的情况。如果商品尚未离库，应组织力量重新发货；如果商品已经出库，保管人员应根据库存实际情况，如实向配送中心主管部门和用户单位讲明串发货和错发货的品名、规格、数量等情况，与用户单位协调解决问题。

5. 记账错误

记账错误包括漏记和错记。漏记账是在出库作业中，由于没有及时核销明细账而造成账面数量多于或少于实存数的现象。错记账是在商品出库后核销明细账时没有按实际发货出库的商品名称、数量等登记，从而造成账实不相符的情况。

无论是漏记账还是错记账，一经发现，除及时向有关领导如实汇报情况外，同时还应根据原出库凭证查明原因调整保管账，使之与实际库存保持一致。如果由于漏记账和错记账给货主单位、运输单位和仓储部门造成了损失，应予赔偿，同时应追究相关人员的责任。

本章小结

仓储是指利用仓储设施存放、储存未即时使用的物品、物资等的行为。仓储管理是仓储机构为了充分利用所具有的仓储资源，提供高效的仓储服务所进行的计划、组织、控制和协调。仓储管理是对仓库及仓库内的物资所进行的管理。仓库与仓储的含义不同，仓库是对暂时处在等待状态的物品进行储存的场所。而仓储是对仓库内物品的收存、保管、交付使用的活动。为了很好地发挥仓储管理的作用，在仓库中需要保有必要的设施设备，同时要对仓库货区进行合理布局。仓储管理要熟悉作业管理的各个环节。

思考与练习

一、单项选择题

1. 通过对储存物的保管保养，可以克服产品的生产与消费在时间上的差异，创造物资的（　　）。
   A. 时间效用　　　　　　　　B. 增值效用
   C. 空间效用　　　　　　　　D. 附加效用

2. 仓储经营者以其拥有的仓储设施，向社会提供商业性仓储服务的仓储行为称为（　　）。
   A. 企业自营仓储　　　　　　B. 商业营业仓储
   C. 公共仓储　　　　　　　　D. 战略储备仓储

3. 按功能划分，仓储分为（　　）。
   A. 企业自营仓储、商业自营仓储、公共仓储和战略储备仓储

B. 普通物品仓储和特殊物品仓储
　　C. 储存仓储、物流中心仓储、配送仓储、运输转换仓储和保税仓储
　　D. 保管式仓储、加工式仓储和消费式仓储
4. 仓储最基本的任务是（　　）。
　　A. 流通调控　　　　　　　　　　B. 数量管理
　　C. 质量管理　　　　　　　　　　D. 物资存储
5. 仓储管理作业的基本流程包括（　　）。
　　A. 入库流程、出库流程、在库管理　　B. 入库流程、在库流程、库房管理
　　C. 入库流程、库房管理、出库管理　　D. 入库流程、在库流程、库房管理

二、多项选择题

1. 按仓储物的处理方式不同，仓储分为（　　）。
　　A. 普通物品仓储　　　　　　　　B. 消费式仓储
　　C. 保管式仓储　　　　　　　　　D. 加工式仓储
2. 不合理储存主要表现在（　　）。
　　A. 储存时间过长　　　　　　　　B. 储存数量过大或过小
　　C. 储存结构失衡　　　　　　　　D. 储存条件不足过剩
3. 仓储管理的基本原则包括（　　）。
　　A. 效率的原则　　　　　　　　　B. 经济效益的原则
　　C. 服务的原则　　　　　　　　　D. 增值的原则及科学的原则
4. 按仓库适用范围划分，仓储分为（　　）
　　A. 自用仓库　　　　　　　　　　B. 公共仓库
　　C. 保税仓库　　　　　　　　　　D. 出口监管仓库
5. 堆码的基本要求包括（　　）。
　　A. 合理、方便　　　　　　　　　B. 牢固
　　C. 定量　　　　　　　　　　　　D. 整齐

三、判断题

1. 仓储的价值主要体现在基本功能、增值功能以及社会功能三个方面。（　　）
2. 仓库的盘点方式只有定期盘点一种。（　　）
3. 货物出库方式主要有三种，即客户自提、委托发货和公司发货。（　　）
4. 仓储的管理作业包括入库流程、出库流程和库房管理等。（　　）
5. 影响仓库货区布局因素主要有仓库的规模和功能、仓库专业化程度两种。（　　）

四、简答题

1. 简述仓库的分类。
2. 简述仓库的功能。
3. 简述仓储的入库管理、在库管理和出库管理实践中应该注意的问题。

五、案例分析题

国网东营市河口区供电公司：找差距，补短板，提升仓储管理水平

2016年9月22日，河口公司仓储配送班与跨县区结对班组利津公司仓储配送班开展工作交流，针对仓储班组创新工作薄弱的现状，围绕"库存周转率""库存'一本账'应用规范性""废旧物资处置执行规范性"三个2016年度班组对标指标，查找工作差距和管理短板，提升仓储管理水平。

物流管理

一是从仓库标准化建设改造、库存物资调拨、供应商寄存和定额物资储备三个方面，制定了库存周转率提升措施；二是进一步明确"工程结余物资/退出退役资产退库"工作要求，针对性交流了"两步收发货"时间间隔要求、"物资入库先物后账"要求、领料单日期信息与系统凭证日期匹配要求以及入库、出库等各类业务单据存档保管要求等，全面提升库存"一本账"应用规范性；三是结合废旧物资处置中存在的问题，从废旧物资处置准确性、废旧物资处置及时性、废旧物资处置过程中物资部门应加强的履约责任等方面，进行系统学习交流，提升废旧物资处置执行规范性；四是开展PDA应用操作实训，两个班组成员熟练应用PDA进行物资出入库业务操作，切实提高仓储业务水平；五是邀请市公司专业人员帮助县区公司提高对创新活动的认识，修正仓储班组人员认为专利申请、创新活动是"高、大、上"，不是仓储班组人员能够开展的错误理念，鼓励仓储配送班组员工在工作中善于发现，总结经验，勤于思考，积极撰写文稿，努力完成班组对标指标中的创新创效加分项，攻破两个公司之间的难点，共同研讨，互相交流，对提升班组对标指标起到积极的促进作用。

随着物力集约化管理的不断深化，市公司与各县区公司仓储业务工作已达到同管理、同检查、同考核，但各县区公司仓储配送班之间的业务水平仍参差不齐，通过此次工作交流，河口公司与利津公司找出了工作差距和不足，针对性进行了工作改进和短板修正，为不断促进班组建设与仓储管理业务深度融合，全面提升仓储管理水平夯实了基础。

（案例来源：http：//dongying.dzwww.com/dyxw/201609/t20160924_14949554.htm）

问题：

国网东营市河口区供电公司从哪些方面入手提升了仓储管理水平？

第四章

库存管理

★学习目标

通过本章的学习学生应掌握以下知识：
1. 了解库存的概念及类型，库存管理过程。
2. 掌握库存成本的构成。
3. 掌握单周期库存模型、经济订货批量法。
4. 了解供应商管理库存和联合库存管理。

★导入案例

中国零售企业利润逐年下滑　库存管理是最大挑战

第一财经获悉，中国连锁经营协会和普华永道联合发布2016中国零售企业营运资本管理调研报告《聚焦营运效率，重塑零售价值》，报告显示超过85%的受访零售企业认为库存管理是营运资本的最大挑战。零售企业的高层管理者需要充分理解营运资本的价值和其背后的营运管理问题与风险，并着手解决以提升整体经营管理效益。

报告显示，我国零售企业的销售和利润增长逐年下滑。超市的销售增速在单位数的水平；规模较大的大型百货店和综合店甚至出现了收入负增长的情况。对此，中国内地与中国香港地区零售及消费品行业合伙人余叶嘉莉说："要实现利润的增长，传统零售企业需要从'商品组织者'转变为'商品经营者'，从消费者需求、产品设计、采购或生产控制、物流配送、分销促销等各个环节加强经营和创新，摆脱过度依赖名目繁多的通道费等传统盈利模式。通过加强供应链管理实现零售企业与生产、消费环节的紧密对接，更高效地收集整理消费者的意见和需求，并迅速向生产环节传递，零售企业和合作伙伴应该成为利益共同体。"

调研还发现，百货店在2013年至2015年期间存货周转天数平均维持在21天左右，超市店维持在50多天，家电专业店在60天左右，而服饰专业店的平均在150天以上。普华永道中国零售及消费品行业主管合伙人王笑对此表示："需要建立不同品类、维度、层级的需求预测模型，利用信息化的工具实现精准的需求预测和优化管理。"

中国零售企业通常利用延迟支付采购货款从而降低库存对资金的占用，付款周期为2~4个月，而美国零售企业的付款周期通常只有1.5个月。

供应商数量过多,缺乏有效的供应商管理体系来平衡供应风险被认为是最重要的原因。此外,不同品类的采购策略不清晰,供应商能力较弱且资金压力大等因素都限制零售商合理定位应付账期以进一步优化的空间和机会点,传统的应付管理模式已无法支撑高效的营运资本管理和降低企业自身的资金压力。

余叶嘉莉建议,零售企业要重视营运资本管理理念与工具,更多关注过程,更多关注现金流以及与现金流相关的业务活动。

(案例来源:第一财经http://www.yicai.com/news/5184341.html)

问题:

结合所学物流知识说明企业如何有效控制库存管理?

第一节　库存概述

在社会经济活动中,无论是处在生产领域的制造业企业,还是处在流通领域的商业企业和物流企业,都存在库存。一方面,库存是生产经营正常进行的有力保障;另一方面,库存必然会占用企业的资金,同时为了储存和保管库存物资也要产生相关费用。控制和保持库存是每个企业所面临的问题。库存过多或过少都不利于企业的经营:库存过多,将占用大量的资金;库存过少,不能及时满足市场供应的需要,有可能失去客户。因此,库存的管理与控制是企业物流领域的一个关键问题,对企业物流整体功能的发挥起着非常重要的作用。

一、库存的概念

库存是为了满足未来需求而暂时闲置的有价值的资源。这些资源是用以支持生产和为客户服务而存储的各种物料,包括原材料、产成品、在制品、备件和低值易耗品等,只要它处在储存状态,无论是长期的,还是短期的、临时的物料,都可以称作库存。例如,零售商店里货架上的货物,或者工厂里机床旁边堆放的没有加工完的工件,运输途中的货物等都属于库存。

库存是一种暂时闲置的资源,因此库存在闲置期内不会为企业的生产经营活动创造利润,反而因为其占用了企业的资金而增加了企业的成本。从这一点来说"零库存"是企业库存管理的理想状态,而这种理想状态的实现,其实质是企业将库存在供应链(Supply Chain)上的转移,也即当某企业实现了零库存,实际上是该企业将库存转移到其供应商、分销商或零售商那里,所以说,库存是不可避免的,也是十分必要的。其原因主要有以下几方面:

1. 某些商品的生产和消费存在时间和数量上的矛盾

生产和消费存在时间和数量上的矛盾在农业生产和对农产品的消费上表现得尤为突出。例如,粮食的生产是季节性的,而对该粮食产品的加工和消费却是经常性的;用于支持粮食生产的各种化肥是常年生产的,而消费却是季节性的。对于大多数的产品生产者来说,愿意通过大量生产的方式提高生产效率以达到批量效果,而消费者对商品的购买和消费却是零散的。这就要求生产或流通环节保有一定量的库存,保证生产和消费的正常进行。

2. 顾客需求的多样化

顾客需求的多样化使得企业的供应体制朝着多品种、少量化的柔性生产转变,并且交货期大大缩短。因此,企业为了应对这种变化,在不能精确地预测市场需求的情况下不得不储备合理的库存。

3. 企业生产经营的扩大化及全球化

在企业生产经营的扩大化及全球化的过程中,尤其是制造业,由高成本的发达国家向低成本的发展中国家转移。原料在全球范围采购,产成品在全球范围销售,在生产和销售的各环节都会产生库存。

4. 企业对顾客满意经营目标的追求

现在越来越多的企业将自己的经营目标定在顾客满意度上,对于企业来说,如果顾客对其产品和服务感到满意,就会将他们的消费感受通过口碑传播给其他的顾客,扩大产品的知名度,提高企业的形象,为企业的长远发展不断地注入新的动力。而使顾客满意的一个比较重要的方面就是尽最大可能避免由于缺货而给顾客带来的不便,即企业要最大限度地控制脱销率,因此,要求企业保有合理的库存。

二、库存的作用和弊端

通过以上对库存产生的原因的分析,不难看出库存具有如下作用:
(1) 获得大量购买的价格折扣。
(2) 大量生产,提高生产效率,降低生产成本。
(3) 大量运输降低运输成本,节省运费。
(4) 调整供需之间的季节性差异。
(5) 保持供应来源。
(6) 避免由于紧急情况而出现停产。
(7) 防止涨价、政策的改变以及延迟交货等情况的发生。
(8) 提高客户服务水平。

库存在上述正面作用的同时还存在很大弊端,为企业发展带来较大负担:
(1) 占用企业大量资金,通常情况下库存占用资金为企业总资产的20%~40%,库存管理不当会形成大量资金的沉淀。
(2) 增加了企业的产品成本与管理成本,库存物资的成本增加直接增加了产品成本,而相关库存设备、管理人员的增加也加大了企业的管理成本。
(3) 掩盖了企业众多管理问题,如计划不周、采购不力、生产不均衡、产品质量不稳定及市场销售不力等管理问题。
(4) 库存损耗,库存的数量过大,时间过长,发生库存损失和损耗的可能性就会增加。

三、库存的分类

库存普遍存在于经济活动的各个环节,无论是在生产领域还是在流通领域,但它们会表现出不同的形态。依据不同的标准,库存可划分为不同的类型。

(一) 按库存在经营过程中的功能划分

1. 周转库存

周转库存是为了满足日常生产经营需要而保有的库存,它不断地被投入生产和销售,又不断地被补充进来,这样不断地周转储存而形成。周转库存的大小与采购批量有直接关系。

2. 安全库存

安全库存是指为了防止不确定性的发生,防止缺货造成的损失而设置的一定数量的库存。安全库存的数量除受需求和供应的不确定性影响外,还与企业希望达到的顾客服务水平有关,这些是制定安全库存决策时主要考虑的因素。安全库存越大，出现缺货的可能性就越小；但库存越大，会导致剩余库存的出现，相应成本就会增加。应根据不同物品的用途以及客户的要求，将缺货保持在适当的水平上，允许一定程度的缺货现象存在。

3. 在途库存

在途库存是指处于相邻两个工作地之间或是相邻两级销售组织之间的库存，包括处在运输过程中的库存，以及停放在两地之间的库存。在途库存取决于输送时间和在此期间的需求率。

4. 季节性库存

由于需求的季节性变化或是采购的季节性特点，必须在淡季为旺季的销售，或是在收获季节为全年生产储备的存货称为季节性存货。决定调节库存的因素除了脱销的机会成本外，还应考虑生产不均衡时的额外成本。

5. 投机库存

投机库存是指为了避免因产品价格上涨造成损失或为了从商品价格上涨中获利而建立的库存。

（二）按库存细项需求划分

在库存的计划和控制管理方面有一种重要的分类，即按库存细项需求划分为独立和非独立的两种。

1. 独立需求库存

独立需求库存是指即将卖给别人的产成品或其他最终产品。在任意给定时间范围内，通常都无法精确地确定这种产品细项的需求数量，因为需求含有一定的随机因素，所以预测在库存决策中扮演着一个重要的角色。

2. 非独立需求库存

非独立需求库存主要是指将会被用于最终产品或产成品的零部件，零部件的需求（即使用）源于即将生产的产成品的数量。一个典型的例子就是新汽车的车轮需求，如果每辆小汽车需要配五个车轮，那么一次生产运营中的车轮需求总数就只是该批次所需生产的小汽车数的一个函数而已。非独立需求细项库存数量取决于生产计划。

（三）按库存的需求特性划分

按库存的需求特性划分，库存可分为单周期库存和多周期库存。

单周期库存是指容易腐烂物品（新鲜水果、蔬菜、海鲜、鲜花）以及有效期短的物品（报纸、杂志、专用仪器的备件），备件的使用期即设备有效期短，且假定备件不能用于其他设备。这些未售出或未使用商品不能跨期持有，至少不能不受损害持有。例如，一天内没卖掉的面包往往会降价出售，剩余的海鲜可能会被扔掉，过期杂志则会降价出售给旧书店，处置剩余商品甚至还可能发生费用。

多周期库存是指为了满足在足够长的时间内，对某种物品的重复性和连续性的需求设置的库存。例如，钢铁企业所用的铁矿石，为了适应需求消耗，需要周期性地补充；居民家庭所用的食品，消费完了需要重复采购。这些周期性重复采购即可形成多周期库存。

四、库存管理过程

（一）需求识别与需求预测

需求预测是库存管理的基础，是库存决策的依据。需求预测是有效控制库存系统的关键。需求有五个方面的因素必须要考虑，即数量、时间、频率、范围以及可预测性。

（二）存货识别与编码

要使库存管理更为有效，必须对存货进行识别和编码。

存货识别与合理化库存中的存货包括很多不同种类的物品，最容易的识别方法是起名字或文字描述。

当数量很多，种类很广时，只使用名字和描述性文字是不合适的，容易混淆，所以这时候通常采用编码予以区别。采用编码就要开发一个编码系统，制定编码规则。常见的一种编码方式是对要描述的物品属性，如物品自然属性、物品最终用途、库存地点、供应源以及最终用户进行分组，然后按照一定的规则进行编码。

（三）存货分类

存货分类是指对按照库存物品的性质划分出类别。对存货进行分类有便于管理、收发作业、合理使用库容、机械化作业等优点。存货有很多种分类，其中有原材料、零件、配件、包装、半成品、产成品等。

（四）采购提前期管理

1. 采购提前期的定义

无论订货数量多少，从订单发出到接收物品总有一个延迟的时间，这就是采购提前期（或称为采购前置时间），即从采购订单发出到收到货物的时间间隔。采购前置时间可以是不变的，也可以是可变的。当采购前置时间可变时，可以用某种概率分布来描述它。

采购前置时间一般可由以下几部分组成，其表达式为

$$L = T_1 + T_2 + T_3 + T_4 + T_5 \tag{4-1}$$

式中　L——补充库存的采购前置时间；

　　　T_1——企业内部的订货准备时间；

　　　T_2——订单传送时间；

　　　T_3——供应厂家准备物品的时间；

　　　T_4——运输的时间；

　　　T_5——入库前对物品进行验收等活动所占用的时间。

可以看出除 T_1 和 T_5 可控外，其他变量都是不可控的。

2. 采购提前期的计算

在计算订货数量时要考虑订货提前期。订货提前期要考虑安全库存费用与缺货费用之间的平衡。

计算采购提前期可以用许多不同的方法，常见的方法有：根据最后一次订货的提前期来确定采购提前期；利用所有采购提前期的平均时间作为采购提前期。

（五）库存出库

库存出库政策决定物品消耗的顺序，要确保物品货架寿命比储存的时间长。库存出库主要有以下政策：

（1）先进先出政策。这种政策按照进库的顺序进行处理，最先进库的物品最先使用，避免存储时间超过货架寿命。物品被排成一列就可这样处理。此政策一般适用于寿命周期短的商品，如感光纸、胶卷、食品等。

（2）后进先出政策。后进先出是指最后进库的物品最先出库。堆成一堆的物品就可这样处理。

(3) 随机政策。随机就是物品出库没有规则。在零售时，标识日期的库存要经常检查和出库。没有标识日期的库存要保持清洁和新鲜的外观。将新的库存放在货架的后面以保证货架清洁、整齐。

第二节　库存成本管理

案例思考

运动消费盛宴落空　库存待消化

喜欢名牌球鞋的省城大二学生小韩发现，在省城沃尔玛超市里，新开了一家国际名牌运动鞋专卖店，全场五九折的折扣也让昔日的"贵族"大牌球鞋变成了"平民鞋"。

"今年是我买球鞋最多的一年，济南不少专卖店的折扣低得难以想象。"小韩是个球鞋爱好者，"今年新款的耐克 Airforce 跑鞋，我只花了199元，相当于三折买的。"在校内网上，小韩得意地炫耀自己"白菜价"买来的名牌球鞋。

在沃尔玛超市这家名为炫体的品牌折扣店里，一双今年新款的原价1 200元的霍华德专用篮球鞋，如今只需要800多元就买到了，相当于打了七折，而多款国际名牌休闲板鞋的售价只有200多元，已经和不少国内品牌运动鞋的价格站到了一条起跑线上。

据业内人士介绍，通常一双国际名牌球鞋，先是出现在大商场的专柜里，以正价销售，选择在这里购物的买家往往是追求新款，对价格不敏感的顾客；如果没卖完，接着可能出现在街边专卖店中，打八九折，由同样追求新款但对价格敏感的顾客购买；要是还没卖完，最后出现在工厂（折扣）店，以更低的折扣销售，"像今年这样专卖店一上来折扣力度就超过工厂店的情况，好多年都没出现了。"

在沃尔玛超市卖"平民球鞋"的炫体店店长刘天宇介绍，"按照规律，历届奥运会都会刺激之后的运动品牌销售。""尤其是这次奥运会在中国举行，国内经销商都增加了存货量，但是直到现在，国内市场并没有预计得那么好，经销商压下了大量的存货，为了消化库存，只好打折促销。"

（案例来源：http://www.efu.com.cn/data/2009/2009-08-24/279361.shtml）

案例思考：
如何解决大量库存？

一、库存成本的构成

库存是包含经济价值的资源，购置和储存都会产生费用。库存成本是建立库存系统时或采取经营措施所造成的结果。库存系统的成本主要有持有成本、获得成本及缺货成本三部分。

1. 库存持有成本

库存持有成本即为保有和管理库存而需承担的费用开支，具体可分为运行成本、机会成本和风险成本三个方面。

运行成本主要包括了仓储成本。自营型的仓库体现为建造仓库的固定投资的摊销费用，外包型的仓库则体现为仓库的租金，库存越多，仓储面积越大，仓储成本也越高。此外，运行成本还包括仓库中的设备投资成本和日常运作费用（水、电、人工等）。

机会成本主要是库存所占用的资金所能带来的机会成本，库存作为企业的资产是通过占用企业的流动资金而获得的，而任何企业都有其一定的资金投资回报率，即库存占用的资金如果不用于库存而经营其他投资所能获得的平均收益。企业因为要持有一定的库存而丧失了流动资金所能带来的投资收益，即为库存的机会成本。有时企业通过借款来获得库存，这时的机会成本还应包括借款的利息支出。

风险成本是从风险的角度出发来考虑的，首先是保险费用，为了减少自然灾害对库存造成的损失，大多数的企业会为其库存的安全投保，其费用就是库存成本。同时企业可能会因为库存的不合理存放而造成损耗或报废，例如，食品过期、存放过程中破损、产品滞销、失窃等，这些损失同样是库存的风险成本。

2. 库存获得成本

库存获得成本是指企业为了得到库存而需承担的费用。如果库存是企业直接通过购买而获得的，则获得成本包括订货成本和采购成本。订货成本是指自企业向卖方发出订单订货起，到货物运抵企业入库为止的过程中发生的各项费用，包括办公费、差旅费、通信费、运输费、入库检验费等。采购成本是指由买价和运杂费构成的成本，其数量取决于采购数量和单位成本。订购或运输次数越多，订货成本就越高；如果库存是企业自己生产的，则获得成本体现为生产准备成本，即企业为生产一批货物而进行生产的生产启动成本。

3. 库存缺货成本

库存缺货成本，简而言之，就是由于库存供应中断而造成的损失。库存缺货成本包括原材料供应中断造成的停工损失、产成品库存缺货造成的延迟发货损失和销售机会丧失带来的损失、企业紧急采购解决库存的中断而承担的紧急额外采购成本等。当出现缺货时，如果客户选择撤销购买要求，对于企业来说就产生了缺货成本，就是本应该获得的这次销售利润，还可能包括对未来销售造成的影响。

二、库存成本管理的要求

1. 建立物流管理的会计制度

现实中库存成本管理，首先就是建立物流管理的会计制度，进行物流成本核算。

将库存所发生的相关费用分别进行定义、记录和核算。这是一项很重要的基础工作，只有有记录、有数据，才能进行核算，有了核算的结果，才能更好地对物流管理工作进行优化，才能更好地搞好库存管理工作。

2. 建立物流总成本最低的库存成本管理的指导思想

库存管理包括订货、进货、储存和销售出库四个环节，在每个环节都会产生相关的费用，而这些费用还涉及企业的各个不同的部门。因此，库存成本管理是一个系统工程，要进行很好的协调，使库存的总成本最低。例如，大量购买，可以减少订货次数，从而降低订货成本，但会增加储存成本；为了减少储存成本，就需要增加订货次数，从而增加订货成本。只有采取科学的方法确定一个适当的比例，才能使得订货成本与储存成本以及库存总成本最低。

3. 建立库存成本的定期统计分析制度

在建立起物流管理会计制度的基础之上，定期地对库存成本进行统计分析，即成本的时间比较分析和成本的空间比较分析。通过比较分析，找出经验教训，为做好下一周期的库存管理工作提供依据。

4. 建立零库存指导思想

零库存，就是在企业的生产经营活动中不存在库存，那么也就不存在与库存相关的费用，从而大大降低企业的成本，增强企业的竞争力。实现零库存的根本途径就是实施准时化作业。准时化的思想，就是只在需要的时候，把所需要的品种、数量、送到需要的地点。这样可以最大限度地消灭浪费，大大降低企业生产过程中的库存和资金的积压，同时提高企业的管理效率。

案例思考

美的零库存运动

VMI 双向挤压供应链成本

价格大战、库存灾难、产能过剩、利润滑坡——过度竞争压力之下，除进行产品和市场创新外，挤压成本成为众多空调厂商舍此无其他的存活之道。

阴晴不定的4月，历来是空调市场战云密布的季节。"价格战"正在成为所有厂家话题中的热点。一线品牌美的悄然出手，其出招却直指终端代理商。在广东地区，美的近期正在悄悄地为终端经销商安装金算盘财务进销存软件，这是美的日益浮出水面的"业务链条前移"策略，实现"供应商管理库存"（以下简称VMI）和"管理经销商库存"中的一个步骤。

零库存梦想

美的虽多年名列空调产业的"三甲"之位，但是常有"一朝城门失守之忧"。近年来，在降低市场费用、裁员、压低采购价格等方面，美的频繁变招，其路数始终围绕着成本与效率。在供应链这条维系着空调企业的生死线上，美的更是动作不断。据业内统计数据，全国厂商估计有700万台空调库存。长期以来，美的空调一直自认成绩不错，但是依然有最少5~7天的零部件库存和几十万台的成品库存。

在强敌如云的市场中，这一数字自然不能让美的熟寐。相对其他产业的优秀榜样，这一存货水准甚至有些让其"汗颜"。例如，戴尔（Dell）等跨国公司的供应链管理就让美的羡慕不已。在厦门设厂的戴尔，自身并没有零部件仓库和成品仓库。零部件实行VMI；成品则完全是订单式的，用户下单，戴尔就组织送货。"戴尔的供应链管理和物流管理世界一流"，美的空调的流程总监匡光政不由得叹服。

而实行VMI的，并不仅仅限于戴尔等国际厂商和我国台湾地区IT企业。海尔等国内家电公司已先饮头啖汤。有了戴尔的标杆和海尔的压力。美的在2002年销售年度开始，也开始导入VMI。

对于美的来说，较为稳定的供应商共有300多家，零配件（出口、内销产品）加起来一共有3万多种。但是，60%的供货商是在美的总部顺德周围，还有部分供应商是车程3天以内的地方，如广东的清远一带。因此，只有15%的供应商距离美的较远。在这个现有的供应链之上，美的实现VMI的难度并不大。

对于这15%的远程供应商，美的在顺德总部（美的出口机型都在顺德生产）建立了很多仓库，然后把仓库分成很多片区。运输距离长（运货时间3~5天）的外地供应商一般都会在美的的这个仓库里租赁一个片区（仓库所有权归美的），并把零配件放到片区里面储备。

（案例来源：http://www.yesinfo.com.cn/news/detail.action?id=2f53d4fbf6784e8688b3e89156f214ab）

案例思考：

如何实现企业零库存？

第三节 库存控制管理

库存控制就是决定和调节库存物品的种类和数量，使之既不过剩又不缺货。目标是在库存过多和库存过少之间获得平衡。一方面，维持较高的库存水平是一个简单地减少缺货风险的方法。进一步说，可以减少订货次数以降低订货费用。但是，保管费用却提高了。另一方面，只维持较低的库存水平是一个困难的决策。这不仅是因为依赖于供应商的准时送货,而且提高了订货次数,增加了订货费用,虽然降低了保管费用。

一、ABC 分类管理法

一般来讲,企业的库存物资数量很大,品种规格很多,单价高低也不同。如果人们对所有的货物采取相同的管理方法,则可能投入的人力、资金很多,而效果事倍功半,甚至有些贵重的、重要的、紧缺的物资,会因得不到足够注意而缺货,使供应中断。在库存量管理中要抓重点,通过解决重点而带动一般。库存物资分类管理就是基于在管理中要突出重点,兼顾一般这个基本精神而运作的。

ABC 分类管理法又叫 ABC 分析法、ABC 库存控制技术,它是以某类库存物资品种数占总的物资品种数的百分比和该类物资金额占库存物资总金额的百分比大小为标准,将库存物资分为 A、B、C 三类,进行分级管理。ABC 分类管理法简单易行,效果显著,在现代库存管理中已得到广泛应用。

一般地,人们将价值比率为 65%~80%、数量比率为 15%~20% 的物资划为 A 类;将价值比率为 15%~20%、数量比率为 30%~40% 的物资划为 B 类;将价值比率为 5%~15%、数量比率为 40%~55% 的物资划为 C 类。分类后对各类物资的管理应采取以下策略进行管理:对于 A 类物资通常是控制工作的重点,应严格控制其计划与采购、库存储备量、订货量和订货时间,定期进行检查和盘存。对于 B 类物资可以适当控制,在力所能及的范围内,适度减少库存。对于 C 类物资可以放宽控制,增加订货量,延长相邻两次订货的时间间隔,以减少订货费用,在不影响库存控制整体效果的同时,减少相关的工作量,如检查和盘存的时间间隔适当加长。

案例思考

打破 ABC 传统订货策略,采用新方法降低库存水平

美国硅谷的一家中型电信设备制造商实施新型的订货方法,显示出新式算法与技术的威力。该公司外包了产品的生产业务,但仍保持对元器件采购环节的控制。像许多其他公司一样,该公司也曾根据 ABC 理论来制定订货政策。

为应对新的市场环境,该公司在调整订货策略时决定尝试传统方式以外的方案。新的方案考虑的关键因素包括成本、具体元器件的数据和预期中的需求波动情况,且为用户提供了不同条件下的订货模拟,这使该公司能比较新方案与 ABC 订货策略的结果差异。通过模拟,该公司预期新方案将使交易工作量减少 56%~69%,库存水平下降 8%~23%。

在实施了新方案以后,实际结果与模拟的情况非常符合:交易工作量减少了 61%,且库存水平有望下降 27%。但实现这一目标可能需要更多一些的时间,因为该公司首先必须消化现有的库存。目标库存(模型所预测的库存水平)与实际库存之间的差距在最初的两个月缩小了 19%。按这种速度,该公司预计将在新方案实施六个月之内达到目标库存。

此外,这种新型的订货策略还取得了积极的财务结果。该方案易于实施且不需要投资任何新的软件,具体的做法是根据该公司的常规信息计算出新的订货策略,并载入该公司的 ERP 系统。库存和交易水平的统计数据为高管们提供了重要的信息,供在他们制定关键业务决策时使用。

使用 ABC 订货策略的 OEM 和 EMS 公司应该考虑采用更高级的方法。最近几十年,电子产业发生了巨大的变化：制造业务外包、产品生命周期缩短、全球化竞争和财务业绩面临巨大压力。所有这些因素都在改变电子制造业的面貌，用简单的 ABC 模型应付一切的日子已经过去，为了保持竞争力，厂商必须调整订货策略的基本方式与操作方法。

（案例来源：http://www.mengyinnews.com/html/2012/10/301049295107.htm）

案例思考：

结合案例，ABC 订货模型存在哪些问题？

二、单周期库存模型

对于单周期需求来说，库存控制的关键在于确定订货批量。为了确定最佳订货量，需要考虑各种由订货引起的费用。由于只发出一次订货和只发生一次订购费用，所以订货费用为一种沉没成本，它与决策无关。库存费用也可视为一种沉没成本，因为单周期物品的现实需求无法准确预计，而且只通过一次订货满足，所以即使有库存，其费用的变化也不会很大。由于预测误差的存在，根据预测确定的订货量和实际需求量不可能一致。如果需求量大于订货量，就会失去潜在的销售机会，导致机会损失即订货的缺货成本。此外，假如需求量小于订货量，所有未销售出去的物品将可能以低于成本的价格出售，甚至可能报废，而且要另外支付一笔处理费。这种由供过于求导致的费用称为过期成本。

只有缺货成本和过期成本对最佳订货量的确定起决定性作用。

一般情况下，缺货成本用未实现的利润来表示，即

$$C_u = 单位售价 - 单位成本$$

过期成本用物品的原始成本与残值之差来表示，即

$$C_0 = 单位原始成本 - 单位残值$$

确定最佳订货量可采用期望损失最小法、期望利润最大法或边际分析法。下面介绍期望损失最小法和期望利润最大法。

1. 期望损失最小法

期望损失最小法就是比较不同订货量下的期望损失，取期望损失最小的订货量作为最佳订货量。已知库存物品的单位成本为 C，单位售价为 P，若在预定的时间内卖不出去，则单价只能降为 S（$S < C$）卖出，单位过期成本 $C_0 = C - S$；若需求超过存货，则单位缺货损失（机会损失）$C_u = P - C$。设订货量为 Q 时的期望损失为 $E_L(Q)$，则取使 $E_L(Q)$ 最小值对应的 Q 作为最佳订货量。$E_L(Q)$ 可通过下式计算：

$$E_L(Q) = \sum_{d>Q} C_u(d-Q)P(d) + \sum_{d<Q} C_0(Q-d)P(d)$$

式中，$P(d)$ 为需求量为 d 时的概率。

例 4-1 某商店准备进一批月饼，已知每块月饼的进价为 $C = 5$ 元，售价 $P = 8$ 元。若在 1 个月内卖不出去，则每块月饼只能按 $S = 3$ 元卖出。求该商店的最佳月饼订购量。

按过去的记录，节日期间对某商店月饼的需求分布率如表 4-1 所示。

表 4-1 月饼的需求分布率

需求 d/块	10 000	20 000	30 000	40 000
概率 $P(d)$	0.20	0.35	0.30	0.15

解： 设该商店购进 Q 块月饼，当实际需求 $d < Q$ 时，将有一部分月饼卖不出去，每块过期损

失 $C_0 = C - S = 5 - 3 = 2$（元）；当实际需求 $d > Q$ 时，将有机会损失，每块机会损失 $C_u = P - C = 8 - 5 = 3$（元）。

当 $Q = 10\,000$ 时，$E_L(10\,000) = 3 \times (40\,000 - 10\,000) \times 0.15 + 3 \times (30\,000 - 10\,000) \times 0.30 + 3 \times (20\,000 - 10\,000) \times 0.35 = 42\,000$（元）。

当 $Q = 20\,000$ 时，$E_L(20\,000) = 3 \times (40\,000 - 20\,000) \times 0.15 + 3 \times (30\,000 - 20\,000) \times 0.30 + 2 \times (20\,000 - 10\,000) \times 0.20 = 22\,000$（元）。

当 $Q = 30\,000$ 时，$E_L(30\,000) = 3 \times (40\,000 - 30\,000) \times 0.15 + 2 \times (30\,000 - 10\,000) \times 0.20 + 2 \times (30\,000 - 20\,000) \times 0.35 = 19\,500$（元）。

当 $Q = 40\,000$ 时，$E_L(40\,000) = 2 \times (40\,000 - 30\,000) \times 0.30 + 2 \times (40\,000 - 20\,000) \times 0.35 + 2 \times (40\,000 - 10\,000) \times 0.20 = 32\,000$（元）。

期望损失的最小值：

Min $\{E_L(10\,000), E_L(20\,000), E_L(30\,000), E_L(40\,000)\} = E_L(30\,000) = 19\,500$ 元

由此得出该商店的最佳订货量为 30 000 块。

2. 期望利润最大法

期望利润最大法是比较不同订货量下的期望利润，取期望利润最大的订货量作为最佳订货量。订货量为 Q 时的期望利润 $E_p(Q)$ 可以通过下式计算：

$$E_p(Q) = \sum_{d < Q} [C_u d - C_0(Q - d)] P(d) + \sum_{d > Q} C_u Q P(d)$$

如上例，当 $Q = 10\,000$ 时，$E_p(10\,000) = 3 \times 10\,000 \times 0.20 + 3 \times 10\,000 \times 0.35 + 3 \times 10\,000 \times 0.30 + 3 \times 10\,000 \times 0.15 = 30\,000$（元）

当 $Q = 20\,000$ 时，$E_p(20\,000) = [3 \times 10\,000 - 2 \times (20\,000 - 10\,000)] \times 0.20 + 3 \times 20\,000 \times 0.35 + 3 \times 20\,000 \times 0.30 + 3 \times 20\,000 \times 0.15 = 50\,000$（元）

当 $Q = 30\,000$ 时，$E_p(30\,000) = [3 \times 10\,000 - 2 \times (30\,000 - 10\,000)] \times 0.20 + [3 \times 20\,000 - 2 \times (30\,000 - 20\,000)] \times 0.35 + 3 \times 30\,000 \times 0.30 + 3 \times 30\,000 \times 0.15 = 56\,000$（元）

当 $Q = 40\,000$ 时，$E_p(40\,000) = [3 \times 10\,000 - 2 \times (40\,000 - 10\,000)] \times 0.20 + [3 \times 20\,000 - 2 \times (40\,000 - 20\,000)] \times 0.35 + [3 \times 30\,000 - 2 \times (40\,000 - 30\,000)] \times 0.30 + 3 \times 40\,000 \times 0.15 = 40\,000$（元）

期望利润的最大值：

Max $\{E_p(10\,000), E_p(20\,000), E_p(30\,000), E_p(40\,000)\} = E_p(30\,000) = 56\,000$ 元

所以该商店的最佳订货量为 30 000 块。

三、经济订货批量法

简单的经济订货批量法是最常用的，也是最经典的确定型库存模型。经济订货批量（EOQ），是固定订货批量模型的一种，可以用来确定企业一次订货（外购或自制）的数量。当企业按照经济订货批量来订货时，可实现订货成本和储存成本之和最小化。采用本模型时，需要有以下假设条件：

（1）用户的需求是连续均匀的，需求速率可看作常数。

（2）单位货物的库存费用为 C_0。

（3）不允许缺货。

（4）当存储量降为零时，一经订货，所订货物可瞬间到货。

（5）每次的订货量 Q 不变，年总需求量 D 确定。

（6）订货费为 a。
（7）货物单价不变。

库存量的变化情况如图 4-1 所示。显然该模型每隔一相同时间 t 来订购相同数量 Q 的货物。

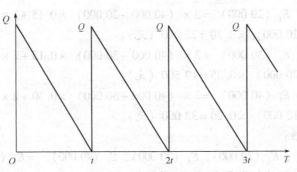

图 4-1 库存量的变化情况

订货批量是根据订货成本来平衡维持存货的成本。因此，订货批量越大，平均存货就越大，相应地，每年的维持成本也越大。然而，订货批量越大，每一计划期需要的订货次数就越少，相应地，订货费用也就相应减少。把订货批量公式化可以确定精确的数量，据此，对于给定的销售量，订货和维持存货的年度联合总成本是最低的。使订货成本和维持成本总计最低的点代表了总成本。上述讨论介绍了基本的批量概念，并确定了最基本的目标。简单说，这些目标是要识别能够使存货维持和订货的总成本降低到最低限度的订货批量或订货时间。

库存成本有以下几项（由于该模型不涉及缺货，故不考虑缺货损失）：

库存的维持费用（CH）：是维持库存所产生的相关费用，包括资金的占用、货物保管、保险费等费用，其随订货量（Q）的增加而增加。设单位货物的库存费用为 H，则库存维持费用 $CH = Q \cdot H / 2$。

库存的年订货费用（CR）：年订货费用与订货次数有关，而与每次订货多少无关。用 D 表示年订货量，S 表示一次订货费用，则 $CR = D \cdot S / Q$。

库存的年采购费用（CP）：与货物单价和采购数量相关，设货物单价为 p，则 $CP = D \cdot p$。

库存的年运输费用（CT）：用 k 表示单位运输成本，则 $CT = D \cdot k$。

由以上分析得库存总成本为：

$$C(Q) = CH + CR + CP + CT = \frac{Q \cdot H}{2} + \frac{D \cdot S}{Q} + D \cdot p + D \cdot k$$

因为年运输费用和年采购费用与订货量无关，所以不会影响订货批量决策的制定，上式可简化为

$$C(Q) = \frac{Q \cdot H}{2} + \frac{D \cdot S}{Q}$$

求导得

$$\frac{dC(Q)}{dQ} = \frac{H}{2} - \frac{D \cdot S}{Q^2}$$

令

$$\frac{dC(t)}{dt} = 0$$

得

$$Q = \sqrt{\frac{2D \cdot S}{H}}$$

所得的订货量 Q 就是使得全年库存总成本（不包含与 Q 无关的采购成本和运输成本）最低的订货批量。

例 42 某企业每年耗用某材料 1 600 千克，单位采购价格为 102 元，每次订货费用为 200 元，单位储存成本为 4 元。求该企业的经济订货批量。

解：已知 $D = 1\ 600$ 千克，$S = 200$ 元，$H = 4$ 元，则

$$Q = \sqrt{\frac{2D \cdot S}{H}} = \sqrt{\frac{2 \times 1\ 600 \times 200}{4}} = 400\ （千克）$$

所以该企业的最佳经济订货批量为每批次 400 千克。

四、供应链环境下的库存管理

企业保有库存的一个重要目的就是使企业可以有效地应对所面临的不确定性，而库存的存在必然会产生相关的费用。对库存进行科学的管理，可以减少相关费用的产生，提高企业的运行效率和经营效益。传统的库存管理侧重于优化单一的库存成本，从存储成本和订货成本出发确定经济订货量和订货点。这种方法，从单一的库存角度看有一定的适用性，但从供应链整体的角度看显然是不够的。供应链作为一个不可分割的整体，只有协调好供应链上各节点企业的活动，才能使整体绩效水平达到最佳，这就要求进行供应链库存管理，体现出供应链管理的思想。

在传统的库存管理思想的指导下，在应付供应链上存在的不确定性时，供应商、生产商、用户，各自为战，他们往往为了应付需求的突发性变化和保护自己的利益，都保持一定的库存和分别实施自己的库存控制策略，导致重复建立库存，因而无法达到供应链全局的最低成本。这就很容易在上下游企业之间造成"牛鞭效应"，导致库存难以实现最佳控制。

案例思考

牛鞭效应之我见

牛鞭效应是供应链中对需求信息扭曲传递的一种形象的描述。其基本思想是：当供应链上的各节点企业只根据来自其相邻的下级企业的需求信息进行生产或者供应决策时，需求信息的不真实性会沿着供应链逆流而上，产生逐级放大的现象。当信息达到最源头的供应商时，其所获得的需求信息和实际消费市场中的顾客需求信息发生了很大的偏差。由于这种需求放大效应的影响，供应方往往维持比需求方更高的库存水平或者生产准备计划。在整条供应链上，各个环节即零售商、批发商、分销商和制造商，每一个节点企业的订单都会产生波动，需求信息都有扭曲发生（或多或少），这样下来，通过零售商、批发商、分销商、制造商，逐级而上，信息的扭曲越来越严重。美国著名的供应链管理专家 Hau L. Lee 教授解释牛鞭效应为：尽管特定产品的顾客需求变动不大，但是这些商品的库存和延期交货波动水平却相当大。

（案例来源：http：//iask.sina.com.cn/b/4fJ6f7YVOt.html）

案例思考：

结合案例，简要论述牛鞭效应的思想。

1. 供应商管理库存

（1）VMI的管理思想。近年来，为了降低库存成本，整合供应链资源，越来越多的企业开始尝试一种新型的供应链管理模式——VMI。VMI是一种在用户和供应商之间的合作性策略，以双方都获得最低成本为目的，使供应链系统能够同步化运营，在一个相互同意的目标框架下允许供应商管理库存，确定库存水平和补给策略，并通过对该协议经常性的监督和修正使库存管理得到持续改进。这种库存管理策略，有效地整合了供应链资源，有利于减少牛鞭效应，节约系统成本，提高生产效率。

（2）VMI的实施方法。实施供应商管理库存策略，要改变传统的订单处理方式，建立基于标准的托付订单处理模式。即由供应商和批发商一起确定供应商订单业务处理过程中所需要的信息和库存控制参数，然后建立一种订单的处理标准模式，如电子数据交换（一种公司间通过计算机交换商业文件的标准形式），把订货、交货和票据处理等业务功能集成在供应商处。

实施供应商管理库存的关键是库存状态的透明性。作为管理库存的供应商要能够随时跟踪和检查到销售商的库存状态，对企业的生产（供应）状态做出相应的调整，为此需要建立一种能够使供应商和用户（分销商、批发商）的库存信息系统透明连接的方法。可以利用计算机和网络技术创建网络化的企业运作模式和建立统一的信息系统架构来实现。

供应商管理库存的策略可以分如下几个步骤实施：

第一，建立供应链上的信息集成系统。供应商要有效地管理库存，必须拥有一个良好的信息沟通平台，使供应商能够获得顾客的有关需求信息和进行信息共享。

第二，建立完备的物流管理系统。供应商要很好地管理库存，必须建立起完善的物流管理系统，保证自己的产品需求信息和物流畅通，有效降低物流成本。

第三，建立供应商与分销商合作框架协议。贸易伙伴间进行密切合作，共享利益，共担风险。

第四，组织结构的变革。因为VMI策略改变了供应商的组织模式。为了适应新的管理模式，需要根据供应商管理库存的工作流程来对组织机构进行相应的调整。

2. 联合库存管理

联合库存管理（Jointly Managed Inventory，JMI）是一种在VMI基础上发展起来的供应商与用户权利责任平衡和风险共担的库存管理模式。它和供应商管理用户库存不同，强调供应链成员企业同时参与，共同制订库存计划，使供应链管理过程中的每个库存管理者（供应商、制造商、分销商）都能从相互之间的协调性方面来考虑问题，保持供应链相邻两个节点企业之间的库存管理者对需求的预期保持一致，从而消除牛鞭效应。任何相邻节点企业需求的确定都是供需双方协调的结果，库存管理不再是各自为政的独立运作过程，而是供需连接的纽带和协调中心。

联合库存管理的实施策略如下：

（1）建立供需协调管理机制。为了发挥联合库存管理的作用，供需双方必须本着互惠互利的原则，建立共同的合作目标，建立合作沟通的渠道，建立一种公平的利益分配制度，为供应链的联合库存管理提供有效的协调管理机制。

（2）发挥两种资源计划系统的作用。为了发挥联合库存管理的作用，在供应链库存管理中可以充分利用目前比较成熟的两种资源管理系统：制造资源计划（Manufacturing Resource Planning Ⅱ，MRPⅡ）和配送需求计划（Distribution Requirements Planning，DRP）。原材料库存应采用MRPⅡ，产品库存采用DRP。

（3）开发JMI的支持技术。主要包括EDI/Internet、ID代码、条码、连续补给程序、QR、

ECR 等。

（4）发挥第三方物流系统的作用。第三方物流（Third Part Logistics，3PL）系统是供应链集成的一种技术手段，它为用户提供各种服务，如物流系统设计、EDI 能力、报表管理、仓储、运输、包装等。它不拥有商品，不参与商品的买卖，而是为客户提供以合同为约束、以结盟为基础的系列化、个性化、信息化的物流代理服务。把库存管理的部分功能代理给第三方物流系统管理，可以使企业将精力集中于自己的核心业务，同时降低企业库存成本。

本章小结

库存控制这一核心业务的开展是建立在对库存成本分析基础之上的。进行库存控制之前应掌握库存管理的含义及功能。库存控制管理的方法有 ABC 分类管理法、单周期库存模型、经济订货批量法及供应链环境下的库存管理等。

思考与练习

一、单项选择题

1. 资金占用成本、存储空间成本、库存服务成本和库存风险成本是属于（　　）。
   A. 库存持有成本　　　　　　　　B. 缺货成本
   C. 订货成本　　　　　　　　　　D. 采购成本
2. 物料需求计划一般可以用（　　）表示。
   A. MRS　　　　B. MRP Ⅱ　　　　C. MRP　　　　D. DRP
3. 在库存持有成本中反映企业失去的盈利能力的指标是（　　）。
   A. 存储空间成本　　　　　　　　B. 机会成本
   C. 库存风险成本　　　　　　　　D. 库存服务成本

二、多项选择题

1. 按库存在经营过程中的功能划分，可将库存划分为（　　）。
   A. 周转库存　　　　　　　　　　B. 安全库存
   C. 在途库存　　　　　　　　　　D. 季节性库存、投机库存
2. 按库存的需求特性划分，可将库存划分为（　　）等。
   A. 独立需求库存　　　　　　　　B. 非独立需求库存
   C. 单周期库存　　　　　　　　　D. 多周期库存
3. 需求要考虑的因素有（　　）。
   A. 时间　　　　B. 频率　　　　C. 范围　　　　D. 可预测性
4. 库存成本的构成一般包括哪几个主要部分？（　　）
   A. 库存安全成本　　　　　　　　B. 库存持有成本
   C. 库存获得成本　　　　　　　　D. 库存缺货成本

三、判断题

1. 库存管理的目的在于减少库存量，以降低成本。　　　　　　　　　　　　（　　）
2. 在经济订购批量条件下最突出的问题是库存量与服务水平的平衡。　　　　（　　）
3. 企业若因订货批量决策失误，发生缺货，以致不能满足客户需求而造成损失的成本，称为废弃成本。　　　　　　　　　　　　　　　　　　　　　　　　　　　　（　　）
4. 库存持有成本是指为保持库存而发生的成本，它可以分为固定成本和变动成本。其中变

动成本与库存数量的多少无关,如仓库折旧、仓库职工的固定月工资等。( )
5. 库存总成本最小的订购量称为经济订购批量,简称 EOQ。( )
6. 库存管理实行 ABC 管理,一般将库存物资分为 A、B、C 三类,其中 A 类物资应重点管理,不应发生缺货,因此 A 类物资的库存量就高。( )
7. 如果缺货引起的延期交货成本低于节约的库存成本,那么这种方案是可取的,它可以实现企业总成本最低的目标。( )

四、简答题

1. 库存有什么作用和弊端?
2. 库存管理的过程是什么?
3. 库存成本由哪些方面构成?
4. 在库存 ABC 分类中,各类物品的管理控制方法有什么不同?
5. 什么是 VMI?什么是 JMI?

五、案例分析题

青岛啤酒集团现代物流管理

背景:

从开票、批条子的计划调拨,到在全国建立代理经销商制度,是青岛啤酒(以下简称"青啤")集团为适应市场竞争的一次重大调整。但在运作中却发现,由代理商控制市场局面,在市场上倒来倒去的做法,使企业被牵着鼻子走,加上目前市场的信誉度较差,青啤集团在组织生产和销售时遇到很大困难。

1998 年第一季度,青啤集团以"新鲜度管理"为中心的物流管理系统开始启动,当时青岛啤酒的产量不过 30 多万吨,但库存就高达 3 万吨,限产处理积压,按市场需求组织生产成为当时的主要任务。青啤集团引入现代物流管理方式,加快产成品走向市场的速度,同时使库存占用资金、仓储费用及周转运输成本在一年多的时间里降低了 3 900 万元。青啤集团的物流管理体系是被逼出来的。

正文:

青啤集团将"让青岛人民喝上当周酒,让全国人民喝上当月酒"作为目标,先后派出两批业务骨干到国外考察、学习,提出了优化产成品物流渠道的具体做法和规划方案。这项以消费者为中心,以市场为导向,以实现"新鲜度管理"为载体,以提高供应链运行效率为目标的物流管理改革,建立起了集团与各销售点物流、信息流和资金流全部由计算机网络管理的智能化配送体系。

青啤集团首先成立了仓储调度中心,对全国市场区域的仓储活动进行重新规划,对产品的仓储、转库进行实行统一管理和控制。由提供单一的仓储服务,到对产成品的市场区域分部、流通时间等全面的调整、平衡和控制,仓储调度成为销售过程中降低成本、增加效益的重要一环。以原运输公司为基础,青啤集团注册成立具有独立法人资格的物流有限公司,引进现代物流理念和技术,并完全按照市场机制运作。作为提供运输服务的"卖方",物流公司能够确保按规定要求,以最短的时间、最少的环节和最经济的运送方式,将产品送至目的地。

同时,青啤集团应用建立在互联网信息传输基础上的 ERP 系统,筹建了青岛啤酒集团技术中心,将物流、信息流、资金流全面统一在计算机网络的智能化管理之中,建立起各分公司与总公司之间的快速信息通道,及时掌握各地最新的市场库存、货物和资金流动情况,为制定市场策略提供准确的依据,并且简化了业务运行程序,提高了销售系统动作效率,增强了企业的应变能力。

第四章　库存管理

同时，青啤集团还对运输仓储过程中的各个环节进行了重新整合、优化，以减少运输周转次数，压缩库存、缩短产品仓储和周转时间等。具体做法有：根据客户订单，产品从生产厂直接运往港、站；省内订货从生产厂直接运到客户仓库。仅此一项，每箱的成本就下降了 0.5 元。同时对仓储的存量做了科学的界定，并规定了上限和下限，上限为 1.2 万吨。低于下限时发出要货指令，高于上限时再安排生产，这样使仓储成为生产调度的"平衡器"，从根本上改变了淡季库存积压，旺季市场断档的尴尬局面，满足了市场对新鲜度的需求。

目前，青啤集团仓库面积由 7 万多平方米下降到 29 260 平方米，产成品库存量平均降到 6 000 吨。

这个产品物流体系实现了环环相扣，销售部门根据各地销售网络的要货计划和市场预测，制订销售计划；仓储部门根据销售计划和库存及时向生产企业传递要货信息；生产厂有针对性地组织生产，物流公司则及时调度运力，确保交货质量和交货期。同时销售代理商在有了稳定的货源供应后，可以从人、财、物等方面进一步降低销售成本，增加效益。经过一年多的运转，青岛啤酒物流网已取得了阶段性成果。首先是市场销售的产品新鲜度提高，青岛及山东市场的消费者可以喝上当天酒、当周酒；省外市场的东北、广东及沿海城市的消费者，可以喝上当周酒、当月酒。其次是产成品周转速度加快，库存下降使资金占用下降了 3 500 多万元；最后是仓储面积降低，仓储费用下降 187 万元，市内周转运输费降低了 189.6 万元。

现代物流管理体系的建立，使青啤集团的整体营销水平和市场竞争能力大大提高，1999 年，青岛啤酒集团产销量达到 107 万吨，再登国内榜首。其建立的信息网络系统还具有较强的扩展性，为企业在拥有完善的物流配送体系和成熟的市场供求关系时开展电子商务准备了必要的条件。

（案例来源：http：//www.docin.com/p-533340411.html）

问题：
1. 青啤集团是怎么降低库存的？
2. 针对企业所制定的目标，该企业是如何完成的？

第五章

配送管理

★ 学习目标

通过本章的学习学生应掌握以下知识：
1. 掌握物流配送的含义和特点，能够区分物流运输与物流配送。
2. 掌握物流配送的分类。
3. 了解物流配送的业务流程。

★ 导入案例

发展电子商务物流配送体系

中国邮政开办电子商务的基础是邮政实物投递网、邮政综合计算机网和邮政储汇网，目的是为客户提供更好的服务，为邮政发展创造更好的商机，丰富和拓宽邮政的信息传递、物品运送和资金流通三项基本功能。

中国邮政应当依托自身资源优势，运用最新信息技术，结合国情，在传统邮政服务体系的基础上建立支持B2C电子商务活动的社会化物流配送体系。

现代社会已经从"生产者引导型经济"转向"消费者引导型经济"，目前国际上许多学者在研究导入新的"效率的消费者对应"（国内称为"快速消费者反应"）情况下，如何进一步降低物流成本。他们认为在过去，生产者、批发配送者和零售者三方是分别单独设法降低商品的成本，在导入"快速消费者反应"情况下，今后需要三方的密切合作，共同研究、共同协作来降低商品的成本，以满足消费者的需要。

目前商务网站多基于这种思路构建：以网站为主体，引进商务活动因素。事实上电子商务并非电子媒体的简单商务化，这颠倒了主次关系。B2C电子商务应该首先是一种全新的、高度完善的物流模式，电子手段仅仅是新商务流程中引入的非主体因素之一。以提供简单便捷的生活方式为基点，我们出售给客户的并非仅仅是可以从任何商店得到的普通商品，而是一种网络生存的体验——使客户感受到自己无所不能。

（案例来源：https://wenku.baidu.com/view/39e87e69a98271fe910ef9e1.html）

问题：

如何发展电子商务物流配送体系？

第一节　物流配送基本知识

一、物流配送的含义

《物流术语》（GB/T 18354—2006）中关于配送的解释为：在经济合理区域范围内，根据用户的要求，对物品进行拣选、加工、包装、分割、组配等作业，并按时送达指定地点的物流活动。目前，关于配送的较为科学、全面的界定是：配送是整个物流过程的一部分，包括输送、送达、验货等以送货上门为目的的商业活动，它是商流与物流紧密结合的一种综合的、特殊的环节，同时也是物流过程中的关键环节。

由上述可知，关于配送的概念反映出如下信息：

（1）配送不仅仅是送货，它是配货、分货、送货等活动的有机结合体。
（2）配送是一种"中转"形式。
（3）配送的产生和发展既是社会化分工进一步细化的结果，又是社会化大生产发展的要求。
（4）配送是最终的资源配置，属于经济体制的一种形式，最接近客户。
（5）配送以客户要求为出发点。

二、物流配送的特点

配送的概念既不同于运输，也不同于送货，从美国及日本等较早开展配送业务的国家来看，配送有以下几个特点：

（1）配送是一种专业化的分工方式。配送根据客户的订货要求准确及时地为其提供物质保证，在提高服务质量的同时，可以通过专业化的规模经营获得较低的成本。

（2）配送是一种特殊的送货形式。通常配送的特殊性表现在其主体是专门经营物流的企业，而不是生产企业；配送是用户需要什么送什么，而不是有什么送什么，生产什么送什么；配送进行的是中转送货，而不是直接送货。

（3）配送以现代化的技术和装备作为保证。在配送过程中，由于大量采用先进的信息技术、各种传输设备及拣选机电设备，使得配送作业像工业生产中广泛应用的流水线，使得流通工作工厂化，从而大大提高了商品流转的速度，使物流创造"第三利润"变成了现实。

（4）配送是一种综合服务。配送为客户提供的是一种综合服务，它是许多业务活动有机结合的整体，集送货、分货、配货等功能于一体，同时还需要强大的信息系统作支持，使其成为一种现代化的作业系统，从而适应发达的商品经济和现代化的管理水平，这是以往的送货形式所无法比拟的。

三、物流配送的作用

近年来，配送制的试行范围已经扩大到很多国家和地区。在发达国家，配送不但广为施行，而且早已成为企业经营活动的重要组成部分。之所以会出现这样的现象，原因之一就是在社会再生产运动中，配送发挥了重要的作用。

（1）有利于物流的合理化。现代社会，物流管理朝着科学化、合理化方向发展乃是社会化大生产发展的客观要求。配送是实现流通社会化、现代化的重要手段。推行配送制可以形成物流的高效率和高效益,也是物流合理化的流通趋势。

(2)降低物流成本,提高效益。配送以总量较低的"集中库存"取代总量(总和)较高的"分散库存",不但降低了物流总成本,而且优化了生产领域的资金结构,可以起到降低生产成本、促进生产快速发展的作用。

(3)集中库存使企业实现低库存或零库存。高水平的配送可以实现生产企业多年追求的"零库存",将企业从库存的包袱中解脱出来,同时释放出大量储备资金,从而大大改善企业的财务状况。

(4)简化事务,方便客户。配送方式可以保证客户只需向一处订购,或与一个进货单位联系就可订购到以往需要去许多地方才能订到的货物,只需组织对一个配送单位的接货便可代替现有的高频率接货,因而大大减轻了客户的工作量和负担,同时也相应地节省了事务开支。

(5)提高供应保证程度。配送中心采取配送方式,可以比任何单位企业的储备量更大,因而对每家企业而言,供应中断、影响生产的风险相对缩小,可以使用户免去后顾之忧。

(6)有效解决交通问题。推行配送能够充分发挥专业流通组织的综合优势,从而有效地解决交通问题,有助于缓解城市道路交通压力,解决交通拥堵问题,起到减少运输费用、保护环境的作用。

(7)提高末端物流的效益。企业通过采用配送方式,增大经济批量来达到经济地进货,再加上将各种商品客户集中在一起进行一次发货,代替分别向不同客户小批量发货来达到经济地发货,从而大大提高了末端物流的经济效益。

(8)有利于开发和应用新技术。在现代社会,随着生产规模的不断扩大和市场容量的不断增加,配送的规模也在相应扩大。在这样的形势之下,用于配送的各种设备,其数量不但会越来越多,其技术含量、技术水平也在不断提高。

第二节 物流配送的分类

一、按配送主体所处的行业分类

1. 制造业配送

制造业配送是指围绕制造业企业所进行的原材料、零部件的供应配送,各生产工序上的生产配送以及企业为销售产品而进行的对客户的销售配送。一般来说,制造业配送由供应配送、生产配送和销售配送三部分组成,各个部分在客户需求信息的驱动下连成一体,通过各自的职能分工与合作,贯穿整个制造业配送过程。

2. 物流企业配送

物流企业是指专门从事物流活动的企业,它是根据所服务客户的需求,为客户提供配送支持服务。目前,比较常见的物流企业配送形式是快递业提供的门到门的物流服务。

3. 商业配送

商业企业的主体一般包括批发企业和零售企业,两者对于配送的理解、要求和管理等都不相同。批发企业配送的客户不是流通环节的最终消费者,而是零售商业企业。因此,对于批发商业企业来说,必然要求配送系统不断满足其零售客户多批次、少批量的订货及流通加工等方面的需求。而对于零售企业来说,其配送的客户是流通环节终端的各类消费者。一方面,由于经营场所的面积有限，它们希望上游供应商能提供小批量的商品配送；另一方面，为了满足各种不同客户的需要，它们又都希望尽可能多地配备商品种类。

4. 农业配送

农业配送是指在与农业相关的经济合理区域范围内，根据客户要求，对农业生产资料、农产品进行分拣、加工、包装、分割、组配等作业，并按时送达指定地点的农业物流活动。农业配送是一种特殊的、综合的农业物流活动，它是在农业生产资料、农产品的送货基础上发展起来的。

二、按配送商品的特征不同分类

1. 多品种少批量配送

现代企业生产中，除了需要少数几种主要物资外，大部分属于次要物资，其品种数量多，但是每一品种的需求量都不大，如果采取直接运送或大批量的配送方式，由于一次进货批量大，必然造成客户库存增大等问题。类似的情况在向零售店补充一般生活消费品的配送中心里也存在。针对以上这些情况，适合采用多品种、少批量的配送方式。

多品种、少批量配送是按用户要求，将所需的各种物品配备齐全，凑整装车后由配送据点送达用户。在配送方式中，这是一种高水平、高技术的方式，往往伴随多用户、多批次的特点，配送频度往往较高。

2. 少品种大批量配送

当客户所需要的商品品种较少，或对某个品种的商品需要量较大、较稳定时，可实行整车运输，这种商品往往不需要再与其他商品搭配，可由专业性很强的配送中心实行这种配送。这种形式多由生产企业或者专业性很强的配送中心直接送达客户，由于配送量大，商品品种较少，因而可以提高车辆利用率，同时也使配送中心内部的工作简化，因此配送成本较低。

3. 配套（成套）配送

根据企业的生产需要，尤其是装配型企业的生产需要，将生产每一台产品所需全部零部件配齐，按生产节奏定时送达生产企业，生产企业随即可将此成套零部件送入生产线装配产品。该种配送方式，配送企业承担了生产企业大部分供应工作，使生产企业专注于生产，与多品种、少批量配送效果相同。

三、按配送的时间及数量的不同分类

按配送的时间及数量的不同，配送可分为以下几种：

1. 定时配送

定时配送是指按规定时间间隔进行配送的方式，如数天或数小时一次等，每次配送的品种及数量可按计划执行，也可在配送之前用已商定的联络方式（如电话、计算机终端输入等）通知配送品种和数量。由于这种配送方式时间固定、易于安排工作计划、易于计划使用车辆，对于用户来讲，也易于安排接货的力量（如人员、设备等）。但是，由于配送物品种类变化较大，配货、装货难度较大，因此如果要求配送数量变化较大，也会使安排配送运力出现一定的困难。

定时配送又分为两种具体形式：日配和看板方式。日配是定时配送中实行较广泛的方式，尤其在城市内的配送中占了绝大多数比例。日配的时间要求大体是，上午的配送订货下午可送达，下午的配送订货第二天早上送达，送达时间在订货的24小时之内。看板方式是实施配送供货与生产企业生产保持同步的一种方式。这种方式比日配方式和一般定时方式更为精准，配送每天至少一次,甚至几次,从而保证企业生产不间断。

2. 定量配送

定量配送是指按规定的批量,在一个指定的时间范围内进行配送的方式。这种配送方式数量固定,备货工作较为简单,可以根据托盘、集装箱及车辆的装载能力规定配送的定量,能够有效利用托盘、集装箱等集装方式,同时还可以做到整车配送,配送效率较高。另外,由于时间不严格限定,因此可以将不同用户所需的物品凑成整车后配送,运力利用也较好。对于用户来讲,每次接货都处理同等数量的货物,有利于进行人力、物力的准备工作。

3. 定时定量配送

定时定量配送是指按照规定的时间和商品品种及数量进行配送的方式。这种配送方式兼有定时、定量两种方式的优点,但特殊性强,计划难度大,适合采用的对象不多,不是一种普遍的方式,相对来说比较适合生产和销售稳定、产品批量较大的生产制造企业或大型连锁商场的部分商品配送。

4. 定时定路线配送

定时定路线配送是通过对客户分布状况的分析,在规定的运行路线上制定到达时间表,按到达时间表进行配送的方式。用户可按规定的路线及时间接货及提出配送要求。这种配送方式有利于有计划地安排车辆及驾驶人员,一般由客户事先提出商品需求计划,然后按规定的时间在确定的站点接收商品,易于有计划地安排运送和接货工作,比较适用于消费者集中的地区。

5. 即时配送

即时配送是指完全按用户突然提出的配送要求的时间和数量即时进行配送的方式,是一种有很高灵活性的应急方式。即时配送可以满足用户的临时性急需,对配送速度及时间要求严格,因此,通常只有配送设施完备、具有较高管理和服务水平及作业组织能力和应变能力的专业化配送机构才能较广泛地开展。完善和稳定的即时配送服务可以使用户保持较低的库存水准,真正实现"准时制"生产和经营。

四、按加工程度不同分类

1. 加工配送

加工配送是指与流通加工相结合的配送方式。在配送据点中设置流通加工环节,或是流通加工中心与配送中心建立在一起。当社会上现成的产品不能满足客户需要,客户根据本身工艺要求需要使用经过某种初加工的产品时,可以在加工后通过分拣、配货再将产品送至用户。

流通加工与配送相结合,可以使流通加工更有针对性,减少了盲目性,配送企业不但可以依靠送货服务、销售经营取得收益,还可通过加工增值取得收益。

2. 集疏配送

集疏配送是指只改变产品数量组成形态而不改变产品本身物理、化学性态的与干线运输相配合的一种配送方式。例如,大批量进货后小批量、多批次发货,零星集货后以一定批量送货等。

五、按经营形式不同分类

1. 供应配送

供应配送是指用户为了自己的供应需要所采取的配送形式,往往由用户或用户集团组建配送据点,集中组织大批量进货,然后向本企业配送或向本企业集团所属的若干企业配送。一般来说,这种配送方式主要用于组织对本企业的供应,尤其在大型企业或企业集团或联合公司中采用得较多。

2. 销售配送

通常销售配送的企业是销售型企业,它是销售企业作为销售战略一环所进行的促销性配送。配送对象和用户往往依据对市场的占有情况而定,配送的经营状况也取决于市场的状况,配送随机性较强而计划性较差。各种类型的商店配送一般多属于销售配送。

3. 销售—供应一体化配送

销售企业对于基本固定的用户或基本确定的配送产品可以在自己销售的同时承担用户计划供应者的职能,既是销售者同时又起着用户供应代理人的作用。这种配送方式使销售企业能获得稳定的用户和销售渠道,有利于企业本身的稳定持续发展,同时也有利于扩大销售数量。对于用户来说,能获得稳定的供应,可大大节约自身为组织供应所耗用的人力、物力、财力,销售者能有效控制进货渠道,这是任何企业供应机构难以做到的,因此对供应保证程度可大大提高。

4. 代存、代供配送

代存、代供配送是指用户将属于自己的货物委托配送企业代存、代供,有时还委托代订,然后组织对自身的配送方式。这种配送方式在实施时并不发生商品所有权的转移,配送企业只是用户的委托代理人,商品所有权在配送前后均属于用户所有,所发生的仅是商品物理位置的转移。配送企业仅从代存、代供中获取收益,而并不能获得商品销售的经营性收益。

六、按配送专业化程度不同分类

1. 综合配送

综合配送是指配送商品种类较多,不同专业领域的产品在一个配送网点中组织对用户的配送方式。这类配送方式综合性较强。综合配送可以减少用户组织进货所需全部资源的负担,它们只需要和少数配送企业联系,便可以解决多种需求的配送。因此,这是对用户服务较强的一种配送方式。

2. 专业配送

专业配送是指按照产品的性状不同,适当划分专业领域的配送方式。专业配送并非越细分越好,在同一性状而类别不同产品方面,也是有一定综合性的。一般而言,专业配送的优势在于可按专业的共同要求优化配送设施,优选配送机械及配送车辆,制定实用性强的工艺流程,从而大大提高配送各环节的工作效率。

七、按实施配送的节点不同分类

1. 配送中心配送

配送中心配送的组织者是专职配送的配送中心,规模较大,有的配送中心需要储存各种商品,储存量比较大,也有的配送中心专职于配送,储存量较小,货源靠附近的仓库补充。配送中心的配送覆盖面宽,是一种大规模的配送形式,必须有配套的大规模实施配送的设施,如配送中心建筑、车辆、路线等,一旦建成就很难改变,灵活机动性较差,投资较大。因此,这种配送方式有一定的局限性。

2. 商店配送

商店配送的组织者是商业或物资的门市网点,这些网点主要承担商品的零售,规模一般不大,但经营品种较齐全。这种配送组织者实力有限,往往只是小量、零星商品的配送,所配送的商品种类繁多，用户需求量不大，有些商品只是偶尔需要，很难与大型配送中心建立计划配送关系，所以利用小零售网点从事此项工作。除日常经营的零售业务外，这种配送方式还可以根据用户的要求，将商品经营的品种配齐，或代用户外订外购一部分本商店不经营的商品，与商店经营的品种一起配齐后运送给客户。

由于商业及物资零售网点数量较多，配送半径较小，所以比较灵活机动，可承担生产企业非主要生产物资的配送以及对消费者个人的配送。通常这种配送是配送中心配送的辅助及补充方式。

3. 仓库配送

仓库配送是以一般仓库为据点进行配送的方式。它可以把仓库完全改造成配送中心，也可以在保持仓库原功能的前提下，以仓库原功能为主，再增加一部分配送功能。由于其并不是按配送中心的要求专门设计和建立的，所以，通常仓库配送规模较小，配送的专业化较差，但可以利用原仓库的储存设施及能力、收发货场地、交通运输线路等，所以是开展中等规模的配送可选择的配送方式，也是较为容易利用现有条件而不需大量投资、上马较快的方式。

4. 生产企业配送

生产企业配送的组织者是生产企业，尤其是进行多品种生产的生产企业，可以直接由本企业进行配送而无须再将产品发运到配送中心进行配送。由于避免了一次物流中转，所以生产企业配送具有一定的优势，但是由于生产企业尤其是现代生产企业，往往进行大批量低成本生产，品种较为单一，因此无法像配送中心那样依靠产品凑整运输取得优势。实际上，生产企业配送不是配送的主体，它往往在地方性较强的产品生产企业中应用较多，如就地生产、就地消费的食品、饮料、百货等，在生产资料方面，某些不适于中转的化工产品及地方建材业也采取这种方式。

第三节 物流配送的业务流程

一、一般业务流程

在市场经济条件下，用户所需要的货物大部分都由销售企业或供需企业某一方委托专业配送企业进行配送服务，但货物商品特性多样，配送服务形态也各种各样。随着商品日益丰富，消费需求个性化、多品种、多样化、少批量、多批次、多用户的配送服务方式，最能有效地通过配送服务实现流通终端的资源配置，是当今最具时代特色的典型配送方式。并且，这种类型的配送活动服务对象繁多，配送业务流程十分复杂。一般来说，配送业务流程主要包括以下几方面：

（一）备货

配送的第一道作业环节就是备货，它完成的是配送的集货功能。如果没有备货，不能筹措配送所需货品，配送就成了无源之水。特别在配送中心，备货环节是必不可少的作业环节。在生产企业的销售配送中备货工作一般由企业的销售部门或企业的配销中心负责，供应配送一般由采购部门完成。在专业的社会物流配送企业中则由配送中心完成备货职能。由于配送组织主体与运行方式不同，配送备货工作内容并不一样。

一般而言，备货工作包括用户需求测定、筹集货源、订货或购货、集货、进货及有关货物的数量质量检查、结算交接等。因为配送的优势所在，可以集中不同用户的实际需求进行一定规模的备货，即通过集中采购，进货批量扩大，商品交易价格降低，同时，可以通过分摊进货运输装卸成本费用，减少备货费用，取得集中备货的规模优势。

（二）配送储存

配送储存是按一定时期的配送经营要求，形成的对配送的资源保证。企业采取集中储存的主要目的是集分散库存于一体，在保证用户绝对或相对实现"零库存"取得集中规模效益的同时，还可以降低配送企业的物资商品的整体库存水平，减少库存商品占压的流动资金及这部分占压资金所产生的利息和费用，降低物资商品滞销压库的风险，从而提升配送服务企业的经济效益。配送储存阶段的库存管理包括进货入库作业管理、在库保管作业管理和库存控制三大部分。

1. 进货入库作业管理

进货入库作业管理是实现商品配送的前置工作。一旦商品入库，配送部门就要担负起商品完好的责任，所以在商品入库前，按照单据上所列的商品数量、品种规格等内容，确认即将入库的商品有无损坏，数量种类是否正确，这是对进货人员最基本的工作要求。同时，进货人员要随时掌握企业计划中或在途中的进货量、可用的库房空储仓位、装卸人员等情况，并适时与企业总部、仓储保管人员、客户以及装卸人员进行沟通。

2. 在库保管作业管理

储存商品的在库保管作业，除了要加强商品养护，确保储存商品质量安全，最大限度地保持商品在储存期间的使用价值和减少商品保管损失外，还要加强储位合理化工作和储存商品的数量管理工作。储位即商品的储存位置，商品储存应当做到定置管理。商品储位可根据商品属性、周转率、理货单位等因素来确定。储存商品的数量管理必须依靠健全的商品财务制度和盘点制度，商品账务必须以合法的进出仓凭证为依据。

3. 库存控制

一般来说，在保证配送服务的前提下，控制库存货品数量和保证库存储备量是库存控制的两项主要工作。配送中的储存有储备及暂存两种形态。配送储备这种类型的储存数量较大，储备结构也较完善，视货源及到货情况，可以有计划地确定周转储备及保证储备结构和数量。配送的储备保证有时可在配送中心附近单独设库解决；而另一种储存形态是暂存，是具体执行日配送时，按分拣配货要求，在理货场地所做的少量储存准备。实际中，由于总体储存效益取决于储存总量，所以，这部分暂存数量只会对工作方便与否造成影响，而不会影响储存的总效益，因而在数量控制上并不严格。

需要指出的是，还有一种形式的暂存，即分拣、配货之后出现的发送货物的暂存，这个暂存主要是调节配货与送货的节奏，暂存时间不长。虽不是储存库存控制的范畴，但也应加强管理，以免占用暂存空间，影响配送作业的进行。

（三）订单处理

订单处理是指配送企业从接受用户订货或配送要求开始到货物发运至客户为止，整个配送作业过程中，有关订单信息的工作处理。其具体包括：接受用户订货或配送要求，审查订货单证，核对库存情况，下达货物分拣、配组、输送指令，填制发货单证，登记账簿，回应或通知用户，办理结算、退货处理等一系列与订单密切相关的活动。

（四）分拣与配货

分拣与配货是同一个工艺流程中的两项有着紧密关系的经济活动。有时，这两项活动是同时进行和同时完成的。在进行分拣、配货作业时，少数场合是以手工方式操作的，更多的场合是采用机械化或半机械化方式去操作的。如今，随着一些高新技术的相继开发和广泛应用，自动化的分拣、配货系统已在很多企业的配送中心建立起来，并且发挥了重要作用。

（五）配装

实际运作中，在单个用户配送数量不能达到车辆的有效载运负荷时，就存在如何集中不同用户的配送货物，进行搭配装载以充分利用运能、运力的问题，这就需要配装。和传统送货不同之处在于，通过配装送货可以大大提高送货水平及降低送货成本，所以，配装也是配送系统中有现代特点的功能要素，也是现代配送不同于传统送货的重要区别所在。

（六）输送

输送属于运输中的末端运输、支线运输，和一般运输形态有很大区别，主要表现在配送运输是较短距离、较小规模、频度较高的运输形式，一般使用载货汽车做运输工具。并且配送运输的路线选择是一般干线运输所没有的，干线运输的干线是唯一的运输线，而配送运输的运输路线是多条的、复杂的，在城市内小区域运输比较多。由于配送用户多，一般城市交通路线又较复杂，如何组合成最佳路线，如何根据客户要求的运送方向和运送地点使车辆配装与运输路线进行有效搭配等，是配送运输的重点，也是难度较大的工作。配送运输管理的重点是合理安排好配送车辆的调度计划。

（七）送货

送货流程主要包括搬运、配装、运输和交货等几项活动。其作业程序是：配装—运输—交货。送货是配送的终结，故在送货流程中除了要圆满地完成货物的移交任务以外，还必须及时进行货款结算。在送货这道工序中，运输是一项主要的经济活动。在进行送货作业时，选择合理的运输方式和使用先进的运输工具，对于提高送货质量至关重要。就前者而言，应选择直线运输、"配载运输"（即充分利用运输工具的载重量和容积，合理安排装载的货物和载运方法的一种运输方式）进行作业。

（八）回程

在执行完配送的任务之后，车辆就要返回，在一般情况下，车辆回程往往是空驶状态，这是影响配送效益、增高配送成本的主要因素之一。为提高配送效率及效益，配送企业在规划配送路线时，回程路线应当尽量缩短，在进行稳定的计划配送时，回程车可将包装物、废弃物、次品运回集中处理，或将用户的产品运回配送中心，作为配送中心的配送货源，也可以在配送服务对象所在地设立返程货物联络点，顺路带回头货物，尽量减少空车驶返，从而提高车辆利用率。

二、特殊业务流程

一般来说，配送中心的类型不同，担负的流通职责不同，其流程也可能有所不同。配送中心的作业流程规划决定了配送中心作业详细、具体的要求，如确定装卸搬运的容器尺寸形状、装卸搬运的机器和设备规格、特殊车辆的规格、配送中心内部作业、场所的详细配置等，所以是建立配送中心的重要步骤。特殊业务流程是指某一类配送中心进行配送业务时所经过的程序，其中包括不设储存的配送作业流程和带有加工工序的配送作业流程。

1. 不设储存的配送作业流程

在流通实践中，有的配送中心主要从事配货和送货活动，本身没有储存场地，而尽量利用设立在其他地方的"公共仓库"来补充货物。因此，在其配送作业流程中，没有储存工序。为了保证配货、送货活动的顺利开展，有时配送中心也暂设储存区。实际上，在这类配送中心内部，货物暂存和配货作业是同时进行的。实际生活中，配送生鲜食品的配送中心通常都按照这样的作业流程开展业务活动。

2. 加工转换型配送中心的配送作业流程

加工转换型配送中心多以加工产品为主,因此,在其配送作业流程中,储存作业和加工作业居主导地位。通常,由于流通加工一般是对单品种、大批量产品的加工作业,并且是按照客户的要求安排的,因此,对于加工型的配送中心来说,虽然进货量比较大,但是分类、分拣工作量并不太大。此外,因加工的产品种类较少,一般不单独设立拣选配货等环节。通常加工好的产品直接运到按客户户头划定的货位区内,进行包装和配货。

3. 分货型配送中心的配送作业流程

分货型配送中心是以中转货物为主要职能的配送机构。在一般情况下,这类配送中心在配送货物之前都先要按照要求把单品种、大批量的货物分堆,然后将分好的货物分别配送到客户指定的接货地点。其作业流程相对较为简单,无须经过拣选、配货以及配装的作业程序。

实际业务中,不同行业的物流配送管理是不尽相同的,其作业流程也有其自身的特点,关于这部分内容的阐述详见第六章。

本章小结

配送作为一种新型的物流手段,首先是在变革和发展仓储业的基础上开展起来的。从某种意义上说,配送是仓储业功能的扩大化和强化。配送是物流中一种特殊的、综合的活动形式,是商流与物流的紧密结合,既包含了商流活动和物流活动,也包含了物流中若干功能要素。配送在物流中占有重要的地位。物流的最终目的是满足用户对所需要的货物的要求,其中,包括对货物的品种、数量、质量、供应时间以及送达方式等方面,而配送恰恰是体现了物流的最终效果,它直接为用户服务,从这个意义上讲,物流成果主要是通过配送来实现的。

思考与练习

一、单项选择题

1. 配送运输主要由（　　）进行。
   A. 公路运输　　　　　　　　　B. 铁路运输
   C. 轨道运输　　　　　　　　　D. 航空运输
2. 下列（　　）不是配货作业的基本作业。
   A. 分货　　　　B. 配货检查　　　C. 装车　　　D. 按订单拣货
3. 配送功能的要素为（　　）。
   A. 货物、客户、车辆、人员、路线、地点和时间
   B. 货物、客户、运输工具、人员、路线、目的地和时间
   C. 货物、收货人、运输成本、人员、运距、地点和时间
   D. 货物、收货人、车辆、人员、路线、地点和时间
4. 下列有关配送的理解正确的是（　　）。
   A. 配送实质就是送货,和一般送货没有区别
   B. 配送要完全遵守"按用户要求",只有这样才能做到配送的合理化
   C. 配送是物流中一种特殊的、综合的活动形式,与商流没有关系
   D. 配送是"配"和"送"的有机结合,为追求整个配送的优势,分拣、配货等工作是必不可少的

5. 按物品的种类和数量配送的方法有（　　）。
   A. 企业对企业的配送　　　　　　B. 少品种或单品种、大批量配送
   C. 连锁配送　　　　　　　　　　D. 定时定路线配送

二、多项选择题

1. 配送供货方接到客户或经销商的请求，依据（　　）等理赔原则，对合理退货的商品以及造成的物质损失或人身伤害审核并予以赔偿。
   A. 主动　　　　　　　　　　　　B. 迅速
   C. 准确　　　　　　　　　　　　D. 合理
2. 按配送商品的特征不同分类，配送可分为（　　）。
   A. 少品种大批量配送　　　　　　B. 多品种少批量
   C. 配套（成套）配送　　　　　　D. 公路、铁路、水运、航空配送
3. 保证配送业务中所需的商品品种、规格、数量在指定的时间内组织配齐并装载完毕配货工作应遵循的基本原则有（　　）。
   A. 准时性　　　　　　　　　　　B. 方便性
   C. 优先性　　　　　　　　　　　D. 合理性
4. 按加工程度时间及数量的不同分类，配送分为（　　）。
   A. 加工配送　　　　　　　　　　B. 共同配送
   C. 定时定量配送　　　　　　　　D. 集疏配送
5. 配送中心的功能包括（　　）。
   A. 集货　　　　　　　　　　　　B. 储存保管
   C. 分货与配货　　　　　　　　　D. 装车

三、判断题

1. 配送是物流的一个缩影或在特定范围内物流全部活动的体现。（　　）
2. 拟订配送计划只需考虑物品配送数量和库存量两个因素。（　　）
3. 物流管理的基本功能可分为库存管理、订购过程管理、配送管理和仓库管理。（　　）
4. 库存管理与仓储管理两者是同等的。（　　）
5. 配送是物流中一种特殊的、综合的活动形式，是商流与物流的紧密结合，包含了商流活动和物流活动，也包含了物流中若干功能要素的一种形式。（　　）

四、简答题

1. 配送与旧时的"送货"有何不同？
2. 简述现代配送在物流中的地位与作用。
3. 简述配送与运输的关系。

五、案例分析题

DH 服装公司的 VMI 系统

美国达可海德（DH）服装公司把 VMI 看作增加销售、提高服务、降低成本、保持竞争力和加强与客户联系的战略性措施。在实施 VMI 过程中，DH 公司发现客户希望采用 EDI 技术并且形成一个紧密的双方互惠、信任和信息共享的关系。

为对其客户实施 VMI，DH 公司选择了 STS 公司的 VMI 管理软件。DH 公司采用 Windows NT，用 PC 做服务器，带有五个用户终端。技术人员为主机系统的数据和 EDI 业务管理编制了特定的程序。起步阶段，DH 选择了分销链上的几家主要客户作为试点单位。分销商的交货周期、运输计划、销售历史数据以及其他方面的数据，被统一输进计算机系统。经过一段时间的运行，根据

DH公司信息系统部统计,分销商的库存减少了50%,销售额增加了23%,取得了较大的成效。

接着,DH公司将VMI系统进行了扩展,根据新增客户的特点,在原有VMI管理软件的基础上增加了许多新的功能。VMI系统建立起来后,客户每周将销售和库存数据传送到DH公司,然后由主机系统和VMI接口系统进行处理。DH公司用VMI系统,根据销售的历史数据、季节款式、颜色等不同因素,为每一个客户预测一年的销售和库存需要量。结果表明,DH公司和其他客户都取得了预期的效益。

(案例来源:http://www.docin.com/p-62719047.html)

问题:
1. 分析仓储管理使用现代信息技术的重要性和必要性。
2. 现代仓储管理的信息技术主要有哪些?分别对仓储管理产生怎样影响?

第六章

物流信息系统管理

★ 学习目标

通过本章的学习学生应掌握以下知识：
1. 了解物流信息系统的内容。
2. 掌握物流信息技术的种类。
3. 掌握物流信息系统网络平台的主要功能模块及主要作业流程。

★ 导入案例

RFID 技术在汽车零件制造环节的应用——以米其林轮胎北美公司为例

制造轮胎的主要生产流程包括密炼、胶部件准备（挤出、压延、胎圈成型、帘布裁断、贴三角胶条、带束层成型）、轮胎成型、硫化、检验、测试等工序，每个工序又含有非常复杂的工艺过程，同时由于产品数据长、产品数量大的特点，在生产控制、产品数据管理过程中沿用手工方式进行数据记录，难免出错；另外，用手工方法将每年几百万条轮胎及相关信息都准确无误地录入数据库中也难免出错，故大多数轮胎厂都没有针对单个轮胎的详细数据库，这不利于查询轮胎信息，无法在轮胎制造和使用过程中进行科学管理。所以，米其林轮胎北美公司为适应公司内部未来发展和外部环境强制要求的双重需要，改产基于 RFID 技术的智能轮胎。生产过程是工作人员在轮胎成型工序中嵌入具有压力和温度感应功能的特制 RFID 标签，嵌入位置在胎体帘布层与胎侧胶之间，胎胚经硫化工序后，标签就被固定并封存在轮胎内，这种智能轮胎从出厂、使用期间的维修及翻新直至报废的整个生命周期内，所有的信息诸如生产序号、生产日期、生产厂代号、汽车制造厂的标识码等重要数据均完整地保存在标签的芯片中。

（案例来源：http://info.secu.hc360.com/2009/01/151021149197.shtml）

问题：

物流信息系统是如何在汽车零件制造环节应用的？

第一节　物流信息系统概述

一、物流信息系统的含义与其中的信息技术

(一) 物流信息系统的含义

为了实现现代物流的目的，物流企业必须利用信息技术，建立完善的物流信息系统。物流信息系统作为企业信息系统中的一类，可以理解为通过对与物流相关信息的加工处理来达到对物流、资金流的有效控制和管理，并为企业提供信息分析和决策支持的人机系统。它具有实时化、网络化、系统化、规模化、专业化、集成化、智能化等特点。物流信息系统以物流信息传递的标准化和实时化、存储的数字化、物流信息处理的计算机化等为基本内容。

从现代管理思想与理念以及全球经济的要求来看，一个有核心竞争力的物流企业必须实施物流信息系统。从年亏损 200 多万元转变为年盈利 1 000 多万元的沈阳公路主枢纽集团来看，其成功之处就在于找准了运输业引进高新技术的切入点，首先开发了"货源信息交易系统"，并通过这套系统建立了全国货源信息网；中国宝供物流企业集团公司正是因为在物流业率先引进和使用了先进的物流信息系统，使其将"为客户提供优质高效的服务"的愿望变成了现实，具有了竞争优势。

成功的实例表明，物流信息系统的应用可为传统的运输企业带来实效：降低空载率；提高对在途车辆的监控能力，有效保障货物安全；网上货运信息发布及网上下单，增加了商业机会；无时空限制的客户查询功能，有效地满足了客户对货物在运情况的跟踪监控，提高了业务量；对各种资源的合理综合利用，降低了运营成本。对传统仓储企业带来的实效表现为：提高了配送能力和发货准确率；减少了库存和短缺损耗；可降低劳动力成本，提高了仓库空间利用率和生产力。

(二) 物流信息系统中的信息技术

信息技术泛指能拓展人的信息处理能力的技术。从目前来看，信息技术主要包括传感技术、计算机技术、通信技术、控制技术等，它替代或辅助人们完成了对信息的检测、识别、变换、存储、传递、计算、提取、控制和利用。

传感技术扩展了人的感觉器官能力，主要完成对信息的识别、搜集等。例如，企业货物管理作业中，货物入库时，工人将入库的货物搬到磅秤上，保管员抄磅秤数，然后将数据输入计算机已经成为历史，现在有了汽车磅，当装载入库货物的汽车上了汽车磅后，入库数量一次被采集、输入计算机，从而既提高了数据的准确性、及时性，又减轻了工人的劳动强度。

计算机技术以高速的计算能力以及"海量"的存储能力扩展人的大脑能力，包括计算、记忆能力，完成信息的加工、存储、检索、分析等。由于计算机的特点，以前难以甚至无法解决的问题得以解决。如在库存信息处理方面，对时常需要更新的库存数据、图表，计算机很快给出结果，使在及时补充库存、调整库存货物的种类、减少冗余库存、合理安排运输路线和装运量、节约资源等方面都能得以有效的改进和提高。

通信技术则扩展人的神经系统能力，实现信息的传递。过去人们传递信息主要依靠口头书信、电话电报等方式。目前，国际互联网数据传输率最大的光纤主干网，其传输率高达 2 500 MB/s，相

当于每秒传送 110 000 页文本的信息量。以资金周转为例，在我国使用传统方法进行资金流通结算，国内结算一般需要一个星期，国际结算一般需要半个月，实现网络化后，国内国际的资金流通结算均可在 24 小时内完成。

信息技术发展和应用的一个重要标志是国际互联网的形成、发展和应用。它能使各地互联的计算机充分共享资源（硬件、软件和数据），其商业化应用为拓展人的信息处理能力创造了一个世界范围内的虚拟空间。在企业内部，通过局域网的建设，企业的人、财、物、产、供、销等各部门之间都可以实现信息共享。这样可以缩短企业内部沟通的时间和降低成本，使决策者能够对战略进行统筹规划；在外部环境，网络技术把整个世界都展现在人们眼前，对整个企业工作流程进行全程动态实时跟踪，随时掌握最新的业务情况，所需的货物产品信息、客户情况、对手动态、行业动态、最新的政策法规及其他各方面的信息可以随时调用。这使整个企业运营快速高效、信息全面详尽，增加了企业对突发事件的反应能力。

根据物流的功能及特点，物流信息技术主要包括条形码技术、计算机网络技术、多媒体技术、地理信息技术、全球卫星定位技术、自动化仓库管理技术、智能标签技术、信息交换技术、电子数据交换技术、数据管理技术（数据库技术、数据仓库技术）、数据挖掘技术、Web 技术等。在这些物流信息技术的支撑下，形成以移动通信、资源管理、监控调度管理、自动化仓储管理、业务管理、客户服务管理、财务处理等多种业务集成的一体化现代物流信息系统。下面介绍部分重要的物流信息技术。

1. 条形码技术

条形码技术是 20 世纪在计算机应用中产生和发展起来的一种自动识别技术，是集条形码理论、光电技术、计算机技术、通信技术、条形码印制技术于一体的综合性技术。

条形码技术是物流自动跟踪的最有力工具，应用广泛。条形码技术具有制作简单、信息收集速度快、准确率高、信息量大、成本低和条形码设备方便易用等优点，所以从生产到销售的流通转移过程中，条形码技术起到了准确识别物品信息和快速跟踪物品进程的重要作用，它是整个物流信息管理工作的基础。条形码技术在物流的数据采集、快速响应、运输的应用上极大地促进了物流业的发展。

2. 多媒体技术

多媒体技术是通过计算机将文字、图像、声音和影视集成为一个具有人机交互功能和可编程环境的技术，其中图像包括图形、动画、视频等，声音包括语音、音乐、音像效果等。目前，多媒体技术在各个领域中发挥着更加重要的作用。

多媒体技术主要涉及图像处理、声音处理、超文本处理、多媒体数据库、多媒体通信等。

3. 地理信息技术

地理信息系统（GIS）是人类在生产实践活动中，为描述和处理相关地理信息而逐渐产生的软件系统。它以计算机为工具，对具有地理特征的空间数据进行处理，能以一个空间信息为主线，将其他各种与其相关的空间位置信息结合起来。它的诞生改变了传统的数据处理方式，使信息处理由数值领域步入空间领域。GIS 用途十分广泛，在交通、能源、农林、水利、测绘、地矿、环境、航空、国土资源综合利用等领域都有广泛的应用。

4. 全球卫星定位技术

全球卫星定位系统（GPS）的原始思维理念是将参考的定位坐标系搬到天空，可在任何时候、任何地点提供全球范围内三维位置、三维速度和时间信息服务。使用 GPS，可以利用卫星对物流及车辆运行情况进行实时监控，可以实现物流调度的即时接单和即时排单，以及车辆动态实时调度管理。同时，客户经授权后也可以通过互联网随时监控运送自己货物的车辆的具体位置。如果货物运输需要临时变更线路，也可以随时指挥调动，大大降低了货物的空载率，做到资源的最佳配置。

5. 电子数据交换技术

电子数据交换（EDI）是按照协议的标准结构格式，将标准的经济信息，通过电子数据通信网络，在商业伙伴的计算机系统之间进行交换和自动处理。

EDI 的基础是信息，这些信息可以由人工输入计算机，但更好的方法是通过扫描条形码获取数据，速度快、准确性高。物流技术中的条形码包含了物流进程所需的多种信息，与 EDI 相结合，方能确保物流信息的及时可得性。

6. 数据管理技术

数据管理技术是指利用数据库技术将信息系统中大量的数据按一定的模型组织起来，提供存储、维护、检索数据的功能，使信息系统可以方便、及时、准确地从数据库中获得所需的信息，并依此作为行为和决策的依据。现代物流信息量大而复杂，如果没有数据库技术的有效支持，物流信息系统将无法运作，更不用说为企业提供信息分析和决策帮助。

数据仓库技术（DW）是一个面向主题、集成化、稳定的、包含历史数据的数据集合，它用于支持经营管理中的决策制定过程。与数据库比较，数据仓库中的信息是经过系统加工、汇总和整理的全局信息，而不是简单的原始信息；同时 DW 记录的是企业从过去某一时点到目前的各个阶段的实时动态信息，而不仅是关于企业当时或某一时点的静态信息。因此，数据仓库的根本任务是将信息加以整理归纳，并及时提供给相应的管理决策者，支持决策过程，对企业的发展历程和未来趋势做出定量分析和预测。

7. 数据挖掘技术

信息技术的迅速发展，使数据资源日益丰富。但是，"数据丰富而知识贫乏"的问题至今还很严重。数据挖掘技术（DM）也随之产生。DM 是一个从大型数据库浩瀚的数据中，抽取隐含的、从前未知的、潜在有用的信息或关系的过程。

8. Web 技术

Web 技术是网络社会中具有突破性变革的技术，是互联网上最受欢迎、最为流行的技术。采用超文本、超媒体的方式进行信息的存储与传递，能把各种信息资源有机地结合起来，是一种具有图文并茂的信息集成能力及超文本链接能力的信息检索服务程序。Web 页面的描述由标识语言发展为可扩展的标识语言，使得互联网上可以方便地定义行业的语义。

我国物流运作已经开始使用信息技术。例如，杰合伟业公司的城市物流配送管理系统，是一款专门针对物流活动特点设计的产品。它综合运用了商业智能、地理信息技术、全球卫星定位技术以及配送优化调度技术、动态监控技术、智能交通技术、仓储优化配置技术，实现对物流配送过程数据的全面管理和分析挖掘，可以优化配送作业流程和配送体系结构，实现了客户资源管理、配送调度优化、配送作业监控、库存及财务管理、企业绩效管理等多项功能。

二、物流信息系统的构成

（一）物流信息系统的组成要素

从系统的观点出发，构成物流企业信息系统的主要组成要素有硬件、软件、数据库与数据仓库、相关人员以及企业管理制度与规范等。

1. 硬件

硬件包括计算机和必要的通信设施等，如计算机主机、外存、打印机、服务器、通信电缆、通信设施。它是物流信息系统的物理设备、硬件资源，是实现物流信息系统的物质基础，它构成系统运行的硬件平台。

2. 软件

在物流信息系统中，软件一般包括系统软件、实用软件和应用软件。

系统软件主要有操作系统（OS）、网络操作系统（NOS）等，它控制、协调硬件资源，是物流信息系统必不可少的软件。

实用软件的种类很多，对于物流信息系统，主要有数据库管理系统（DBMS）、计算机语言、各种开发工具、互联网上的浏览器、群件等，主要用于开发应用软件、管理数据资源、实现通信等。

应用软件是面向问题的软件，与物流企业业务运行相关，具有辅助企业管理的功能。不同的企业可以根据实际应用的要求来开发或购买软件。

通常，系统软件和实用软件由计算机厂商或专门的软件公司开发，它们构成物流信息系统开发和运行的软件平台，企业可在市场上配置和选购。系统软件种类较少，目前操作系统主要有 GUI 操作系统（如 Windows 2000、Windows XP、UNIX、Linux 等）。实用软件的特点是品种多、新软件产生的频率高、版本更新快，因此用户的选择余地较大。在市场上也有应用软件可供选购，如财务软件、进销存软件等。

3. 数据库与数据仓库

数据库与数据仓库用来存放与应用相关的数据，是实现辅助企业管理和支持决策的数据基础，目前大量的数据存放在数据库中。

随着互联网的广泛应用以及计算机安全技术、网络技术、通信技术等的发展，以及市场专业化分工与协作的深入，物流企业封闭式的经营模式将不断被打破，企业以及其客户之间将更密切地共享信息，因此企业数据库的设计将面临采取集中、部分集中、分布式管理的决策。

随着物流信息系统应用的深入，采用数据挖掘技术的数据仓库也应运而生。

4. 相关人员

系统的开发涉及多方面的人员，有专业人员、领导，还有终端用户，如企业高层的领导、信息主管、中层管理人员、业务主管、业务人员、系统分析员、系统设计员、程序设计员、系统维护人员等是从事企业物流信息资源管理的专业人员。不同的人员在物流信息系统开发过程中起着不同的作用。

随着越来越多的企业运作相关数据（内部、外部）存储在数据库中，为满足企业决策的需要，信息分析人员将成为企业急需的人才。

5. 企业管理制度与规范

物流企业管理思想和理念、管理制度与规范流程、岗位制度是物流信息系统成功开发和运行的管理基础和保障，它是构造物流信息系统模型的主要参考依据，制约着系统硬件平台的结构、系统计算模式、应用软件的功能。

（二）物流信息系统的总体结构

不同的物流企业，应当采取不同的管理理念，其物流信息系统的应用软件会不同。以机械制造业为例，管理理念由库存控制、制造资源管理发展到企业资源管理，其业务层的企业信息系统应用软件随之发生了从 MRP、MRP Ⅱ 到 ERP 的变化，从注重内部效率的提高到注重客户服务，其业务层的企业信息系统应用软件从以财务为中心发展到以客户为中心。

物流信息系统的总体结构包括：①应用软件；②实用软件；③系统软件；④数据库；⑤管理思想与理念、管理制度及规范；⑥硬件。

三、物流信息系统的作用

物流信息系统（LMIS）是利用信息技术，通过信息流，将各种物流活动与某个一体化进程连接在一起的通道。物流系统中各个环节的相互衔接是通过信息共享予以沟通的，基本资源的调度也是通过信息共享来实现的，因此，组织物流活动必须以信息为基础。为使物流活动正常而有规律地进行，必须保证物流信息畅通。物流信息的网络化就是要将物流信息通过现代信息技术使其在企业内、企业间乃至全球达到共享的一种方式。

物流信息已经从"点"发展到"面"，以网络方式将物流企业的各部门、各物流企业、物流企业与生产企业和商业企业等联结在一起，实现了社会性的各部门、各企业之间低成本的数据高速共享；从平面应用发展到立体应用，企业物流更好地与信息流和资金流融合，统一加工消除了部门间的信息冗余，实现了信息的可追溯性。

随着信息技术的发展，信息日益被认为是一种战略资源，企业信息系统的作用与日俱增。从早期的数据管理，到现在的信息管理，以及正在发展的知识管理，企业信息系统使企业面临一次又一次创新。

由于人工智能技术的深入、数据挖掘技术的发展、群邮件技术的运用、知识网络的建立，知识的采集、获取、整理、分析有了强有力的技术手段。企业知识管理系统和专家系统的建立标志着企业进入知识管理阶段，知识管理是信息管理的新的更高级的发展。

数据管理阶段信息技术应用的特点表现在计算机被当作打印机、笔记本，只是简单地用于事后记录数据。

信息管理阶段中信息系统的作用主要在于对信息的组织和利用，侧重于信息的搜集、分析、整理与传递，企业业务流程控制等方面。

知识管理阶段则是对包括信息在内的所有智力资本进行综合决策并实施管理，它的核心是知识创新。知识管理的功能已由对信息物理属性的管理转变为对符合战略要求的决策支持；由基于内部的管理演化为兼顾内部与外部的管理；由以物为本的管理转变为以人为本的管理。知识管理阶段是信息管理在广度上的拓展和进一步深化。与知识管理相比，信息管理只是其中的一部分。知识管理的目标是力图将最恰当的知识在最恰当的时间传递给最恰当的人，以便他们能够做出最好的决策。企业管理只有到达知识管理的阶段，才能最充分地发挥企业员工的聪明才智，极大地提高企业的核心竞争力。

第二节 物流信息系统网络平台

物流是物品从供应地向接收地的实体流动过程，是运输、储存、装卸、包装、流通加工、配送、信息处理等几个基本功能的有机结合。当前，国内对物流的研究，已从物流理论、物流技术等方面进行了大量的探讨和实践；在具体的实践过程中，物流业还存在着极大的地区性差异。有的发展迅速，如深圳特区、上海已把物流业定位为21世纪支柱产业。但是，也有的地区在认识和实践上尚未引起有关部门足够的重视，相当一部分地区的现状堪忧。

物资流通是支持社会扩大再生产的血脉，是一个跨行业、多部门、各种运输形式交叉的活动。这些活动要求有一个有效的、完备的物流基础条件的支撑，这个基础条件即物流信息网络平台。它涉及铁路、水运、公路、航空、仓库、场站、管理体制、信息水平等相关因素。对区域物流信息网络平台的构建，依靠市场自发行为是不够的，将会造成重复、无序及资源浪费，需要地方政府及早统筹规划，依靠政策、管理和制度系统化地统筹构建一个协调发展、物畅其流的区域物流信息网络平台。

一、区域物流信息网络平台的构成要素及构建原则

区域物流信息网络平台是物流的载体，是一个包括诸多因素的复杂网络体系，其建设需要从三个方面进行统筹规划、协调发展。首先是基础设施类，包括机场、铁路、道路与航空网络、管道网络、仓库、物流中心、配送中心、站场、停车场、港口与码头、信息网络设施等。其次是设备类，包括物流中心、配送中心内部的各种运输工具、装卸搬运机械、自动化作业设备、流通加工设备、信息处理设备及其他各种设备。最后是标准类，比如物流术语标准、托盘标准、包装标准、货运汽车标准、集装设备标准、货架标准、商品编码标准、商品质量标准、表格与单证标准、信息交换标准、仓库标准、作业标准等。

区域物流业先进与否，从载体及其他基础设施状况可以清楚地看出来。经济发达的国家物流业是相当成熟的，其从事物流的基础设施已经非常完善。在发达国家，人们可以看见完善的高速公路系统、快速或者高速铁路系统、高密度的航空运输系统、宽阔的停车及装卸作业场所、大型自动化配送中心或物流中心以及设置在配送中心或物流中心的高架立体仓库、自动分拣系统、自动导向车系统；还有标准化的可流通托盘、发达的计算机信息系统、卫星通信系统、GIS系统等。这些都是高级物流阶段区域物流信息网络平台所应具备的物流设施环境。

区域物流信息网络平台的构建实际上是其各构成要素的项目建设。由于区域物流信息网络平台是一个复杂的经济系统，涉及诸多因素，实现统筹管理相当不易，应在服务于战略规划的基础上进行项目分解和实施。在构建区域物流平台的过程中，需要遵循以下几个方面的原则：

1. 统一原则

统一原则强调参与现代物流的各部门、各环节之间从适应物流需要出发，统一设备规格、技术性能、信息标准。

2. 协调原则

协调原则强调在组织物流的各部门及运输、储存、装卸、包装、流通加工、配送、信息处理各环节的运输过程中，必须加强信息交流，在时间、空间上互相衔接。

3. 区域物流信息网络平台的兼容性原则

区域物流信息网络平台的构建是结合区域经济优势及其发展特点进行的，区域间经济优势的互补性决定了其应有较好的兼容性。

4. 整体效能原则

区域物流信息网络平台作为一个系统化、一体化的物流支持体系，其优劣应以整体效能为评价标准，应在保证整体效能最大化的前提下，追求各子系统的最大利益。这就要求在发展过程中，统筹兼顾，协调发展。需要把握主要矛盾，解决好区域物流信息网络平台中各相关环节的瓶颈问题。

5. 硬件基础设施建设应有相对的前瞻性

硬件基础设施建设应有相对的前瞻性，即适度超前铁路、公路、场站、码头、仓库等硬件基础设施，属固定物的建设，其建设具有阶段性。在当前的建设中，应依据规划超前建设。

二、物流信息网络平台的主要功能模块

1. 物流网框架

物流网框架用于提供一个具有延展性的平台，让使用者可以通过互联网，进入物流网进行作业。系统管理者也可通过系统管理功能模块进行系统设定、基础数据维护等作业。

2. 物流网网页内容

物流网网页内容为物流网会员提供多元化的物流信息，包括物流的政策法规、最新信息发布、专家咨询及常见问题解答等。

3. 仓库管理

仓库管理功能包括货物入库、上架、补货、拣货、出货、盘点及账务处理。

4. 多仓管理

物流网应用平台可同时管理多个仓库，包括出入库、调拨、调整、账务查询等功能，并可与运输管理集成，实现储运一体化的目标。

5. 会员管理

会员管理为物流信息网络平台的会员提供注册、登录、基本资料维护及管理功能。

6. 产品目录管理

产品目录管理提供储运品的基本资料维护及管理，供仓库管理及运输管理使用。

7. 运输管理

运输管理为货主、承运人、物流业者提供货物运输的执行、监控、追踪功能，如运务需求提交、运费管理、装载处理及运输状态更新等。

8. 合约议定

货主可通过物流信息网络平台将需求发送给特定的物流业者，这些需求信息包括区段、数量、载具、服务水平等；被选定的物流业者，可以就自身的专长、能力或策略提出竞价，并将可整合议定的结果，作为运输管理系统的费率数据。

9. 合约生成

合约生成为物流信息网络平台的会员提供各种合约模板，并可在网上完成合约制作与下载处理。

10. 要车计划

要车计划供货主在互联网上提交铁路、公路、水路和航空的要车计划申请。

三、物流信息网络平台的主要作业流程

1. 物流网运营模式

物流网运营模式分为三层架构：中央（物流中心）、区域中心和网点。物流中心采用集中管理方式，负责全范围内的物流管理；区域中心负责一个区域范围内的物流运作信息处理，区域内各网点信息的收集、更新，接收并执行物流中心的指令；网点为仓库系统，实际执行物流的仓库作业，完成库存管理、补货、收货、发货等功能。

2. 新客户加盟

新客户/货主可利用物流信息网络平台的会员管理功能进行注册申请，经物流信息网络平台管理部门审核确认后，就成为新会员。物流信息网络平台的会员可利用产品目录管理功能，进行仓库货价的资料登录，此信息自动更新下层网点仓库系统，维持上下层资料的一致性。

3. 出入库/调整/调拨

客户/货主可通过物流网的多仓管理界面提交出库单、入库单、调整单、调拨单给下层仓库管理系统，所提交的出库单等经仓库作业人员审核确认后，由作业部门员工进行运输安排，提交给承运人。

4. 货物追踪/库存查询

客户/货主可以通过多仓管理系统对自己在仓库中的货物进行查询，包括数量、储位等；承运人可通过运输管理系统将货物递送信息登录系统；客户可利用运输管理系统进行货物追踪，掌握货物运送的动态信息。

5. 运输合约议价

客户与物流信息网络平台的业务人员可利用合约议定功能，进行运输合约费率询价、报价。

6. 合约生成

中央管理部门可根据业务需要，制定运输、仓储等合约模板，为业务部门与客户提供在线填写、制作服务并生成合约。

7. 要车计划

货主可以通过互联网提交要车计划申请，经审核批准后的要车计划，将接入铁路运输管理信息系统（TMIS）物流网与其整合，将进一步拓展和延伸物流网的功能。

8. 账务管理与查询

物流信息网络平台的财务部门与管理人员可在多仓管理系统中查询管理仓储与运输费用。

本章小结

物流信息技术及物流信息系统是现代物流业的核心系统，是物流业现代化的重要标志。物流信息具有广泛性、联系性、多样性、动态性和复杂性等特征，在企业管理中合理使用物流信息系统可以提高工作效率，降低企业成本。

思考与练习

一、单项选择题

1. （　　）是物流信息技术的基础和灵魂。
   A. 计算机　　　　　　　　　　　B. 条码
   C. 网络　　　　　　　　　　　　D. GPS
2. GIS 是一种以（　　）研究和决策服务为服务目标的计算机技术系统。
   A. 地理　　　　　　　　　　　　B. 天文
   C. 生物　　　　　　　　　　　　D. 智能
3. 现代物流的主要特征是物流的（　　）。
   A. 自动化　　　　　　　　　　　B. 机械化
   C. 信息化　　　　　　　　　　　D. 网络化
4. （　　）主要指利用计算机网络等现代信息技术，对运输计划、运输工具、运送人员及运输过程的跟踪、调度指挥管理业务进行有效管理的人机系统。
   A. 仓储管理信息系统　　　　　　B. 运输管理系统
   C. 配送中心信息管理系统　　　　D. 供应链管理信息系统

5. 物流的（　　）是物流信息化的必然结果。
   A. 自动化　　　　　　　　　　B. 网络化
   C. 机械化　　　　　　　　　　D. 市场化

二、多项选择题

1. 从系统的观点出发，构成物流企业信息系统的组成要素有（　　）。
   A. 硬件、软件　　　　　　　　B. 企业管理制度与规范
   C. 数据库和数据仓库　　　　　D. 相关人员
2. 在构建区域物流信息网络平台过程中，需遵循的原则有（　　）。
   A. 协调、统一原则　　　　　　B. 硬件基础设施建设应有相对的前瞻性
   C. 区域物流信息网络平台的兼容性原则　D. 整体效能原则
3. 物流信息系统具有（　　）特点。
   A. 节约化　　　　　　　　　　B. 实时化
   C. 系统化　　　　　　　　　　D. 规模化
4. 从目前来看，物流信息技术主要包括（　　）。
   A. 条形码技术　　　　　　　　B. 多媒体技术
   C. 地理信息技术　　　　　　　D. Web技术

三、判断题

1. 二维条码主要用于对物品的标识，一维条码用于对物品的描述。　　　　　　（　　）
2. 数据收集是数据库的核心任务。　　　　　　　　　　　　　　　　　　　　（　　）
3. 在物流技术中应用最广泛的自动识别技术是条码技术和射频识别技术。　　　（　　）
4. RFID与条码相比，其最大的优势是可以同时识别多个标签。　　　　　　　（　　）
5. EDI的安全保密功能比较强大，且具有法律效力。　　　　　　　　　　　　（　　）

四、简答题

1. 物流信息系统有哪些典型的特点？
2. RFID技术在现代物流业主要应用于哪些领域？
3. 物流信息系统的作用主要有哪些？

五、案例分析题

天津港公共信息平台的建设

　　天津港作为打造北方国际航运中心和国际物流中心的核心载体，是世界十强之一的港口，是中国北方唯一的2亿吨大港。区域合作的增强、经济发展的互动、建设国际物流中心的目标要求天津港的现代物流信息化建设必须向更高层次的物流中心迈进，坚持用信息技术、网络技术促进港口现代化管理，提高港口的综合能力和国际、国内竞争能力，构建融商流、物流、信息流、资金流的流通功能为一体的，并配备高效、便捷、完善服务的现代物流信息系统。

　　目前，天津港已建成内部的信息化办公系统，可进行快速统计、库场图形化、GPS/GIS定位；EDI中心，可与船代、船公司、码头和海关、商检等政府监管部门进行数据交换；外部的门户网站，可以进行信息发布、宣传，以及各种港口业务信息查询。但是，天津港港口物流服务尚处于发展初期阶段，还缺乏能适应航运交易、货品交易、金融结算、数据传输、文件传送等社会化信息服务要求的信息网络；缺乏具有较强组织协调能力和相当服务规模的经营主体及大规模、集中发展相关物流业的合理空间；现有相关经营主体功能单一、规模偏小、服务层次较低、系统化的物流服务能力欠缺。

　　根据天津港、保税区和电子口岸等物流基地建设及其外部信息交换服务的需要，运用先进

的现代物流信息技术，优化和整合港口、船公司、箱站、外理、船代、检验检疫局、海关、海事局等用户的信息资源，为用户提供信息互动和信息共享的公共应用平台，即天津港数字物流信息系统，以实现电子报关、网上托管、国际中转审批等一系列功能。天津港现代物流信息平台的建设已成当务之急。

（案例来源：http://www.docin.com/p-89189354.html）

问题：

1. 天津港公共信息平台具体有哪些应用功能？天津港公共信息平台的建设对天津港物流发展有何意义？

2. 联系实际谈谈物流信息系统在供应链管理中的作用。

第七章

包装、流通加工与装卸搬运

★ **学习目标**

通过本章的学习学生应掌握以下知识：
1. 了解包装的功能、种类及包装技术，掌握包装合理化的含义。
2. 掌握流通加工的概念及功能，能够区分流通加工与生产加工，掌握流通加工的类型。
3. 理解装卸搬运的含义及基本原则，能够进行装卸搬运设备的选择。

★ **导入案例**

包装带动全球浆、纸价格持续上涨

2015年，全球木浆价格超过2011年的峰值，这对以木浆为原料的生产商来说非常不利，尤其是包装纸生产商，其生产成本越来越高。据IBIS World预测，预计至2019年的3年中，木浆价格将以年均5.1%的增速上涨，并传递给下游的纸张生产商，预计纸张价格将会以年均3.2%的增速上涨，最终传递给纸张的买家。

电商的持续发展、消费能力的持续增长、强化工业生产和政府支出等因素，都将扩大包装产品的需求。

1. **更强的消费支出能力**

多个因素推动了消费支出的增长，一是IBIS World预测，至2019年的3年中，美国失业率将维持在经济危机以前的水平。经济状况的改善会激励创建更多的企业，以及现有企业将会增加雇员，创造更多的就业机会；二是预计在未来的3年中，消费者信心（根据消费者信心指数测定）将会以年均3.2%的速度提升，消费支出将会以年均3.3%的速度增长；三是预计未来3年美国人口将会以年均0.8%的速度增长。

消费支出的增长，将会带动商品需求的增长，而这些商品在运输过程中，常常需要用到包装纸。

2. **电子商务持续发展**

由于消费者更愿意享受更快捷的网上服务，所以互联网用户数和电子商务不断增长，预计未来3年内，互联网用户将会以年均3.9%的速度增长，移动互联网用户将以年均5.0%的速度增长。电子商务销售额将会以年均2.6%的速度增长，到2019年，电子商务的销售额在所有零售商品销售额中,所占比例将达 10.6%。从而推动电子商务所需的各种各样包装产品(包括纸质包装产品)需求的增长。

3. 强化工业生产和商业活动

根据采矿业、制造业和电气行业生产测算的工业生产指数显示,预计至 2019 年,工业生产将以年均 2.4% 的速度增长,企业数量将以年均 0.8% 的速度增长,企业盈利将以年均 2.5% 的速度增长。不断增长的工业生产,将推动包装纸产品需求的增长,因为纸质包装广泛用于各类物品的运输,这是商品生产和配送必不可少的。

持续的经济增长,政府支出也将增加,这有助于包装产品需求的增长。但对纸质包装需求的增长使得纸质包装供应商能够将上涨的木浆成本通过转移给买家即提高纸张销售价格的方式来保护自己。

(案例来源:http://www.paper.com.cn/news/daynews/2016/161017080527508943.htm)

问题:

1. 包装有哪些功能?
2. 包装材料价格上涨是否会导致物流成本发生变化?
3. 除了纸质包装材料外,还有哪些包装材料?

第一节 包装管理

一、包装的功能

包装是物流系统中的一个子系统,也是物流过程的起点,还是保证物流作业顺利进行的重要条件。而合适的包装能够保护商品本身,便于集中、分割及重新组合,来适应多种装运条件及分货要求。包装材料的选用及包装技术的正确运用,也是包装合理化的基本条件。

《包装术语 第1部分:基础》(GB/T 4122.1—2008)中对包装的定义为"在流通过程中保护产品,方便储运,促进销售,按照一定技术方法而采用的容器、材料及辅助等的总体名称",也指"为了达到上述目的而采用在容器、材料和辅助的过程中施加一定技术等的操作活动"。

包装的功能指的是包装与产品组合时所具有的功能与作用。其功能主要表现在以下几个方面:

1. 保护功能

科学的包装可以保护商品在流通过程、储运过程中的完整性以及不受损伤,这是包装的基本功能。例如,防止物品破损、变形,发生化学变化,防止有害生物损害如鼠咬、虫蛀等;与此同时也防止危害性内装物对接触的人、生物和环境造成伤害或污染。

第一,包装不仅要防止商品物理性的损坏如防冲击、耐压、防振动等,也包括各种化学性和其他方式的损坏。例如,深色的啤酒瓶可以保护啤酒少受到光线的照射,延缓变质;各种复合膜的包装可以在防潮、防光线辐射等几个方面同时发挥作用。

第二,包装不仅需要防止由外到内的损伤,也要防止由内到外产生的破坏。例如,化学品的包装如果不达到要求而渗漏,就会对环境造成破坏。

第三,包装对于产品的保护还有一个时间的问题,有的包装需要提供长时间甚至几十年不变的保护,如红酒。而有的包装则可以运用简单的方式设计制作,易于销毁。

2. 便利功能

包装的便利功能是指包装应便于商品的装卸、储存以及销售,同时便于消费者使用。这就要求包装的大小、形态、包装重量、包装标志、包装材料等各个要素都应达到方便运输、保管、装卸、验收等作业的要求。进行包装及拆装作业,应当简便、快速,拆装之后的包装材料应当容易处理,达到环保要求。

第一,时间方便性。科学的包装能为人们的活动节约宝贵的时间,如快餐、易开包装等。

第二,空间方便性。包装的空间方便性对于降低流通费用至关重要。尤其商品种类繁多、周转快的超市,是十分重视货架利用率的,会更加重视包装的空间方便性。规格标准化包装、挂式包装、大型组合产品拆卸分装等,这些类型的包装都能够比较合理地利用物流空间。

第三,省力方便性。按照人体工程学原理,并结合实践经验设计的合理包装,能够节省人的体力消耗,会使人产生一种现代生活的享受感。

3. 单位化功能

包装具有将物品集合为便于理货的数量单位的功能,单位的大小一般取决于理货的便利性和交易的便利性两个主要方面。理货的便利性需要考虑多大的包装单位适合于托盘的堆码、运输带的传送、人工搬运的便利等。但是,包装单位化必须是以确定包装模数为基础,要考虑与托盘、货车、集装箱等其他运输装卸的关联性,要适合运输以及装卸的集合单位,同时也需要考虑消费者期望购买的数量单位。

4. 促销功能

商品的包装是"无声的推销员"。在商品交易过程中,促进销售的手段很多,包装是其中之一。合适的包装能诱发人们的购买欲望,对顾客的购买行为起着潜在的促进作用。

例如,在超市中,标准化生产的产品云集在货架上,不同厂家的商品只有依靠产品的包装来展现自己的特色,这些包装都以精美的造型、醒目的商标、得体的文字以及明快的色彩等艺术语言宣传自己。

促销功能以美感为基础,现代包装要求把"美化"的内涵具体化。包装的形象不仅体现出生产企业的性质和经营特点,而且体现出商品的内在品质,能够反映不同消费者的审美情趣,来满足他们的心理与生理的需求。

5. 效率功能

包装要有利于提高生产、销售、运输、配送、搬运、保管等效率。

二、包装的种类

包装分类是根据一定目的,为了满足某种需要所进行的,是将包装作为一定范围的集合整体,按照一定的分类标志或特征,逐次分解为若干范围更小、特征更趋一致的局部集合体,直至划分到最小的单元集合。包装在生产、流通和销售领域中的作用不同,不同部门以及行业对包装分类的要求也不同,包装分类的目的也不一样。包装工业部门、商业部门、包装使用部门、运输部门等根据本行业的特点和要求,采用不同的分类标志以及分类方法,对包装进行科学的分类。一般来说,包装工业部门多按包装技术方法、包装适用范围、包装材料等进行分类;包装使用部门大多按包装的防护性能和适用性进行分类;商业部门多按商品经营范围以及包装机理分类;运输部门则按不同的运输方式、方法进行分类。因为包装种类繁多,选用分类标志不同,分类方法也多种多样。根据选用的分类标志,常见包装分类方法有以下几种:

(一)按包装材料分类

以包装材料作为分类标志,包装一般可分为纸质、木质、金属、塑料、玻璃及陶瓷、纤维制品、复合材料、条编等包装。

1. 纸质包装

纸质包装就是以纸与纸板为原料制成的包装。常见的纸质包装有纸箱、纸盒、纸袋、纸管、瓦楞纸箱、纸桶等。纸质包装主要用于日用百货、纺织品、食品、医药、饮料、家用电器等商品，在现代包装中，纸质包装占有很重要的地位。从环境保护以及资源回收利用的角度来看，纸质包装有广阔的发展前景，如图7-1所示。

图7-1 纸质包装

2. 木质包装

木质包装是指以木材、木材制品及人造板材（如胶合板、纤维板等）制成的包装。常见的木质包装有木箱、木桶、胶合板箱、纤维板箱及木质托盘等。木质包装主要用于怕压、怕振动冲击的仪器、仪表及各种机械等商品的包装，如图7-2所示。

图7-2 木质包装

3. 金属包装

金属包装是指以薄钢板、镀锌薄钢板、马口铁、铝箔、铝合金等制成的各种包装。常见的金属包装有金属桶、马口铁及铝罐头盒、油罐、金属盒、钢瓶等，如图7-3所示。

4. 塑料包装

塑料包装是指以人工合成树脂为主要原料的高分子材料制成的包装。常见的塑料包装材料有聚氯乙烯（PVC）、聚丙烯（PP）、聚苯乙烯（PS）、聚乙烯（PE）、聚酯（PET）等。塑料包装主要有全塑箱、塑料桶、塑料盒、塑料瓶、塑料袋、钙塑箱、塑料编织袋等，如图7-4所示。从环境保护的观点来看，应该注意塑料薄膜袋、泡沫塑料盒所造成的白色污染问题。

图7-3　金属包装

图7-4　塑料包装

5. 玻璃及陶瓷包装

玻璃及陶瓷包装是指以硅酸盐材料玻璃与陶瓷制成的包装。常见的玻璃及陶瓷包装有玻璃罐、陶瓷罐、陶瓷瓶、陶瓷坛、陶瓷缸、玻璃瓶等，如图7-5所示。

图7-5　玻璃及陶瓷包装

6. 纤维制品包装

纤维制品包装是指以棉、丝、麻、毛等天然纤维和以人造纤维、合成纤维的织品制成的包装。常见的纤维制品包装有麻袋、编织袋、布袋等，如图7-6所示。

图7-6 纤维制品包装

7. 复合材料包装

复合材料包装是指以两种或两种以上材料粘合制成的包装，也称为复合包装。其主要有塑料与铝箔和纸、纸与塑料、塑料与铝箔、塑料与玻璃、塑料与木材等材料制成的包装，如图7-7所示。

8. 条编包装

条编包装是指以天然的竹条、藤条、荆条、柳条、芦苇、稻草等材料编织而成的包装。常用的条编包装有各种筐、篮、包、篓、袋等，主要用于盛装水果、蔬菜、洋芋、薯类、药材等，如图7-8所示。这种包装虽然强度低，容易破损，但其原料多为农副产品，资源丰富，制作简便，是农民从事的一项重要副业，而且成本十分低，是一种应充分利用的包装，也是促进农村经济发展的一个方面。

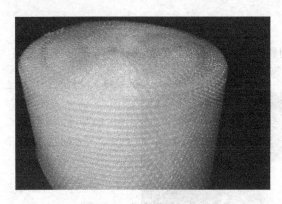

图7-7 复合材料包装

图7-8 条编包装

（二）按包装在流通中的作用分类

按在包装流通中的作用分类，包装可分为储运包装和销售包装。

1. 储运包装

储运包装是指用于安全储运、保护商品的较大单元的包装形式，又称为外包装或大包装。例如，纸箱、木箱、桶、集合包装、托盘包装等。储运包装一般体积比较大，外形尺寸标准化程度高，坚固耐用，广泛采用集合包装，表面也印有明显的识别标志，主要功能是保护物品，方便运输、装卸及储存。有时为了提供更好的包装，采用中间包装材料，先把物品单个包装或数个归整包装，称为内包装。储运包装如图7-9所示。

图7-9 储运包装

2. 销售包装

销售包装是指一件商品为一个销售单元的包装形式，或者若干个单体商品组成一个小的整体的包装，也称为单个包装或小包装。销售包装的特点是一般包装件小，对于包装的技术要求是美观、安全、新颖、卫生、易于携带，印刷装帧要求较高。销售包装一般随商品销售给顾客，起着直接保护商品、宣传以及促进商品销售的作用。与此同时，也起着保护优质名牌商品产权以防假冒的作用。

内包装及外包装属于工业包装，更着重于对物品的保护，其包装作业过程可以认为是物流领域内的活动，而单个包装作业一般被认为属于生产领域的活动。销售包装如图7-10所示。

图7-10 销售包装

（三）按包装操作技术方法分类

按包装操作技术方法分类，包装可分为捆扎包装、压缩包装、收缩包装和拉伸包装等。

1. 捆扎包装

捆扎包装是指把各种散体的型材、器材、器件、工具等使用柔性捆扎材料经捆扎所形成重量或体积较大整体的包装，以便在流通进程中进行机械化作业。

2. 压缩包装

压缩包装是指通过压缩机械装置将松散的商品如棉、毛、丝、麻、草等原材料经过施压，使其形成更小体积的一种包装方法。

3. 收缩包装

收缩包装是指把箱装、桶装及裸装的各种商品，放置在托盘或滑板上，再用热收缩薄膜塑料裹包后送入热缩装置内加热，使得收缩薄膜受热而收缩，再经冷却而使整个货件形成一个牢固整体的新技术包装方法。

4. 拉伸包装

拉伸包装是把箱装、桶装及散体的商品放置在托盘或滑板上，再将货件放到拉伸机械装置的底座上，经旋转而将拉伸塑料薄膜缠绕其上而形成较大整体的一种新技术捆包方法。

此外，包装按经营贸易惯例，分为内销商品包装、外贸出口商品包装及特殊商品包装；按使用范围，分为专用包装及通用包装；按使用次数，分为一次性使用包装、多次使用包装及固定周转使用包装；按结构形式，分为固定式包装、折叠式包装及拆解式包装；按抗变形能力，分为硬包装、半硬包装和软包装；按防护技术，分为防锈包装、防振缓冲包装、密封包装和保鲜包装等。

案例思考

东洋制罐株式会社的包装产品

由东洋制罐株式会社开发的塑胶金属复合罐 TULC（Toyo Ultimate Can），是以 PET 及薄钢板合成的二片罐，主要使用对象是饮料罐。这种复合罐既节约材料又易于再循环，在制作过程中低能耗、低消耗，属于环境友好型产品。东洋制罐还研发生产了一种超轻级的玻璃瓶。如用这种材料生产的187毫升牛奶瓶厚度只有1.63毫米、89克，普通牛奶瓶厚度为2.26毫米、130克，比普通瓶轻40%，可反复使用40次以上。该公司还生产出不含木纤维的纸杯和可生物降解的纸塑杯子。东洋制罐为使塑料包装桶、瓶在使用后便于处理，减少体积，在塑料桶上设计几根环形折痕，废弃时可以很方便折叠，缩小体积，这类塑料桶（瓶）种类有从500毫升到10升容积多个品种。

从这家日本公司包装产品的实际案例可以清楚地看到日本同行在包装减量方面做了大量富有成效的研究、开发。党的十六届五中全会提出，要把发展循环经济，建设资源节约型、环境友好型社会作为"十一五"经济社会发展规划的重大战略任务。国家发改委领导指出在我国的包装工业高速发展过程中，同时也出现了一些问题。一是许多企业未摆脱高投入、高消耗、高污染和低产出的粗放型经营模式，部分商品存在包装过度的现象；二是包装物回收率低，除部分（如 PET 瓶和饮料罐）回收利用情况较好外，其他类型包装物的回收利用率相对较低；三是资源浪费严重，大量废弃包装物除增加了城市生活垃圾处理的负担外，还浪费了大量的资源；四是我国现有的包装物回收渠道比较混乱，原有的以单一的政府行为为依托的回收系统和渠道已不畅通,以市场为依托的规范的回收网络尚未建立;五是包装物再生利用技术落后,资源的再生利用率低,而且存在较为严重的二次污染。这些问题的存在,不仅与中央提出的建设资源节约型、环境友好型社会的要求不符,而且制约着包装业的发展。

我们必须在整个包装行业大力推进绿色包装,要求产品包装的设计、制造、使用和处理均应符合低消耗、减量、少污染等生态环境保护的要求。在满足保护、方便、销售等功能的条件下,应尽量采取用量最少的适度包装,包装材料须无毒无害,易于重复利用,或其废弃物易于回收再生。材料的变化又要求加工工艺、加工机械、容器制造、包装设计、装潢印刷等各个环节进行相应的变化,从而引发整个包装行业的观念大变革和技术大革命。遵照循环经济原则、实现包装减量化是我国包装行业响应党中央、国务院号召走建设资源节约型、环境友好型社会义不容辞的历史任务。我们必须从自己企业做起、从现在做起,共同将我国建设为绿色家园而努力。

(案例来源:物流案例:日本包装减量化的典型案例_物流师考试物流案例-中华考试网 http://www.examw.com/wuliu/zixun/hangye/98323/)

案例思考:

这样的绿色回收包装给企业带来哪些好处?

三、包装技术

只有通过包装技术方法,才能使包装与商品形成一个整体。包装技术与包装的各种功能密切相关,尤其是与保护功能关系密切。采用各种包装技术与方法的目的是更有针对性地合理保护不同特性商品的质量。有时为了取得更好的保护效果,需要将两种或两种以上技术与方法组合使用。

伴随着科学技术的进步,商品包装技术和方法正在不断发展完善。商品包装技术方法很多,主要包括以下几种:

1. 泡罩包装与贴体包装

泡罩包装是把商品封合在用透明塑料薄片形成的泡罩与底板之间的一种包装方法。贴体包装是把商品放在能透气的、用纸板或塑料薄片制成的底板上,上面覆盖加热软化的塑料薄片,并通过底板抽真空,使薄片紧密包贴商品,且四周封合在底板上的一种包装方法。泡罩包装以及贴体包装多用于日用小商品的包装,其特点是透明直观,保护性好,便于展销。

2. 真空包装与充气包装

真空包装是把商品装入气密性包装容器,抽去容器内部的空气,使得密封后的容器内达到预定真空度的一种包装方法。这种包装方法一般应用于高脂肪低水分的食品包装,其作用主要是排除氧气,减少或避免脂肪氧化,而且可以抑制霉菌或其他好氧微生物的繁殖。如用于轻纺工业品包装,能够缩小包装商品体积,减少流通费用,同时还能防止虫蛀与霉变。充气包装是在真空包装的基础之上发展起来的,将商品装入气密性包装容器中,用氮、二氧化氮等惰性气体置换容器中原有空气的一种包装方法。充气包装主要用于食品包装,其作用是减慢或者避免食品的氧化变质,也可防止金属包装容器由于罐内外压力不等而容易发生的瘪罐问题。另外,充气包装还用于日用工业品的防锈和防霉。

3. 无菌包装

无菌包装适用液体食品包装,是在罐头包装基础上发展而成的一种新技术。其先将食品以及容器分别杀菌并冷却,然后在无菌室进行包装和密封。与罐头包装相比,无菌包装的特点是:能较好地保存食品原有的营养素、色、香、味和组织状态;杀菌所需热能比罐头包装少25%~50%;因冷却后包装可以使用不耐热、不耐压的容器,如塑料瓶、纸板盒等,既降低成本,又便于消费者开启。

4. 收缩包装

收缩包装是以收缩薄膜为包装材料，包裹在商品外面，通过适当温度加热，使得薄膜受热自动收缩紧裹商品的一种包装方法。收缩薄膜是一种经过特殊拉伸以及冷却处理的塑料薄膜，内含一定的收缩应力，这种应力重新受热后会自动消失，使得薄膜在其长度和宽度方向急剧收缩，厚度加大，从而使内包装商品被紧裹，达到良好的包装效果。收缩包装具有透明、紧凑、均匀、稳固、美观的特点，而且由于密封性好，还具有防潮、防尘、防污染、防盗窃等保护作用。收缩包装适用于食品、日用工业品和纺织品的包装，特别适用于形态不规则商品的包装。

5. 硅窗气调包装

硅窗气调包装是在塑料袋上烫接一块硅橡胶窗，通过硅橡胶窗上的微孔调节袋内气体成分组成的一种包装方法。这种包装方法适用于果蔬的包装。硅窗的透气性比聚乙烯和聚氯乙烯大几十倍到几百倍，从而使得果蔬生理代谢所需要的氧气和排出的二氧化碳、乙烯等能通过硅窗与包装体外的大气进行交换。由于包装创造的小气候适应果蔬保藏的需要，因此采用硅窗气调包装果蔬使其耐储性增强。

6. 缓冲包装

缓冲包装是指为了减缓商品受到冲击和振动，确保其外形和功能完好而设计的具有缓冲减振作用的包装方法。而一般的缓冲包装有三层结构，即内层商品、中层缓冲材料以及外层包装箱。缓冲材料在外力作用时能够有效地吸收能量，及时分散作用力而保护商品。缓冲包装依据商品性能特点以及运输装卸条件，分为全面缓冲法、部分缓冲法和悬浮式缓冲法。全面缓冲法是在商品与包装之间填满缓冲材料，对商品所有部位进行全面的缓冲保护。部分缓冲法是在商品或者内包装件的局部或边角部位使用缓冲材料衬垫。这种方法对于某些整体性好或者允许加速度较大的商品来说，既不降低缓冲效果，又能够节约缓冲材料，降低包装成本。对于允许加速度小的易碎或贵重物品，为了保证安全，可以采用悬浮式缓冲法。这种方法采用坚固容器外包装，将商品或者内包装（商品与内包装之间的合理衬垫）用弹簧悬吊固着在外包装容器中心，并通过弹簧缓冲作用保护商品，以求万无一失。

7. 防潮包装

防潮包装是采用具有一定隔绝水蒸气功能的材料，制成密封容器，运用各种技术方法阻隔水蒸气对于内装商品的影响。在防潮包装材料中金属和玻璃最佳；塑料次之；纸板、木板最差。经常采用的防潮包装技术方法有多层密封、容器抽真空或充气、加干燥剂等。

8. 集合包装

集合包装是指把若干包装件或商品组合成一个合适的运输单元或销售单元。从商品销售角度来看，集合包装（或者称为组合包装）能节约消费者购物时间，同时有扩大销售额的作用。从运输的角度来看，集合包装具有安全、快速、简便、经济、高效的特点。常见的集合包装有集装箱及托盘集合包装。

（1）集装箱。集装箱有多种类型，按材料分类，有钢制、铝合金制、玻璃钢制及不锈钢制。

①钢制集装箱强度高，结构牢固，焊接性和水密性好，价格较低；但是自重大，装货量小，易锈蚀，使用年限比较短。

②铝合金制集装箱自重小，不生锈，外表美观，在板表面涂一层特殊的涂料，还能防止海水腐蚀。铝合金制集装箱使用年限一般高于钢制集装箱。

③玻璃钢制集装箱是在钢制集装箱框架上安装玻璃钢复合板制成的，其特点是强度高，刚

性好，同时隔热性、防腐性、耐化学性都比较好，不生锈，易着色，外表美观。它的缺点是自重大，树脂存在老化问题。

④不锈钢制集装箱强度高，耐锈蚀性比较好，在使用期内无须进行维修保养，使用率高；但是由于价格较高，限制了其广泛使用。

伴随着集装箱运输的发展，为了适应装载不同类型的商品，出现了不同用途的集装箱。例如，有适合装日用百货的通用集装箱；有适合装大型货物和重货的敞顶式集装箱及平板式集装箱；有适合装鲜活食品的通风集装箱；有适合装易腐性食品及液体化学品的罐式集装箱；有适合装颗粒状、粉末状货物的散装货集装箱；还有适用于装汽车的汽车集装箱等。

（2）托盘集合包装。托盘集合包装是指在一件或者一组货物下面附加一块垫板，板下有角，形成插口，方便铲车的铲叉插入，进行装卸、搬运、堆码作业。这种货物与特制垫板的组合称为托盘集合包装。托盘集合包装兼具包装容器及运输工具的双重作用，是使静态货物转变为动态货物的媒介物。它的最大特点是使装卸作业化繁为简，完全实现机械化；与此同时，可以简化单体包装，节省包装费用，保护商品安全，减少损失及污染；还能够进行高层堆垛，合理利用存储空间。托盘按制作材料可分为木托盘、胶合板托盘、钢托盘、铝托盘、塑料托盘和纸托盘等。托盘按组合形式分为平板式托盘和非平板式托盘，其中，非平板式托盘包括箱式托盘、立柱式托盘及框架式托盘等。近些年，国际上出现了集装滑片，它是一种新型托盘，其作用和一般托盘一样，是用来集装货物，以便使用机械进行装卸及搬运作业。滑片的形状不同于普通托盘，它在片状平面下方无插口，但是在操作方向上有突起的折翼，以便配套的铲车进行操作。滑片托盘质轻体薄，功能完好，成本低，故目前正得到大力发展。

四、包装的合理化和标准化

（一）包装的合理化

1. 包装合理化的概念

包装合理化，一方面包括包装总体的合理化，这种合理化往往需要统一衡量整体物流效益与微观包装效益，而另一方面又包括包装材料、包装技术、包装方式的合理组合及运用。

2. 包装合理化的三要素

（1）防止包装不足。

①包装强度不足，从而使得包装防护性不足，造成被包装物的损失。

②包装容器缺乏必要层次与所需体积不足而造成损失。

③包装材料水平不足。由于包装材料选择不当，材料不能很好地承担运输防护和促进销售作用。

④包装成本过低，不能够保证有效的包装。

（2）防止包装过剩。

①包装材料选择不当，选择标准过高。如，可以用纸板却用镀锌、镀锡材料等。

②包装物强度设计过高。如，包装材料截面过大，包装方式大大超过强度要求等，从而使得包装防护性过高。

③包装成本过高。一方面，可使包装成本支出大大超过减少损失可能获得的效益；另一方面，包装成本在商品成本中比重过高，损害了消费者利益。

④包装技术过高。包装层次过多，包装体积过大。

（3）从物流总体出发，用科学的方法确定最优包装。

3. 包装合理化的要求

包装合理化指包装的轻薄化、标准化、机械化、单纯化、绿色化。

4. 包装设计的合理化

（1）包装设计要点。

①装卸性。货物在运输工具上装卸及仓库中取存是否方便、高效。

②保护性。包装是否能够达到货物的保护要求。

③便利性。货物开包是否方便，包装物处理是否容易。

④作业性。对货物的包装作业是否简单容易操作。

⑤经济性。包装费用是否恰当。

⑥标志性。包装物内物品的有关信息（如品名、数量、重量、装运方法、保管条件等）是否清楚。

（2）保护设计。包装保护功能是第一位的，在设计时要充分考虑流通中的各种损害因素，如堆码负荷、冲击、温湿度、虫害、振动、发霉等。

（3）成组化包装设计。成组化包装设计对于提高物流作业的效率起着非常重要的作用，是物流管理中的一项重要任务。该项作业的直接目的是要提高劳动生产率。

（二）包装的标准化

1. 包装材料标准化

商品包装材料应该尽量选择标准材料，少用或不用非标准材料，以保证材料质量及来源的稳定。要经常了解新材料的发展情况，结合企业生产的需要，要有选择地采用。

包装材料主要有纸张、金属、木材、玻璃、塑料、纤维织物等。对这几大类包装材料的强度、耐破程度、伸长每平方米重量、水分等技术指标应做标准规定，以保证包装材料制成容器之后能够承受流通过程中各种损害商品的外力及其他条件。

2. 包装容器标准化

因为包装容器的外形尺寸与运输车辆的内部尺寸和包装商品所占的有效仓库容积有关，所以应对包装外形尺寸做严格规定。运输包装的内尺寸与商品中包装的外尺寸也有类似的关系，因此对运输包装的内尺寸与商品中包装的外尺寸也应做严格规定。为了节约包装材料和便于搬运、堆码，一般情况下，包装容器的长与宽之比为3∶2，高与长相等。

3. 包装工艺标准化

凡是包装箱、桶等，都必须规定内装商品数量、排列顺序、合适的衬垫材料，并且防止包装箱、桶内空隙太大、商品移动。木质包装箱，必须规定箱板的木质、装箱钉子的规格、箱板的厚度、相邻钉子距离、包角的技术要求，钉子不得钉在夹缝里等。纸箱必须规定封口方法、腰箍材料、腰箍的松紧度及牢固度等。布包装则要规定针距及捆绳的松紧度等。回收再用的木箱、纸箱及其他包装箱也都必须制定标准。

4. 装卸作业标准化

在车站、港口、码头、仓库等处装卸货物的时候，都要制定装卸作业标准，要做好文明操作。机械化装卸主要根据商品包装的特点选用合适的机具，如集装箱、托盘等。工业、交通运输、商业部门交接货物时，需要实行验收责任制，做到责任分明。

5. 集合包装标准化

集合包装既适用于机械化装卸，又能保护商品安全。我国集合包装近几年有较快的发展，并且制定了部分国家标准，其中，20吨以上的集装箱采用国际标准。托盘的标准与集装箱的标准规定的尺寸相配套。

第二节　流通加工管理

一、流通加工的概念及功能

1. 流通加工的概念

流通加工是在物品从生产领域向消费领域流动的过程之中，为促进销售、维护产品质量和提高物流效率，对物品进行加工，使物品发生物理、化学或形状的变化。流通加工就是流通中的一种特殊形式。

它的重要职能是将生产及消费（或者再生产）联系起来，起"桥梁和纽带"作用，完成商品所有权和实物形态的转移。

流通与流通对象的关系，一般不是改变其形态而创造价值，而是保持流通对象的已有形态，完成空间的转移，以实现其"时间效用"及"场所效用"。流通加工则与此有较大的区别，总体来说，流通加工在流通中，仍然与流通总体一样起"桥梁和纽带"作用。然而它却不是通过"保护"流通对象的原有形态而实现这一作用的，它与生产一样，是通过改变或者完善流通对象的原有形态来实现"桥梁和纽带"作用的。

流通加工与一般的生产型加工在加工方法、加工组织、生产管理方面并且无显著区别，但在加工对象、加工程度方面差别较大。

（1）流通加工的对象是商品，具有商品的属性而生产加工对象并不是最终产品，而是原材料、零配件、半成品，以此来区别多环节生产加工中的一环。

（2）流通加工在加工程度上大多数是简单加工，而不是复杂加工。一般来说，如果必须进行复杂加工才能形成人们所需的商品，那么，这种复杂加工应专门设立生产加工过程，生产过程理应完成大部分加工活动。流通加工对于生产加工则是一种辅助及补充，尤其需要指出的是，流通加工绝不是对生产加工的取消或代替。

（3）从价值观点看，生产加工的目的在于创造价值及使用价值，而流通加工的目的则在于完善其使用价值并在不做大改变的情况下提高价值。

（4）流通加工的组织者是从事流通工作的人，能够密切结合流通的需要进行这种加工活动，从加工单位来看，流通加工由商业或者物资流通企业完成，而生产加工则由生产企业完成。

（5）商品生产是为交换和消费而生产的，流通加工的一个重要目的是，为消费（或者再生产）所进行的加工，这一点和商品生产有共同之处。但是流通加工也有时是以自身流通为目的，纯粹是为流通创造条件，这种为流通所进行的加工和直接为消费进行的加工从目的来讲是有差别的，这又是流通加工不同于一般生产的特别之处。

2. 流通加工的功能

流通加工的功能是在物品从生产领域向消费领域流动的过程之中，为了促进产品销售、维护产品质量以及实现物流效率化，对物品进行加工处理，使物品发生物理或者化学变化的功能。这种在流通过程中对商品进一步的辅助性加工，可以弥补企业、物资部门、商业部门生产过程中加工程度的不足，更有效地满足用户的需求，更好地衔接生产以及需求环节，使流通过程更加合理化，是物流活动中的一项十分重要的增值服务，也是现代物流发展的一个非常重要的趋势。

案例思考

食品的流通加工

食品流通加工的类型很多。只要留意超市里的货柜就可以看出,那里摆放的各类洗净的蔬菜、水果、肉类、鸡翅、香肠、咸菜等都是流通加工的结果,这些商品的分类、清洗、贴商标和条形码、包装、装袋等在摆进货柜之前就进行了加工作业。这些流通加工都不是在产地完成的,而是脱离了生产领域,进入流通领域。食品流通加工的具体项目主要有如下几种:

1. 冷冻加工

冷冻加工是指为了保鲜而进行的流通加工。例如,为了解决鲜肉、鲜鱼在流通中保鲜及装卸搬运的问题,采取低温冻结方式加工。这种加工方式也用于某些液体商品、药品等。

2. 分选加工

分选加工是指为了提高物流效率而进行的对蔬菜和水果的加工,如去除多余的根叶等。农副产品的规格、质量差别情况较大,为获得一定规格的产品,采取人工或机械分选方式进行加工。这种加工方式广泛用于果类、瓜类、谷物、棉毛原料等。

3. 精制加工

农、牧、副、渔等产品的精制加工是在产地或销售地设置加工点,去除无用部分,甚至可以进行切分、洗净、分装等加工,分类销售。这种加工方式不但大大方便了购买者,而且还可以对加工过程中的淘汰物进行综合利用。比如,鱼类的精制加工所剔除的内脏可以制成某些药物或用作饲料,鱼鳞可以制成高级黏合剂,头尾可以制成鱼粉等;蔬菜的加工剩余物可以制成饲料、肥料等。

4. 分装加工

许多生鲜食品零售起点较小,而为了保证高效输送出厂,包装一般比较大,也有一些是采用集装运输方式运达销售地区。这样为了便于销售,在销售地区按所要求的零售起点进行新的包装,即大包装改小包装,散装改小包装,运输包装改销售包装,以满足消费者对不同包装规格的需求,从而达到促销的目的。

此外,半成品加工、快餐食品加工也成为流通加工的组成部分。这种加工方式降低了运输等物流成本,保护了商品质量,增加了商品的附加价值。如葡萄酒是液体,从产地将原液运至消费地配制、装瓶、贴商标、包装后出售,既可以节约运费又安全保险,以较低的成本,卖出较高的价格,附加值大幅度增加。

(案例来源:http://blog.sina.com.cn/s/blog_696a176c0101e07x.html)

案例思考:
1. 对食品进行流通加工,其作用体现在哪些方面?
2. 与生产加工相比,流通加工有何特点?

二、流通加工的地位与作用

(一)流通加工的地位

1. 流通加工有效地完善了流通

流通加工在实现时间与场所这两个十分重要的效用方面,确实不能与运输和储存相比,所以,不能认为流通加工是物流的主要功能要素。流通加工的普遍性也不能和运输、储存相比,流通加工不是所有物流中必然出现的。但这绝不是说流通加工不很重要,实际上它也是不可轻视的,是起着补充、完善、提高、增强作用的功能要素,能够起到运输、储存等其他功能要素无法起到的作用。因此,流通加工的地位可以描述为提高物流水平,促进流通向现代化发展的不可或缺的环节。

2. 流通加工是物流中十分重要的利润源

流通加工是一种低投入、高产出的加工方式,往往是以简单加工解决大问题。实践证明,有的流通加工就是通过改变装潢使商品档次跃升而充分实现其价值,有的流通加工把产品利用率一下子提高20%~50%,这是选择一般方法提高生产率所难以企及的。根据我国近些年的具体实践,流通加工为流通企业提供的一点利润,其成效并不亚于从运输及储存中挖掘的利润,是物流中十分重要的利润源。

3. 流通加工在国民经济中也是非常重要的加工方式

在整个国民经济的组织及运行方面,流通加工是其中一种重要的加工方式,对推动国民经济的发展和完善国民经济的产业结构及生产分工有一定的意义。

(二)流通加工的作用

1. 进行初级加工,方便用户

用量小或者临时需要某些产品的使用单位,缺乏进行高效率初级加工的能力,依靠流通加工可以使得使用单位省去进行初级加工的投资、设备及人力,进而搞活供应,方便了用户。

目前发展较快的初级加工有:把水泥加工成生混凝土、将原木或板方材加工成门窗、冷拉钢筋及冲制异形零件、整形、钢板预处理、打孔等加工。

2. 提高原材料利用率

利用流通加工环节进行集中下料,把生产厂运来的简单规格产品,按使用部门的要求进行加工。例如,将钢板进行剪板、切裁;将钢筋或圆钢裁制成毛坯;将木材加工成各种长度以及大小的板材、方材等。集中下料可以小材大用、优材优用、合理套裁,有很好的技术经济效益。

济南、北京、丹东等城市对于平板玻璃进行流通加工(集中裁制、开片供应),玻璃利用率从60%左右提高到85%~95%。

3. 提高加工效率及设备利用率

由于建立集中加工点,可以采用效率高、技术先进、加工量大的专门机具及设备,从而提高加工效率及设备利用率。

三、流通加工的类型

根据不同的目的,流通加工可分为以下不同的类型:

1. 为方便消费、省力的流通加工

根据下游生产的需要将商品加工成生产直接可用的状态。例如,根据需要将钢材定尺、定型,按要求下料;把木材制成可直接投入使用的各种型材;把水泥制成混凝土拌合料,使用时只需稍加搅拌即可使用等。

2. 为适应多样化需要的流通加工

生产部门为了实现高效率、大批量的生产,其产品往往不能够完全满足用户的要求。这样,为了满足用户对于产品多样化的需要,同时又要保证高效率的大生产,可把生产出来的单一化、标准化的产品进行多样化的改制加工。例如,对钢材卷板的舒展、剪切加工;对平板玻璃按照需要的规格开片加工;将木材改制成枕木、板材、方材等。

3. 为保护产品所进行的流通加工

在物流过程中,为了保护商品的使用价值,延长商品在生产以及使用期间的寿命,防止商品在运输、储存、装卸、搬运、包装等过程中遭受损失,可以采取稳固、改装、保鲜、冷冻、涂油等方式。例如,水产品、肉类、蛋类的保鲜、保质的冷冻加工、防腐加工等;麻、丝、棉织品的防虫、防霉加工等。又如,为防止金属材料的锈蚀而进行的喷漆、涂防锈油等措施,使用手工、机械或化学方法除锈;煤炭的防高温自燃加工;木材的防腐朽、防干裂加工;水泥的防潮、防湿加工等。

4. 为弥补生产领域加工不足的流通加工

由于受到各种因素的限制,很多产品在生产领域的加工只能进行到一定程度,并不能完全实现终极加工。例如,木材如果在产地完成成材加工或者制成木制品,就会给运输带来极大的困难,因此,在产地只能加工成圆木、方材、板材,进一步的下料、切裁、处理等加工就由流通加工完成;钢铁厂大规模的生产只能按照既定规格生产,以使产品有较强的通用性,从而使得生产能有较高的效率,获得较好的效益。

5. 为提高加工效率的流通加工

很多生产企业的初级加工因为数量有限,加工效率不高。而流通加工以集中加工的形式,解决了单一企业加工效率不高的弊病。它以一家流通加工企业的集中加工替代了若干家生产企业的初级加工,有助于生产效率的提高。

6. 为促进销售的流通加工

流通加工也可以起到促进销售的作用。例如,将过大包装或者散装物分装成适合一次销售的小包装的分装加工;把以保护商品为主的运输包装改换成以促进销售为主的销售包装,起到吸引消费者、促进销售的作用;把蔬菜、肉类洗净切块以满足消费者要求等。

7. 为衔接不同运输方式,使物流更加合理的流通加工

在干线运输以及支线运输的节点设置流通加工环节,可以有效解决低成本、大批量、长距离的干线运输与多品种、少批量、多批次的末端运输以及集货、运输之间的衔接问题。在流通加工点与大生产企业之间形成定点、大批量运输的渠道,以流通加工中心为核心,组织对多个用户的配送,也可以在流通加工点把运输包装转换为销售包装,从而有效衔接不同目的的运输方式。例如,散装水泥中转仓库时把散装水泥装袋、大规模散装水泥转化为小规模散装水泥的流通加工,就衔接了水泥厂大批量运输以及工地小批量装运的需要。

8. 为提高物流效率,降低物流损失的流通加工

一些商品本身的形态使之难以进行物流操作,而且商品在运输、装卸搬运过程中极易受损,需要进行适当的流通加工加以保护,进而使物流各环节易于操作,提高物流效率,降低物流损失。例如,造纸用木材磨成木屑的流通加工,可以最大化地提高运输工具的装载效率;自行车在消费地区的装配加工可以提高运输效率,降低损失;石油气的液化加工,使得很难输送的气态物转变为比较容易输送的液态物,提高了物流效率。

9. 为实施配送进行的流通加工

为实施配送进行的流通加工是配送中心为了实现配送活动,满足客户的需要而对物资进行的加工。例如,混凝土搅拌车可以根据客户的要求,把沙子、石子、水泥、水等各种不同的原材料按比例要求装入可旋转的罐中,在配送路途中,搅拌车边行驶边搅拌,到达施工现场之后,混凝土已经均匀搅拌好,可以直接投入使用。

10. 生产—流通一体化的流通加工

生产—流通一体化的流通加工是依靠生产企业及流通企业的联合，或者生产企业涉足流通，或流通企业涉足生产，形成的对生产与流通加工进行合理规划、合理分工、合理组织，统筹进行生产与流通加工的安排。这种加工方式可以促成产品结构以及产业结构的调整，充分发挥企业集团的经济技术优势，是目前流通加工领域的新形式。

四、流通加工的合理化

流通加工的合理化是实现流通加工的最优配置，也是对是否设置流通加工环节、在什么地方设置、选择什么类型的加工、采用什么样的技术装备等问题做出的正确选择。这样做不仅要避免各种不合理的流通加工方式，而且要达到最优。

（一）实现流通加工合理化的途径

1. 加工和配套结合

"配套"是指对使用上有联系的用品集合成套供应给用户使用，如方便食品的配套。当然，配套的主体来自各个生产企业，如方便食品中的方便面，就是由生产企业配套生产的。但有的配套不能由某个生产企业全部完成，如方便食品中的盘菜、汤料等。这样一来，在物流企业进行适当的流通加工，可以非常有效地促成配套，大大提高流通作为供需桥梁与纽带的能力。

2. 加工和配送结合

加工和配送结合是把流通加工设置在配送点之中。一方面按照配送的需要进行加工，另一方面加工又是配送作业流程中分货、拣货、配货的非常重要一环，加工后的产品直接投入配货作业，这就不需要单独设置一个加工的中间环节，而使流通加工与中转流通巧妙地结合在一起。与此同时，由于配送之前有必要的加工，可以使配送服务水平大大提高，这是目前合理选择流通加工的重要形式，在水泥、煤炭等产品的流通中已经表现出较大的优势。

3. 加工和合理商流结合

流通加工也能起到促进销售的作用，从而使商流合理化，这也正是流通加工合理化的方向之一。加工和配送相结合，通过流通加工，提高了配送水平，促进了销售，使加工与商流合理结合。除此之外，通过简单地改变包装加工形成方便的购买量，通过组装加工消除用户使用前进行组装、调试的繁难工作，都是有效促进商流的很好例证。

4. 加工和合理运输结合

流通加工能有效衔接干线运输以及支线运输，促进两种运输形式的合理化。利用流通加工，在支线运输转干线运输或者干线运输转支线运输等这些必须停顿的环节，不进行一般的支转干或者干转支，而是按干线或支线运输的合理要求进行适当加工，从而大大提高运输以及运输转载效率。

5. 加工和节约结合

节约能源、节约人力、节约设备、减少耗费是流通加工合理化重要的考虑因素，也是目前我国设置流通加工并且考虑其合理化的普遍形式。

对于流通加工合理化的最终判断，要看其是否能够实现社会以及企业本身的两个效益，而且是否取得了最优效益。流通企业更应该树立社会效益第一的观念，以实现产品生产的最终利益为原则，只有在生产流通过程中不断补充、完善为己任的前提下才有生存的价值。如果只是为了追求企业的局部效益，不适当地进行加工，甚至与生产企业争利，这就有悖于流通加工的初衷，或者其本身已经不属于流通加工的范畴。

(二) 避免不合理的流通加工方式

1. 流通加工地点设置不合理

流通加工地点设置（布局状况）是决定整个流通加工是否有效的重要因素。一般来讲，为衔接单品种大批量生产同多样化需求的流通加工，加工地点设置在需求地区，才能实现大批量的干线运输与多品种末端配送的物流优势。如果把流通加工地设置在生产地区，一方面，为了满足用户多样化的需求，就会出现多品种、小批量的产品由产地向需求地的长距离运输；另一方面，在生产地增加了一个加工环节，也会增加近距离运输、保管、装卸等一系列物流活动。在这种情况下，不如由原生产单位完成这种加工而不需设置专门的流通加工环节。

一般来讲，为方便物流的流通加工环节应该设置在产出地，设置在进入社会物流之前。如果把其设置在物流之后，即设置在消费地，则不但不能够解决物流问题，又会在流通中增加中转环节，也是不合理的。

即使是产地或者需求地设置流通加工的选择是正确的，还有流通加工在小地域范围之内的正确选址问题。如果处理不善，仍然会出现不合理。例如，交通不便，流通加工与生产企业或者用户之间距离较远，加工点周围的社会环境条件不好等。

2. 流通加工作用不大，形成多余环节

有的流通加工过于简单，或者对生产以及消费的作用不大，甚至有时由于流通加工的盲目性，同样不能解决规格、品种、包装等问题，却增加了作业环节，这也是流通加工不合理的十分重要表现形式。

3. 流通加工方式选择不当

流通加工方式主要包括流通加工对象、流通加工技术、流通加工工艺、流通加工程度等。流通加工方式的确定实际上是生产加工的合理分工。分工不合理，将本来应由生产加工环节完成的作业错误地交给流通加工环节来完成，或者将本来应由流通加工环节完成的作业错误地交给生产加工环节去完成，均会造成不合理。

流通加工不是对生产加工的代替，而是一种补充和完善。一般来讲，如果工艺复杂，技术装备要求较高，或加工可以由生产过程环节延续或者轻易解决的，都不宜再设置流通加工环节。如果流通加工方式选择不当，就可能会出现与生产加工环节争利的恶果。

4. 流通加工成本过高，效益不好

流通加工的一个非常重要优势是它有较大的投入产出比，能有效地起到补充、完善的作用。如果流通加工成本过高，就不能实现以较低投入实现更高使用价值的目的，势必会影响它的经济效益。

第三节 装卸搬运

案例思考

上千万元的自动分拣系统为何成了摆设？

随着元旦、春节临近，大量的非标准信函、书写不规范信函以及夹寄物品的信函，使银川邮区中心局上千万元的自动分拣系统连续三年冬天成了摆设。

中心局分拣科员工不得不日夜加班进行手工分拣，确保所有信函能平安送到用户手中。他们呼吁，居民在投寄信函时使用国家规定的标准信封，这不仅能保证信函平安快速送达，而且还能大大减轻邮政系统操作人员的劳动强度。

2001年，我国开始全面推广标准信封，国家邮政局专门为全国200多个邮区中心局配备了自动分拣系统，大大提高了邮政系统的工作效率，减轻了操作人员的劳动强度，缩短了信函送达的时限。银川邮区中心局当年夏天也配备了每小时分拣3万件信函的自动分拣系统，价值超过1 000万元，仅调拨和安装费用就达75万元。可好景不长，广大市民在节日来临前，纷纷利用贺卡和信函向亲朋好友表示祝福，由于各种不同规格的贺卡、书写不规范的信封以及夹寄物品的信函，上了自动分拣系统后，有的被机器打坏了，有的被卡住导致机器无法工作，有的夹带了其他物品的信函甚至损坏了机器。分拣科员工为了将信函分清楚，只好用手工重新分类，结果是耗时、耗力又要重复劳动。

银川邮区中心局分拣科统计员鲁扬无奈地告诉记者，平时分拣科函件班日处理信函量一般为十一二万件，到了节日前夕，函件班日处理信函量就达到十五六万件，如果利用分拣系统，只需要四五个小时就能分拣完。但因为其中有50%左右的"问题信函"，分拣系统根本无法工作。每年冬天，银川邮区中心局自动信函分拣系统就成了摆设。

据分拣科函件班班长王金芳分析，问题信函主要有以下三种：一是信封不标准，有大有小。国家规定印制信封必须有省级邮政部门核发的准印证，可许多印刷厂为了牟利，无证印制不合标准的信封，一旦碰到自动信函分拣系统就出现问题。二是邮政编码书写不规范或者书写错误，自动信函分拣系统主要是通过识别编码将信函正确分类，碰到上述种类的信函也就束手无策。三是在信函中夹寄物品，许多消费者尤其是学生，经常在信函中夹寄"幸运心"和手链等礼物，碰到自动信函分拣系统就被打坏了。

（案例来源：http://news.sina.com.cn/o/2004-12-27/18014642271s.shtml）

案例思考：
自动分拣系统为何成了摆设？在进行设施设备选择时应考虑哪些因素？

一、装卸搬运的含义及其作业的分类

（一）装卸搬运的含义

物流系统各个环节的先后或者同一环节的不同活动之间，都必须进行装卸搬运作业。例如，运输、储存、包装等都要有装卸搬运作业配合才能进行，待运出的物品要装上车才能运走，到达目的地后，要卸下车才能入库等。可见，装卸搬运是物料的不同运动（包括相对静止）阶段之间相互转换的桥梁，正是因为有了装卸搬运作业才能把物料运动的各个阶段连接成为连续的"流"，使物流的概念名实相副。

装卸搬运是指在同一地域范围内进行的，以改变物品的存放状态和空间位置为主要内容及目的的活动。一般情况下，物品存放的状态和空间位置是密切相连、不可分割的，因此，人们常常用"装卸"或者"搬运"来代替装卸搬运的完整意义。在流通领域里，把装卸搬运活动称为"货物装卸"，而在生产领域就称为"物料搬运"。在整个物流作业中，如果强调存放状态改变，一般用"装卸"一词来反映；如果强调空间位置改变，通常用"搬运"一词反映。

装卸搬运作业在整个物流过程中占有十分重要的位置。一方面，物流过程各环节之间的衔接，以及同一环节的不同作业之间的联系，都依靠装卸作业把它们有机地结合起来，从而使物品在各环节、各种活动中处于连续运动或流动中；另一方面，各种不同的运输方式之所以能联合运输，也是因为装卸搬运作业才使其形成的。在生产领域中，装卸搬运作业已经成为生产过程中不可缺少的组成部分，成为直接生产的保障系统，从而形成装卸搬运系统。

（二）装卸搬运作业的分类

1. 按采用的物流设施、设备对象分类

装卸搬运以物流设施、设备对象分类可分为铁路装卸、汽车装卸、港口装卸、仓库装卸等。

（1）铁路装卸。对火车车皮的装进及卸出，特点是一次作业需实现一整车皮的装进或卸出，很少有像仓库装卸时出现的整装零卸或零装整卸的情况。

（2）汽车装卸一般一次装卸批量不大，因为汽车的灵活性，可以减少或根本消除搬运活动，而直接、单纯利用装卸作业达到车和物流设施之间货物转移的目的。

（3）港口装卸。既包括码头前沿的装船，也包括后方的支持性装卸搬运，有的港口装卸还采用小船在码头与大船之间"过驳"的办法，所以其装卸的流程较为复杂，往往经过几次的装卸及搬运作业后才能最后实现船与陆地之间货物转移的目的。

（4）仓库装卸。配合出库、入库、维护保养等活动来进行，并且以堆垛、上架、取货等操作为主。

2. 按装卸搬运的机械及机械作业方式分类

装卸搬运以机械及机械作业方式分类可划分成使用吊车的吊上吊下方式，使用叉车的叉上叉下方式，使用半挂车或者叉车的滚上滚下方式、移上移下方式以及散装方式等。

（1）吊上吊下方式。采用各种起重机械从货物上部起吊，依靠起吊装置的垂直移动实现装卸，并且在吊车运行或回转的范围内实现搬运或者依靠搬运车辆实现小规模搬运。由于吊起及放下属于垂直运动，这种装卸方式属于垂直装卸方式。

（2）叉上叉下方式。采用叉车从货物底部托起货物，并且依靠叉车的运动进行货物位移，搬运完全靠叉车本身，货物可以不经中途落地直接放置到目的地。这种方式垂直运动不大而主要是水平运动，属于水平装卸方式。

（3）滚上滚下方式。港口装卸的一种水平装卸方式，利用叉车或半挂车、汽车承载货物，将货物连同车辆一起开上船，到达目的地卸货之后再从船上开下。利用叉车的滚上滚下方式，在船上卸货后，叉车必须离船；利用半挂车、平车或汽车，在拖车将半挂车、平车拖拉到船上后，拖车先离船而载货车辆连同货物一起运到目的地，再原车离船或者拖车上船拖拉半挂车、平车开下船。这种方式需要有专门的船舶，对于码头也有不同要求，这种专门的船舶称为"滚装船"。

（4）移上移下方式。两车之间（如火车及汽车）进行靠接，然后利用各种方式，不使货物垂直运动，而靠水平移动从一车辆推移到另一车辆上。这种方式需要两种车辆水平靠接，所以，需对站台或车辆货台进行改造，并且配合移动工具实现这种装卸。

（5）散装方式。对于散装货物进行装卸。一般从装点到卸点，中间不再落地，这是集装卸与搬运于一体的装卸方式。

3. 按作业场所分类

（1）铁路装卸。铁路装卸是指在铁路车站进行的装卸搬运作业，包括汽车在铁路货物以及站旁的装卸作业，铁路仓库和理货场的堆码拆取、分拣、配货、中转作业，铁路车辆在货场以及站台的装卸作业，装卸时进行的加固作业，以及清扫车辆、移动车辆、揭盖篷布、检斤计量等辅助作业。

（2）港口装卸。港口装卸是指在港口进行的各种装卸搬运作业，包括码头前沿的装卸船作业，前沿和后方间的搬运作业，港口仓库的堆垛拆垛作业，分拣理货作业，港口理货场的堆取运转作业，后方的铁路车辆和汽车的装卸作业，以及清舱、平舱、配料、计量、扫车、分装、取样等辅助作业。

(3) 场库装卸。场库装卸是指在货主处进行的装卸搬运作业，即铁路车辆和汽车在厂矿或者储运业的仓库、理货场、集散点等处所进行的装卸搬运作业。

4. 按装卸搬运作业的特点分类

(1) 堆垛拆垛作业。堆垛拆垛作业又称堆码取拆作业，它主要包括堆放作业、拆垛作业、高垛作业和高垛取货作业。按场地不同，又可分为车厢、船舱内、仓库内以及理货场的堆垛拆垛作业。

(2) 分拣配货作业。把货物按品种、到站、货主等不同特征进行分类的作业，并且按照去向、品类构成等一定的原则，将已分类的货场集合车辆、集装箱、汽车、托盘等装货单元的作业。

(3) 搬运移动作业。为了进行上述各项作业而发生的，以进行这些作业为主要目的的搬运移动作业。主要包括水平、垂直、斜行等几种搬运移动作业以及由这几种形式所集成为一体的作业，显然属于改变空间位置的作业。

5. 按装卸搬运物品的属性分类

(1) 超大超重物品的装卸搬运。在流通过程中，所谓的超大超重物品，一般是根据人力可以方便装卸搬运的质量以及体积来制定标准的。例如，单件物品的质量超过50千克，或者单件物品体积超过0.5立方米，都可以算作超大超重物品。

(2) 成件包装物品的装卸搬运。有一些物品虽然不需要包装，但是为了方便装卸搬运作业，需要经过临时捆扎或者装箱，从而形成装卸搬运单元。对这些装卸搬运单元的装卸搬运作业，称为成件包装物品的装卸搬运。

(3) 危险品的装卸搬运。危险品指的是化工产品、压缩气体、易燃易爆物品。这些物品在装卸搬运过程中有特殊的安全要求，如果装卸搬运不慎，随时都有发生重大事故的危险。所以对危险品的装卸搬运作业有特殊要求，严格操作程序，确保装卸搬运作业的安全。

(4) 流体物品的装卸搬运。流体物品指的是气态或液态物品。如果对这些气体、液体物品经过包装，把其盛装在一定的容器内，如瓶装、桶装，即形成成件包装物品，如果对于这些物品采取罐装车形式，则需要采用相应的装卸搬运作业。

(5) 散装物品的装卸搬运。散装货物本身是在物流过程中处于无固定的形态，如煤炭、水泥、粮食等，所以，对这些散装物品的装卸搬运可以进行连续装卸搬运作业，也可以运用装卸搬运单元技术进行装卸搬运。

二、装卸搬运的基本原则

装卸搬运活动是伴随物流过程其他各环节的一项活动，随着社会经济的进一步发展，生产的社会化以及专业化程度的不断提高，人们已经开始意识到装卸搬运在社会再生产过程的重要性。人们经过长期的生产实践，不断归纳经验，探索装卸搬运作业的规律，归纳出了装卸搬运的基本原则，这对于提高物流系统整体效用具有十分重要的作用。

1. 减少环节，装卸程序化

装卸搬运活动本身并不会增加货物的价值和使用价值，却因增加了货物损坏的可能性而提高了成本。首先应从研究装卸搬运的功能出发，分析各项装卸搬运作业环节的必要性，尽可能地取消、合并装卸搬运作业的环节和次数，消灭重复无效、可有可无的装卸搬运作业。例如，车辆不经换装直接过境、大型发货点铺设专用线、门到门的集装箱联运等，都可以大幅度减少装卸环节及次数。

必须进行的装卸搬运作业，应尽量做到不间断、不停顿。工序之间要紧密衔接，作业路径应当最短以及直行，消灭迂回和交叉，要按流水线形式组织装卸作业。例如，铁路车辆的装卸，可以组织1~2条流水线；船舶的装卸，根据吨位的大小，开一到多条流水线作业。装卸搬运作业流程尽量简化，作业过程中不要移船、调车，以免干扰装卸作业的正常进行。必须进行换装作业的，尽量不让货物落地，直接换装，以减少装卸次数，简化装卸程序。

2. 文明装卸，运营科学化

杜绝"野蛮装卸"是文明装卸的重要标志。在装卸搬运作业中，需要采取措施保证货物完好无损，保障作业人员的人身安全，坚持文明装卸。与此同时，不因装卸搬运作业而损坏装卸搬运设备和设施、运载设备和设施、储存设备和设施等。

由于装卸搬运作业会造成各种环境污染，因此，应采取措施使其污染限制在有关标准的范围内；各种装卸搬运作业一定要按照作业要求，缓起轻放，不碰不撞；堆码定型化，重不压轻，货物标志面放置在外；通道以及作业场地的各种号码标志要明显；设备安全装置和安全标示要齐全、有效；装卸搬运职工按照劳动保护要求，配备整洁美观的工作服装，体力劳动、脑力劳动强度以及负荷都应控制在人体生理允许的范围内，并在组织装卸搬运作业时，其作业环境的色调、温湿度、光线、卫生状况等要符合人体工程学、劳动心理学的科学原理。

装卸搬运设备和设施的负荷率和繁忙程度要合理，应控制在设计的范围之内，严禁超载运转；能源消耗以及成本要达到合理甚至先进的水平；设备和设施采用科学的综合管理以及预修保养制度；按照经济合理的原则，确定设备和设施的寿命周期，及时更新改造，设备设施都应要有合理的储备能力，留有发展的潜力。改变装卸搬运只是一种简单的体力劳动的过时观念，积极推行全面质量管理等现代化管理方法，使得装卸搬运作业的运营组织工作从经验上升到科学管理阶段。

3. 集中作业，集装散装化

集中作业是指在流通过程中，按照经济合理原则，适当集中货物，使其作业量达到一定的规模，为实现装卸搬运作业机械化、自动化创造条件。只要条件允许，流通过程中的装载点和卸载点应当尽量集中；在货场内部，同一类货物的作业会尽可能集中，建立相应的专业协作区、专业码头区或专业装卸线；一条作业线能够满足车船装卸作业平时指标，就不采取低效的多条作业线方案；在铁路运输中，关闭业务量很小的中间小站的货运装卸作业，建立厂矿、仓库共用专用线等，都需要采用集中作业的措施。

成件货物集装化作业，粮谷、糖、水泥、化肥、盐、化工原料等粉粒状货物散装化作业，是装卸搬运作业的两大发展方向。实际上，集装化以及散装化也是一种集中作业形式，可以把小件集中为大件，提高装卸作业效率。因此，各种成件货物应尽可能集装成集装箱、货捆、托盘、网袋等货物单元，然后装卸搬运；各种粉粒状货物应该尽可能散装入专用车、船、库，以提高装卸搬运效果。

4. 省力节能，努力促"活化"

节约劳动力，降低能源消耗，是装卸搬运作业的最基本要求。作业场地应尽量坚实平坦，这对节省劳力以及减少能耗都能起到积极的作用；在满足作业要求的前提下，货物净重和货物单元毛重之比应尽量接近，以减少无效劳动；尽量采取水平装卸搬运以及滚动装卸搬运方法，达到省力化。

提高货物装卸搬运的灵活性，这也是对装卸搬运作业提出的基本要求。装卸搬运作业的灵活性是指货物的存放状态对于装卸搬运作业的方便难易程度，也称为货物的"活性"。在物流过程中，对货物活性进行度量，通常用"活性指数"，它表明货物装卸搬运的方便程度。作业之中

第七章　包装、流通加工与装卸搬运

的某一步作业比它前一步作业的活性指数高的情形，也就是该项作业比它前一项作业更便于装卸搬运的状况，称为"活化"。所以，对装卸搬运作业的设计，应使货物的活性指数逐步增加，这也是要努力促"活化"的基本含义。货物的活性指数如表7-1所示。

表7-1　货物的活性指数

货物的存放状态	活性指数	货物的存放状态	活性指数
散放	0	存放于全国流通的各种集装器具中	3
预垫、易索或置于企业内部使用的各种集装器具中	1	全国流通的各种集装器具置于运输工具中	4
存放于行业范围内流通的各种集装器具中	2		

物料的活性指数如表7-2所示。

表7-2　物料的活性指数

物料的存放状态	活性指数	物料的存放状态	活性指数
散放	0	装载	3
集袋	1	移动	4
支垫	2		

5. 兼顾协调，通用标准化

装卸搬运作业既涉及物流过程的其他各环节，又涉及它本身的作业过程各工序、各工步以及装卸搬运系统各要素。所以，装卸搬运作业同其他物流活动之间，装卸搬运作业本身各工序、各工步之间，以及装、卸、搬、运之间与系统内部各要素之间，都必须相互兼顾、协调统一，这样才能发挥装卸搬运系统的整体功能。例如，铁路车站在实践中总结的"进货为装车做准备，卸车为出货做准备，装车为卸车做准备"的作业原则，正是这种兼顾协调原则的体现及应用。

标准化最简洁的解释是对于重复事物和概念通过判定、发布标准，达到统一，以获得最佳的秩序及社会效益。标准化往往与系列化、通用化相联系。装卸搬运标准化是对装卸搬运的装备、设施、作业、货物单元等所制定、发布的统一标准。装卸搬运标准化对于促进装卸搬运合理化起着十分重要的作用，它又是实现装卸搬运作业现代化的前提条件。

6. 巧装满载，安全效率化

装载作业一般是运输及存储的前奏。运载工具满载和库容的充分利用是提高运输、存储效益及效率的主要因素之一，在运量大于运能、储量大于库容的情况下尤为重要。装卸搬运时，要根据货物的轻重、形状、大小、物理化学性质，以及货物的去向、存放期限、车船库的形式等，采用合适的装卸方式，巧妙配装，使运载工具满载，库容得到充分利用，以提高运输、存储效益及效率。

装载作业完成之后，要么运输要么储存。为了保证运输储存的安全，在装载时要采取一定的方法来保持货物稳固，以克服运输或储存过程中产生的各种外力的破坏作用，如纵向、横向、垂直惯性力和风力、重力、摩擦力等。

运输工具、仓库地面、集装工具、货架等既要求满载，以提高其利用率和效率，又要求所承载能力在一定的限制之下，并采取一定的方法，使得装货荷载均匀地分布在承受的载面上，这样可以保证运输、装卸搬运设备和仓储设施的安全，并能够达到提高使用寿命的目的。

三、装卸搬运的合理化

装卸搬运除了遵循以上基本原则外，还要求搬运的合理化。事实上，装卸搬运的基本原则是装卸搬运合理化经验的总结，也是合理化的基本要求。所以，装卸搬运的合理化，首先必须坚持装卸搬运的基本原则，其次要按照装卸搬运合理化的要求，进行装卸搬运作业。装卸搬运合理化的内容包括以下几方面：

1. 提高货物装卸搬运的灵活性与可运性

提高货物装卸搬运的灵活性与可运性是装卸搬运合理化的一项重要内容。在装卸搬运的基本原则中有装卸搬运的灵活性问题，即要求装卸搬运作业必须为下一环节的物流活动提供方便（"活化"）。不断提高活化程度是装卸搬运灵活性的重要标志。

装卸搬运的可运性是指装卸搬运的难易程度。影响装卸搬运难易程度的因素主要有：物品的外形尺寸；物品的密度或笨重程度；物品形状；损伤物品、设备或者人员的可能性；物品所处的状态；物品的价值及使用价值等。装卸搬运物品的可运性可以用物品的马格数值的大小来量度。所谓"1个马格"，是指可以方便地拿在一只手中，相当密实，形状紧凑并且可以码垛，不易损伤，以及相当清洁、坚固、稳定的物品。1马格物品中最为经典的例子是，一块经过粗加工的164立方厘米大小的干燥木料。如果10件同一种物品就可以方便地拿在一只手中，则每一物品为1/10马格。不断降低马格数值，就意味着物品不断提高了可运性。所以，采取措施降低马格数，是提高装卸搬运可运性的十分重要标志，也是装卸搬运和理化的重要标志之一。

2. 利用重力作用，减少能量消耗

在装卸搬运的时候应尽可能消除货物重力的不利影响，与此同时，尽可能利用重力进行装卸搬运，以减轻劳动力及其他能量的消耗。消除重力影响的简单例子是，在进行人力装卸的时候"持物不步行"，即货物的重量由台车、传送带等承担，人的力量只能用于使载货车辆水平移动。利用重力装卸的实例很多，如把槽动力的小型传送带倾斜安装在货车、载货汽车或者站台上进行货物装卸，使得货物依靠本身的重量完成装卸搬运作业。

3. 合理选择装卸搬运方式

在装卸搬运过程中，必须根据货物的种类、形状、性质、重量来确定装卸搬运方式。在装卸时对货物的处理大体上有三种方式：一是"分块处理"，即按普通包装对于货物逐个进行装卸；二是"散装处理"，即对粉粒状货物不加小包装而进行的原样装卸；三是"单元组合处理"，即货物以托盘、集装箱为单位进行组合后的装卸。实现单元组合，就可以充分利用机械进行操作。其优点是：操作单位大，作业效率高；能够提高物流"活性"；操作单位大小一致，容易实现标准化；装卸不触及货物，对物品有保护作用。但是这种装卸搬运方式对所有货物并不是都适用。

4. 合理选择装卸搬运机械

合理选择装卸搬运机械是提高装卸搬运效率的重要环节。装卸机械化程度一般可以分为三个级别：第一级是用简单的装卸器具；第二级是使用专用的高效率机具；第三级是依靠计算机控制实行自动化、无人化操作。用哪一个级别为目标实现装卸机械化，不仅要从是否经济合理来考虑，而且还需要从加快物流速度、减轻劳动强度以及保证人与物的安全等方面来考虑。

装卸搬运机械的选择必须根据装卸搬运物品的性质来决定。对箱、袋或者集合包装的物品可以采用叉车、吊车、货车装卸，散装粉粒物品可以使用传送带装卸，散装液体物可以直接向装运设备或者储存设备装入。

5. 改进装卸搬运作业方法

装卸搬运是物流过程中重要的一环，合理分解装卸搬运活动，对于改进装卸搬运各项作业、提高装卸搬运效率有着重要的意义。例如，采用直线搬运，减少货物搬运次数，使得货物搬运距离最短；避免装卸搬运流程的"对流""迂回"现象；防止人力及装卸搬运设备的停滞现象，合理选用装卸机具、设备等。在改进作业方法上，尽量采用现代化管理方法及手段，如排队论、网络技术等，实现装卸搬运的连贯、顺畅、均衡。

6. 创建"复合终端"

近年来，工业发达国家为了对运输线路的终端进行装卸搬运合理化的改造，创建了所谓的"复合终端"，也就是对不同运输方式的终端装卸场所，集中建设不同的装卸设施。例如，在复合终端内集中设置水运港、汽车站场、铁路站场等，这样就可以合理配置装卸搬运机械，使得各种运输方式有机地联系起来。

"复合终端"的优点是：①由于各种装卸场所集中到复合终端，这样就可以共同利用各种装卸搬运设备，提高设备的利用率；②取消了各种运输工具之间的中转搬运，有利于加快物流的速度，减少装卸搬运活动所造成的货物损失；③减少了装卸搬运的次数，有利于物流系统功能的提高；④在复合终端内，可以利用大生产的优势进行技术改造，大大提高转运效率。

装卸搬运在某种意义上是运输、保管活动的辅助活动，所以，要特别重视从物流全过程来考虑装卸搬运的最优效果。如果单独从装卸搬运角度考虑问题，则限制了装卸搬运作业的改善，甚至容易与其他物流环节发生矛盾，影响物流系统功能的提高。

四、装卸搬运设备及其选择

（一）装卸搬运设备

装卸搬运设备是物流系统中使用频度最大、使用次数最多的一类机械设备。往往在一次运输过程中，至少需要四次装卸搬运活动，如果运输过程中还有中转、转运、储存、流通加工等活动，则会有更多的装卸搬运过程；在生产过程中，一个生产工艺过程往往由几十个物料搬运装卸过程组成，反复不断地进行装取、搬运、操作等。经常使用的装卸搬运设备有以下几种：

1. 手推车

手推车是最为传统、最早的一种搬运方式，加工便宜且具有机动性，使用较多。它适用地面较平坦且数量较少的搬运。按轮子数量来区分，手推车可分为单轮车、双轮车、三轮车、四轮车和六轮车五种。其中，以四轮车使用最多。按轮子的构造又可分为定轮和活动轮两种，所以有四轮全部固定的方式，也有二轮固定、二轮活动的方式的组合，还有四轮都是活动轮的组合。由于四轮全部固定的不容易拐弯，四轮全部活动的则不容易操作，因此二轮固定、二轮活动是最佳组合。手推车的重点在于车轮，车轮材料的好坏造成使用效果差异很大，如轮胎的材质有橡胶、塑胶及金属等，轴承则分转动轴承和套筒轴承。

2. 堆高机

堆高机也是使用最为普遍的搬运设备之一，搬运效率高，具有机动性。堆高机有以下几种类型：

（1）油压拖板车。介于手推车和堆高机之间的设备，只适合搬运量较少时使用，也只能用于一层的作业，且行走时必须要用人力拖拉，在物流中心的拣货过程中经常使用，见图7-11。

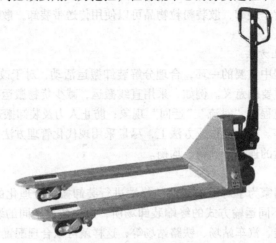

图7-11 油压拖板车

（2）电动拖板车。针对油压拖板车的不足加以改造，并增加电动力，操作方式和油压拖板车一样，只是不需要人力来拖拉，见图7-12。

（3）手动堆高机。在电动拖板车的基础之上加以改造，使其能够上下装卸货物，整个操作过程都是利用人工及油压的配合操作，见图7-13。

图7-12 电动拖板车

图7-13 手动堆高机

3. 叉车

叉车又称铲车，是物流领域最常用的具有装卸搬运双重功能的机械。叉车具有很强的通用性，在物流的所有领域都有所应用，与托盘配合使用时通用性更强。叉车具有装卸搬运的双重功能，也是装卸搬运一体化的设备，在实际运用中，装卸搬运两个操作合二为一，因此减少了一个物流环节，加快了作业速度。叉车的机动性强，活动范围比较大，在许多其他设备难以使用的领域都可以使用。另外，场外作业时，在缺乏作业条件的时候，采用叉车也很方便。

（1）平衡重式叉车。平衡重式叉车需要依靠车体及车载平衡，重块与起重的货物重量平衡，其特点是：为保持平衡因而自重大、轮距大、行走稳定、转弯半径大。平衡重式叉车有内燃机式及蓄电池式两种。平衡重式叉车主要是四轮车型，个别电动车有三轮型，依靠换装各种叉车附件就可以用来装卸搬运多种货物，起重能力范围十分广泛，见图7-14。

（2）前移式叉车。前移式叉车的结构特点是：车前部设有跨脚叉腿，跨脚前端装有支轮及车体的两轮形成四轮支撑，作业时，重心在四个轮的支撑面中，所以比较稳定。其门架或货叉可以前后移动，以便取货和卸货。前移式叉车车体较平衡重式叉车小，可减少通路宽度，因为没有平衡重量的问题，所以自重小。这种叉车主要靠电池驱动，行走速度较慢，轮子较小，对于地面的要求较高，主要用在室内仓库，节省通道面积，用于配送中心及工厂厂房内，在运行地域狭小之处最为适合选用，见图7-15。

图7-14 平衡重式叉车

图7-15 前移式叉车

（3）拣选式叉车。拣选式叉车的主要特点是：操作者能够随装卸装置一起在车上进行拣货作业，当叉车进行到某一货位之前，货叉取出货盘，操作人员将所需数量拣出，再把货盘放回。拣选式叉车适应拣货式配货使用，在少批量、多品种拣货作业的时候，这种叉车与高层货架配合，形成一种特定的拣选工艺，见图7-16。

（4）手动式叉车。手动式叉车没有动力源，由人工手推叉车，通过油压设备，手动油压柄起降货叉，这种叉车可以由工人一人通过人力操作，灵活机动，操作方便简单，价格便宜，从追求合理化的观点来看，在某些不需要大型机械的地方，可以广泛使用，如图7-17所示。

图7-16 拣选式叉车

图7-17 手动式叉车

（5）电动式人力叉车。这种叉车类似手动式叉车，也属于一种轻便型叉车。这种叉车以电动行驶及操作货叉，可以人步行随机操作，也可以用人力移动机器，如图7-18所示。

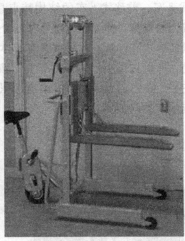

图 7-18　电动式人力叉车

4. 吊车

吊车是从物品上部通过吊钩装、吊、卸的一类起重机械的总称。大部分吊车车体移动困难，所以通用性不强，往往属于港口、车站、流通中心等处的固定设备。其功能单一，主要是装卸，能起到垂直吊装卸作用，移动距离很短，起重能力大，机动性差，起重范围较大。

（1）汽车吊。在汽车车体上安装悬臂起重机的吊车，这种汽车安装吊车以后，就成为移动作业的吊车，作业时放下支脚就可进行起重装卸作业。汽车吊臂工作有油压式和机械式两种。汽车吊是吊车中机动性最强的吊车，在设施外使用这种吊车会独具优越性。

（2）履带吊。履带吊也是一种移动式吊车，它的移动方式是通过履带车，这种吊车自重大，起吊力强，由于受到地面对履带车的限制，机动性较差。

（3）门式起重机。门式起重机是一种桁架结构的起重设备，如图7-19所示，有轨道式起重机和轮胎式起重机两种。轨道式起重机，由两个沿轨道运行的支脚和横跨在其上部的梁组成，支脚沿轨道运动；轮胎式起重机就不受轨道限制，运动范围较大。

图 7-19　门式起重机

(4)桥式起重机。桥式起重机又称为天车,与门式起重机原理基本相同,桥式起重机支腿很短,轨道架设在建筑物的立柱跨梁上,这样就节省了支脚所占用的地面,在仓库或厂房内由于少占室内面积而具有优越性。桥式起重机在厂房内或者作业中的优点是,仓库无须通道,靠桥架的纵向运动及天车在桥架上的横向运动,桥式起重机可覆盖整个厂房平面或者库房平面,所以就仓库而言,仓容的面积利用率可以达到90%,这是比叉车工艺的优越之处。桥式起重机见图7-20。

图7-20 桥式起重机

5. 输送机

输送机是以搬运为主要功能的载运设备,有些兼有装卸的功能。它们共同的特点是能实现连续搬运,这是叉车等设备无法比拟的优点。因为连续作业,作业效率高,可实现小范围的轮动,这种机械的运输路线是确定的,只有在重新安装的时候才会改变,所以容易规划统筹,作业稳定。输送机主要包括以下几种:

(1)皮带输送机。皮带输送机是非常普遍的输送机。把输送带紧贴在辊柱上,外力驱动辊轮转动输送带循环转动,依靠输送带和物料之间的摩擦力,将置于其上的物流移动,见图7-21。皮带输送机有两种类型:一种是固定式,固定在两个区域进行搬运;另一种是移动式,可利用人力移动位置。

图7-21 皮带输送机

(2)辊式输送机。辊式输送机由许多定向排列的辊柱构成,辊柱可在动力驱动下在原地不停地转动,以带动上置货物移动,也可在无动力情况下,以人力或者货物自身的重力在辊柱上移动,见图7-22。辊式输送机的主要特点是承载能力强,由于辊子滚转,使货物移动的摩擦力很小,所以搬运大、重物件较为容易,常用于搬运包装货物、托盘集装货物。因为辊子之间有空隙,所以小散件及粉粒状、块状物料的搬运不能选用这种输送机。

图7-22　辊式输送机

（3）滚轮式输送机。滚轮式输送机与辊式输送机类似,不同之处在于安装的不是辊子而是一个个小轮子,其分布如同算盘一样,因此又称算盘式输送机,见图7-23。滚轮式输送机无动力驱动,适用于人力及重力搬运,主要应用于仓库、配送中心等设施。

图7-23　滚轮式输送机

（4）斗式提升机。斗式提升机是应用于散碎物料的垂直输送装卸搬运设备,由若干往复单向运动的料斗串接构成,在低处料斗盛入物料,到高处绕过最高点,料斗从向上位置转为向下位置,并把物料倒出,完成垂直搬运。在工厂、转运站装卸散碎物料的时候使用。

（5）悬挂输送设备。悬挂输送设备是悬挂装置组成的回路,悬挂装置下部悬挂作业台车、货盒、货盘或者挂钩,在驱动装置驱动下可连续沿悬挂装置顺序运行。悬挂输送设备分固定式和推动式,固定式的悬挂小车按一定间隔顺序运行,只要是整个装置处于运行状态,每个悬挂车都在匀速运动,不能只停顿其中几个小车。推动式装置小车与轨道牵引件做成死连接,可以暂停其中一个或者若干个小车的运行,当作业完毕以后,再启动推杆把小车推走,由牵引装置继续牵引运行,见图7-24。

图 7-24 悬挂输送设备

(二)装卸搬运设备的选择原则和选择方法

不同类别的货物,不同的装卸搬运场所,需要的装卸搬运机械不尽相同。选择装卸搬运机械,无论是在降低装卸搬运费用上,还是在提高装卸搬运效率上,都有着十分重要的意义。

1. 装卸搬运设备的选择原则

装卸搬运设备的选择,应该以经济合理、提高效率、降低费用为总要求。装卸搬运设备的选择应该遵循以下基本原则:

(1)根据不同类别物品的装卸搬运特征及要求,选择具有相应技术特性的装卸搬运设备。各种货物的单件规格、包装情况、物理化学性能、装卸搬运的难易程度等,都是影响装卸搬运设备选择的因素。所以,应从作业安全和效率出发,选择适合的装卸搬运设备。

(2)根据运输和储存的具体条件和作业的需要,在正确估计及评价装卸搬运的使用效益的基础上,选择装卸搬运设备。也就是说,在选择设备的时候一定要进行技术经济的可行性分析,这样使设备的选择建立在科学的基础之上,以达到充分利用设备及提高作业效率的目的。

(3)应根据物流过程输送及储存作业的特点,选择装卸搬运设备。货物在输送过程中,不同的运输方式具有不同的作业特点。在选择装卸搬运设备的时候,应根据不同运输方式的作业特点选择与之相适应的装卸搬运设备。同样,货物在储运中也有其相应的作业特点,如储存物品各类规格各异、作业类别较多、进出数量难以控制、装卸搬运次数较多和方向多变等。所以,为适应储存作业的特点,在选用机械作业的时候尽可能选择活动范围大、通用性强、机动灵活的装卸搬运设备。

2. 装卸搬运设备的选择方法

根据装卸搬运设备的选择原则,在考虑货物质量、货物移动状态及移动距离的情况下,选择装卸搬运设备。有关装卸搬运机械和器具可以参照表7-3选择,而对输送机的选择,可以参照表7-4选择。

表7-3　装卸搬运条件对装卸搬运机械和器具的选择

作业	物的运动	货物质量/千克	移动距离/米	手车	手推车	搬运车	电动搬运车	手推平板车	电动平板车	电动步行操纵叉车	叉车	侧面升降叉车	电动小型自动装卸载货汽车	动力牵引车	运货汽车
搬送、移送	水平（间歇）	50~100	5~15	√											
			15~50		√										
		100~250	5~50		√										
			50~200			√	√								
		250~500	5~15					√					√		
			50~200					√	√	√	√		√		
			200以上						√	√	√				
		500~1 500	5~15					√					√		
			50~200						√	√	√	√	√	√	
			200以上								√			√	√
		1 500~3 000	15~200						√			√	√	√	
			200以上											√	√

注："√"表示被选的装卸搬运机械或器具。

表7-4　装卸搬运条件对输送机的选择

作业	物的运动	货物质量/千克	移动距离/米	重力式			动力式 带移动轮			动力式 固定设备				
				自由辊轮输送机	算盘式输送机	滚轮式输送机	传送带	板条式输送机	传送带	辊轮输送机	链式输送机	吊运式输送机	盘式输送机	台式输送机
搬送、移送	水平（连续）	单个物品	1~10	3~10	√	√	√	√	√					√	
			10~50					√	√	√			√	
		10~30	3~10	√			√	√					√	
			10~50							√	√		√	
		30~50	50~500								√	√		√
		500~10 000	50~500								√	√		√
	集装	300~1 500	50~500							√	√			√

续表

作业	物的运动	货物质量/千克	移动距离/米	输送机									
				重力式			动力式						
							带移动轮			固定设备			
				自由辊轮输送机	算盘式输送机	滚轮式输送机	传送带	板条式输送机	传送带	辊轮输送机	链式输送机	吊运式输送机	盘式输送机	台式输送机
搬送、移送	斜面（连续）	1~10	3~10 10~50				√	√	√ √					
		10~30	3~10 10~50				√	√	√					
		30~50 500~10 000	50~500									√ √		
	集装	300~1 500	50~500									√		

注："√"表示被选的装卸搬运机械或器具。

不同的输送方式对装卸搬运机械的选择具有特殊要求。例如，铁路、船舶、飞机的货物装卸搬运大多数是在特定的设施内，使用特殊的专用机械或者采用集装方式进行，以求得高效率；对于散装物、流体货物、钢材等特殊货物进行大量的、连续装卸的时候，分别采用各种专用装卸搬运机械进行作业。载货汽车的装卸作业有许多情况，如在物流设施内外、载货汽车终端站、配送中心等。因此，装卸搬运机械的选择不尽相同。

本章小结

包装是物流系统中的一个子系统，也是物流过程的起点，还是保证物流作业顺利进行的重要条件。而合适的包装能够保护商品本身，便于集中、分割及重新组合，来适应多种装运条件及分货要求。流通加工是在物品从生产领域向消费领域流动的过程之中，为促进销售、维护产品质量和提高物流效率，对物品进行加工，使物品发生物理、化学或形状的变化。装卸搬运是指在同一地域范围内进行的，以改变物品的存放状态和空间位置为主要内容及目的的活动。一般情况下，物品存放的状态和空间位置是密切相连、不可分割的，因此，人们常常用"装卸"或者"搬运"来代替装卸搬运的完整意义。

思考与练习

一、单项选择题

1. 在社会再生产过程中，包装处于（　　）。
   A. 生产过程的开头　B. 物流过程的开头　　C. 产品的始点　　D. 物流的终点
2. 瓦楞纸盒内衬一层细瓦楞，起衬垫作用，适用（　　）。
   A. 高档名酒　　　B. 搪瓷烧锅　　　　C. 高档玩具　　　D. 玻璃器皿

3. 应用范围十分广泛的，具有支柱性作用的包装材料是（　　）。
   A. 塑料　　　　　B. 木材　　　　　C. 金属　　　　　D. 纸
4. 适用于窄通道作业，有利于装搬条形货物的叉车是（　　）。
   A. 内燃式叉车　　B. 电动式叉车　　C. 插腿式叉车　　D. 侧面式叉车
5. 应用最广泛的叉车是（　　）。
   A. 平衡重式叉车　　　　　　　　　B. 拣选式叉车
   C. 内燃机式叉车　　　　　　　　　D. 前移式叉车
6. （　　）是指叉车设计标准荷载的重心到货叉垂直段前端面的距离，这是决定叉车负载能力的因素之一。
   A. 荷载中心距　　　　　　　　　　B. 额定载重量
   C. 最大起升高度　　　　　　　　　D. 最大爬坡度

二、多项选择题

1. 在物流各项活动中装卸搬运的特点有（　　）。
   A. 安全性要求高　　　　　　　　　B. 安全性要求低
   C. 作业量大　　　　　　　　　　　D. 作业量小
2. 分拣方式有（　　）。
   A. 人工分拣　　　　　　　　　　　B. 机械分拣
   C. 半自动分拣　　　　　　　　　　D. 自动分拣
3. 包装按包装在流通中的作用分为（　　）。
   A. 运输包装　　B. 防湿包装　　C. 储运包装　　D. 销售包装
4. 包装的合理化体现在（　　）。
   A. 包装的轻薄化　　　　　　　　　B. 包装符合标准化的要求
   C. 包装满足集装单元化的要求　　　D. 包装有利于环境保护

三、判断题

1. 包装中缓冲垫的主要作用有减缓冲击、衰减有害振动、调整包装件的固有频率、减小动应力。（　　）
2. 包装件的冲击主要发生在搬运过程中。（　　）
3. 流通加工的对象包括生产过程中的半成品。（　　）
4. 流通加工不属于物流的基本功能。（　　）
5. 严格地讲，装卸和搬运是两个相同概念的组合。（　　）
6. 在生产过程中装卸搬运通常称为货物装卸，流通过程中装卸搬运多称为物料搬运。（　　）
7. 配送中心装卸搬运设施布置应以系统管理为指导思想，以装卸搬运系统作为整个物流系统的一个子系统，所以其设施布置应具有系统的观点。（　　）

四、简答题

1. 如何实现运输包装合理化？
2. 简述流通加工的功能。
3. 装卸搬运的基本原则包含哪些？
4. 装卸搬运合理化的途径有哪些？

五、分析题

云南省烟草烟叶公司生产物流降低装卸搬运成本

云南省烟草烟叶公司作为云南省烟草行业的重点骨干企业，是云南省最大的云烟原料加工基

第七章　包装、流通加工与装卸搬运

地，是集收购、加工、储存、销售为一体的国有中型企业，公司总的仓储、复烤能力达到150万担，承担着云南省烤烟15%的复烤加工任务，担负着省内烟厂以及全国40多家烟厂的烟叶调拨任务。1995年，公司从国外引进了两条12 000千克/小时打叶复烤生产线，加速了资产流动，优化了资源配置，迅速实现了资产的保值增值。多年来，公司倡导"服务、管理、质量、诚信"的经营管理观念，制定了有利于企业发展的"改革促发展、管理求效益、心中有客户、精诚铸信誉"的公司方针。注重企业信誉，以一流的产品，一流的服务，获取良好的社会效益和经济效益是公司始终不渝的追求。同时，公司依靠市场开拓、技术创新和广大员工的艰苦努力，使企业经济效益大幅度增长，成绩令人瞩目。云南省烟草烟叶公司已步入现代化复烤企业的行列，一个以原料为核心，以销售为龙头，以出口为纽带，以烤烟为主业，多种经营的新发展格局已经形成。在烟草行业新的机遇与挑战面前，云南省烟草烟叶公司在继续发挥企业各种优势的同时不断强化管理，采取行之有效的措施降低成本，提高企业利润。公司为了降低物流成本、真正实现物流系统管理思路，改进现有的生产物流系统，主要采取的措施包括以下几个方面：

1. 取消、合并装卸搬运环节和降低装卸搬运次数

公司在生产物流系统设计中研究了各项装卸搬运作业的必要性，千方百计地取消、合并装卸搬运环节和降低装卸搬运次数。

2. 实现生产物流作业的集中和集散分工

公司在安排存储保管物流系统的卸载点和装载点时就尽量集中。在货场内部，同一等级、产地的烟叶应尽可能集中在同一区域进行物流作业，如建立专业货区、专业卸载平台等。

3. 进行托架单元化化组合，充分利用机械进行物流作业

公司在实施物流系统作业过程中要充分利用和发挥机械作业，如叉车、平板货车等，增大操作单位，提高作业效率和生产物流"活性"，实现物流作业标准化。

4. 合理改善工艺流程

合理分解装卸搬运程序，改进装卸搬运各项作业，提高装卸搬运效率，力争在最短时间内完成烟叶加工的所有工艺流程。

5. 提高生产物流的快速反应能力

公司通过烟叶数据库的建设，促进网络信息的发展，将物流的各个环节连成一个整体，按照统一的生产计划准时实现烟叶物资的流动。通过物流体系管理的建立，公司逐渐加强了现场管理，减少简化生产工艺流程，从而达到降低综合损耗以及物流相关成本的目的。

（案例来源：https://wenku.baidu.com/view/ded12dffaef8941ea76e05d8.html）

问题：

结合案例，分析该公司是如何降低物流成本的。

第八章

物流客户服务

★学习目标

通过本章的学习学生应掌握以下知识:
1. 掌握物流客户服务的含义。
2. 了解物流客户服务的特点,理解物流客户服务的要素和作用。
3. 掌握物流客户服务的主要内容及物流客户服务管理。

★导入案例

为网购消费者提供主动客服的顺丰"电商专配"

顺丰推出"电商专配"服务,为电商商家量身打造的创新型物流服务解决方案。其最大特点是商家可"因需而变",即根据自身需求,自行选择适合的服务模块和操作流程,物流成本也将因流程的增减而有所差异。专业客户为商家主动监控订单的物流信息,并根据商家需求对消费者进行适时回访,以提升消费者体验,大大减轻了商家客服的压力。

另外,顺丰电商专配还有更多的特质,例如:

(1) 价格因需而变。"电商专配"在服务项目方面区别设置了增加项和减免项,商家可根据自身需求,自选需要的服务项。商家拥有模块化选择自主权,最终会体现在服务价格上。

(2) 时效一目了然。从下单的那一刻,买家便可得知快件准确的送达时间,且按时到达率在95%以上。

(3) 客制化服务。如今,"快"已不再是电商物流唯一的评价标准,根据需求定制个性化的服务,才是电商物流未来的发展趋势。通过客制化服务,顺丰可以掌控服务供应和需求,最大限度地避免了资源和人力浪费,加快商业运转速度,从而保证了为商家和消费者提供更高品质的物流服务。

(4) 主动的专业客服。为商家主动监控订单的物流信息,如出现异常情况将及时处理,以保证订单准时到达;根据商家需求对消费者进行适时回访,以提升消费者体验,大大减轻了商家客服的压力。

顺丰通过与电商商家一起设计和优化流程,制定出更符合商家需求的快递服务,可帮助商家降低物流成本,从而共同创造价值和利润。电商专配"因需而变"的特性,符合快递行业细分的趋势，实现了电商到消费者的价值传递。顺丰所打造的定制化、互动性的电商物流新模式，也将是中国电商物流行业发展的新方向。

（案例来源：http://news.sina.com.cn/o/2015-06-30/151732045369.shtml）

问题：

顺丰是如何提供主动服务的？

第一节 物流客户服务概述

一、物流客户服务的含义

客户服务是指发生在买方、卖方以及第三方之间，为支持企业的核心产品或服务而提供增值效应的一个过程。用现代营销学的观点来看，企业提供给用户的不仅仅是有形的产品，而且是一个由有形产品、服务、信息和其他要素所构成的整体产品。企业能够为用户提供比竞争者更好的服务，常常成为企业取得良好的经济效益和竞争实力的基本保障。随着企业战略中心越来越多地从"以产品为核心"向"以客户为中心"转变，客户也就成为企业最重要的战略资源。

狭义的物流客户服务是指物流企业向客户提供的服务。它是专业的物流企业（如运输企业、仓储企业、货物运输代理、物流咨询与规划等企业或部门）在接受制造业、商业或其他行业的企业委托的运输、仓储等核心业务时所进行的一系列活动。而广义的物流客户服务还包括制造业和商业企业在完成有形产品营销活动时向顾客提供的相关服务。物流客户服务的表现形式是一个相互关联的整体。

首先，物流客户服务是具体的可操作活动。它包括客户调查、与客户的洽谈、签订合同、订单处理、流通加工、理货、配送、售后服务等一系列作业流程。

其次，物流客户服务是由客户服务组织、制度甚至是一些技术设施和装备所构成的实体。

再次，物流客户服务是一种由一定的标准所保证和验证的绩效水平。

最后，物流客户服务是企业的一种经营理念，是一种在顾客的利益得到增值的过程中实现企业、顾客和社会"多赢"的企业营销理念。

物流客户服务管理就是将物流客户服务的各个环节、各个职能部门作为一个整体，借助合理的信息技术和管理技术，实现服务设计、服务水平和服务投入三者之间的最佳集成，从而实现客户价值最大化的管理模式或管理过程。它是物流服务水平提高的基本保证。

二、物流客户服务的特点

服务业不同于制造业，物流客户服务和一般客户服务也有所不同。一般来说，物流客户服务主要有以下特点：

1. 从属性

商品的流通是商流和物流的统一。商流是伴随着商品所有权的转移而产生的一系列活动。而物流即物品自身在空间和时间状态的移动，则是为商流服务的。因此，物流服务是根据货主对流通货物的种类、时间、流向、流量、流动方式的要求，提供相应的服务。

2. 不可存储性

物流服务不生产有形的产品，是一种伴随着销售和消费同时发生的即时服务，物流的服务能力如果没有得到运用,就会白白地流失。如何既要防止市场机会的浪费,又要避免物流设施的闲置,一直是困扰许多物流企业的两难抉择。

3. 分散性和移动性

物流服务的客户大多数分布广泛且不固定。不仅买卖双方在空间距离上有着较大的差异,而且服务的对象和服务的工具时常处在移动状态,要取得理想的空间效益,需要具备高水平的经营管理。

4. 时效性

物流服务具有强烈的时间概念。它要衔接连续性的生产,沟通均衡化的生产与消费;在压缩库存、减少流动资金占用、降低成本和及时回笼资金等方面的作用也是无可替代的。物流服务的时间质量直接影响供应链价值的高低。

5. 需求的波动性

物流服务需求的时间、地点、方式和对象有很大差别。受各种因素的制约,具有较明显的波动性。这就导致了平衡物流供应与物流需求的困难。

6. 可替代性

物流服务需求的满足从主体上看,有企业自营物流形式和社会化第三方物流形式。就渠道而言,有公路、铁路、水路、管道和航空多种选择。两个层次内部的可替代性给物流企业增加了竞争的压力。

三、物流客户服务的要素

客户服务一直是企业战略的基本内容,人们常用 4P(产品、价格、促销、地点)组合来描述市场,在客户服务过程中,任何企业的产出都可以看成价格、质量和服务(地点)的组合,从物流角度来看,客户服务是一系列物流活动或供应链流程的产物。

多年来,客户服务由哪些因素构成,它们是如何影响客户购买行为的,此类问题是物流管理的核心问题之一。一般认为,客户服务的构成因素可以分为交易前、交易中和交易后三部分。

交易前因素为好的客户服务营造氛围。主要包括向客户提供关于客户服务的一系列承诺,如订货后何时送到、追货和延期交货处理程序、使用的运输方法等,以使客户了解可以得到什么样的服务;制订应急服务计划以应付自然灾害影响正常服务的情况;创建实施客户服务政策的组织机构。此外,为客户提供技术培训和技术手册也能改善买方和供应商之间的关系。

交易中因素是直接影响产品送达客户手中的因素,如设定库存水平、选择运输方式、建立订单处理程序等。这些因素进而又会影响送货时间、订单履行的准确性、收到货物的时间、收到货物的状况、存货可得率等。

交易后因素包括一整套服务,这些服务可用于产品使用时的服务支持,如安装、质量保证、配件等服务;保护客户利益不受缺陷产品损害;提供包装(可返还的瓶子、托盘)返还服务;处理索赔、投诉和退货。这些服务行为发生在产品售出之后,但是必须在交易前和交易过程中就做好计划。

四、物流客户服务的作用

物流客户服务主要是围绕着客户所期望的货品服务、所期望的运输时间以及所期望的质量而展开的,在企业经营管理过程中有相当重要的作用,特别是随着网络的发展,企业间的竞争已突破地域的限制，其竞争的中心是物流服务竞争。物流客户服务的作用具体体现在以下几个方面：

1. 提高客户满意度

由市场营销学可知，物流企业核心产品（物流服务）功效的提高源于客户对服务的感受，形式产品多样化（定制服务）的发展来自客户个性化的需求，附加产品（增值服务）的丰富和完善靠具体的客户服务活动实现。物流企业对外提供无实物形态的服务产品，客户服务质量成为鉴定物流服务质量的直接依据。提高客户服务质量和客户满意度，为客户提供产品的质量保证、运送、安装、维修以及咨询服务、交货安排等各种附加服务不容忽视。

2. 留住客户

客户满意是物流企业客户"回头"的秘诀。优质的客户服务能令客户心满意足，并忠实于企业；而当客户对企业提供的服务不满意时，他们很容易被竞争对手所获得。过去很多企业将工作重点放在新客户的开发上，而忽略了对现有客户的维系。研究表明，留住客户的战略越来越重要，老客户与公司利润率之间有着非常高的相关性，这是因为开发新客户的成本要远远高于维系老客户的支出；满意的客户会自愿提供业务中介，并愿意支付溢价。很多企业对客户服务提出"让第一次接受服务的客户成为你的永久客户"的要求，在处理维系老客户和开发新客户的矛盾时坚持"东方亮了再亮西方"的观点，即先做好老客户的服务，再开发新客户。当前，留住客户已成为企业的战略问题，在物流行业中的高水平的客户服务能够吸引客户并留住客户，从客户角度上讲，频繁地改变供应源会增加其物流成本及风险。

3. 增加销售收入

客户的稳定是销售收入稳定的基石。现代客户服务的目标可以表现为客户满意、客户信任、客户忠诚和客户幸福等层次，客户服务质量越高，现实客户越稳定，潜在客户会转化为现实客户的频率就会越快；客户的不断成长壮大，销售收入自然会不断增长。随着物流行业的快速发展，物流市场的竞争也越来越激烈，客户对企业所提供的服务水平的变化与对产品价格的变化一样敏感。期望通过服务使产品差异化，通过为客户提供增值服务而获得竞争优势、增加销售收入的观点已经为大多数企业所接受并运用。

第二节 物流客户服务内容

一、物流客户服务的主要内容

物流客户服务一方面要争取新的客户并保持原来客户继续购买本企业的产品或服务；另一方面要与企业的长期战略相协调，提高投资回报率。一般认为，争取新的客户主要依靠营销管理、产品性能、定价因素的改善，但不容忽视的是，在某些领域尤其是高新技术领域，物流客户服务也是创造需求的主要影响因素之一。同时，物流客户服务又是创造回头客的最佳手段，对消费需求有着重要影响。按照物流服务层次，物流客户服务内容大体上可分为基本物流客户服务、物流增值服务和物流附加服务三类。

（一）基本物流客户服务

基本物流客户服务主要与企业战略有关，为增值物流客户服务和附加物流客户服务奠定基础。基本物流客户服务主要包括企业制定的各种物流规章、政策，为客户需要所建立的物流客户服务体制等，这些因素为提供好的物流客户服务建立了良好的基础。

1. 企业的书面物流客户服务章程

企业的书面物流客户服务章程应反映顾客需要、办公室服务水平，确定物流客户服务监督机制。

2. 告知客户的书面服务章程

如果以物流客户服务作为开发新市场、提高市场占有率的手段，那么必须使客户对企业的物流客户服务政策有所了解。书面服务章程一方面可以使客户知情，另一方面一旦出现服务质量问题，可以及时与有关部门沟通。

3. 企业的组织机构

企业的组织机构应该有利于与客户的沟通，有利于协调企业内部管理、提高服务质量、及时处理遇到的问题。这需要职责分明、权限清晰，还要配合适当的奖惩措施。

4. 系统灵活性

系统灵活性是指企业应该具有对突发事件的快速反应能力。这里的突发事件包括突然出现的自然灾害、政府禁令、社会动荡以及经营合作伙伴的突然变化等。

5. 技术服务

技术服务包括对客户的培训计划，以及帮助客户改进库存管理、订单处理的种种努力。

（二）物流增值服务

物流增值服务是指直接对送货过程造成影响并促使物流成本降低和价值增值的因素或活动。物流增值服务通常可以有效地提高物流客户服务水平，同时使成本维持在较低水平，是与物流客户服务关系最为密切的一部分增值服务，主要包括以下几种活动：

1. 了解缺货情况

缺货情况或缺货率是衡量产品现货供应比率的重要指标。一旦出现脱销情况，要努力为客户寻找替代产品或者在补进货物后送货。由于缺货成本一般较高，所以要对这一因素详细考察，逐个产品、逐个客户进行统计，确定问题的根源所在，有针对性地提出解决方案。

2. 提供订单信息

订单信息的提供关系到系统能否以较快的速度向客户提供有关库存水平、运输情况、交货的准确信息，如出现缺货，还要告知有关补交货（Back Order）的安排。补交货的数量和订货周期也是衡量物流灵活性的重要指标，在一定程度上可以减小缺货的影响。从某种角度来说，补交货的能力与缺货水平之间存在效益背反（Trade-off）规律，因此，对补交货情况的考察要和缺货情况联系起来。

3. 合理的交货周期

交货周期是指客户从发出订单到收到货物的全部时间，包括订单传递、订单录入、订单处理、分拣货物、包装、运输等多个环节所消耗的时间。通常，客户只会关注交货周期，对某一具体环节需要消耗的时间并不在意，因此，充分利用现代科技，特别是现代网络技术、通信技术、条形码技术等尽量缩短总的订货周期是当前物流管理的主流。

4. 提供快运服务

快运也是为缩短交货周期所做的一种努力。因为快运服务通常费用较高，所以企业要根据经营产品的特点、客户的承受能力决定是否采用快运服务，以及如何采用快运服务。

5. 提供转运服务

转运服务主要是指根据客户的需要转发货物。

6. 提高物流系统的准确性

如果交付的货物、交付的数量、制作的单证出现错误，对客户和企业都将带来一定的成本上涨。从根本上说，提高准确率就是节约成本、提高效率。

7. 提供便利的订货方式和渠道

通信手段的落后、订货手续的复杂都可能使客户望而却步。将传统商务手段与电子商务相结合，有助于方便客户订购产品或服务，刺激购买。

8. 提供产品替代服务

许多企业生产的同一种类产品都会有不同的规格、不同的包装，如果产品之间可替代性较强，那么可以在降低库存的同时维持较高的物流客户服务水平。

（三）物流附加服务

物流附加服务是指物流交易的后续服务，是为保证产品使用所涉及的一系列附加服务措施，主要包括产品安装、维修、产品跟踪、客户投诉的处理等，这些附加物流客户服务内容的重要性正在得到越来越多企业的认同。

1. 提供产品安装、品质保证、维修、零部件供应等附加服务

对某些产品，如空调等家用电器，是否提供安装、维修服务，以及服务的质量是影响消费者购买决策的重要因素，加强这部分投入将显著提高物流的客户服务水平。

2. 对产品进行跟踪调查

跟踪售出的产品，防止出现社会危害，是某些行业的特殊需要。目前随着企业对供应链管理中可视性要求的越来越高，产品跟踪的适用性范围也在扩大。

3. 为客户提供索赔、投诉和产品回收等附加服务

对索赔、投诉的处理在大众媒体高度发展的今天有特别重要的意义。处理不当，可能对企业形象造成恶劣影响。产品回收涉及物流管理中的一个新领域——回收物流，产品回收可能是企业正常物流管理活动的组成部分，也可能由突发事件造成。如果是后者，那么回收产品的能力将直接反映企业的应变能力。

4. 为客户提供临时性替代产品服务

为满足客户的需要，对尚未交付的货物或正处于维修阶段的货物提供临时性替代产品可以保证客户的正常作业，树立企业"以客户为中心"的良好形象。

案例思考

佛山物流的物流服务

佛山物流是佛山第一家物流企业，每年以50%的速度发展。目前，年营业收入达1.2亿元，管理的资产总额达4.5亿元，成为佛山物流业的旗帜企业。多年来，佛山物流都锁定食品物流这一块来经营，为多家企事业单位提供了先进一流的物流一体化服务，积累了丰富的经验。其中最为成功的一个案例是，为海天调味公司提供的仓储配送业务。佛山物流是海天调味公司唯一为其提供物流一体化服务的合作伙伴。海天调味公司的产成品从生产线下来，直接通过大型拖车进入佛山物流仓库。海天公司通过信息系统跟踪货物库存信息、出入库管理、业务过程管理、运输监控，并能自动生成各种数据报表，与海天调味品公司实行实时信息共享。满足了海天调味品公司"安全、及时、准确"的配送要求；确保产品最优流入、保管、流出仓库。通过佛山物流仓储配送服务，海天可以集中发展主业，将精力集中于生产上，增强了企业在该行业中的核心竞

争力。通过佛山物流先进的物流信息管理系统，海天调味品公司可以快速、正确、简便地下单确保配送计划、库存计划等的顺利完成。

佛山物流公司在产品逐渐趋向无差异化的情形下，最佳做法是凸显服务的差异。物流服务对于物流公司来说至关重要也正是佛山物流安身立命之所在。

2001年佛山物流通过了ISO 9001质量管理体系认证，这是对佛山物流优质服务的一种肯定。"优质的管理、优质的服务、优质的服务态度"，这是佛山物流公司对客户的承诺。该公司有一套很完整的管理细则和操作规范，并根据每一位客户个性化的要求，制定服务方针。有时候因客户原因造成的责任，他们也会主动去解决问题，不会去推卸，不会去找理由。他们不但关注直接客户的服务，而且也关注客户的客户，这对直接客户的业务会起到很关键的促进作用，也因为这一点客户都对佛山物流非常满意，他们的业务量也就多了起来。

（案例来源：http://www.doc88.com/p-689404240457.html）

案例思考：

1. 佛山物流公司是如何为海天调味公司提供一体化物流服务的？
2. 佛山物流公司安身立命的法宝是什么？

二、物流客户服务内容的延伸

（一）超值物流客户服务

超值物流客户服务包括从现代物流的增值服务到物流客户服务过程中的环境协调以及高质量效率的满意服务。其中，完美订货服务是具有突出意义的物流超值服务。

完美订货服务是物流质量的外延。在现代技术支持下，完美订货服务是可以实现的。不少企业正是利用这种物流客户服务来改变与重要客户的关系。企业致力于提供更多的物流客户服务给客户，并提高物流客户服务水平，将改变与客户关系的性质，并给双方带来更多的利益。

完美订货通常要涉及各种超出基本服务的活动。履行完美订货的承诺通常是建立在各种协议基础上，旨在发展供应商和首选顾客之间密切的工作关系。完美订货的承诺通常需要得到有关企业间大量交换信息的支持，以便深刻了解各种物流的需求，一般不会事先没有提示就贸然向供应商提出完美订货的要求。

履行完美订货需要在管理和作业上做出努力，并需要强大的信息支持能力。订单服务不仅是按客户订货单将货物装运发出直到送达客户，而且是企业物流工作最重要的内容之一，是物流客户服务的重要组成部分。完美订货服务应该有一个明确的工作流程。

订单与企业商品的订货周期有密切关系。所谓订货周期，从卖方的角度来看，是指从收到客户的订货单到送达客户收货地点所需要的时间；从买方的角度来看，是指从发出订货单直到收到货物的全部时间，即在正常条件下货物所需要的补充周期。

从企业订货周期所经过的阶段来划分，订单服务工作可以分成三个组成部分，即订单传递服务、订单处理服务以及订单的分拣和集合服务。

1. 企业订单传递服务

订单传递服务是指自客户发出订单到企业收到订单这一时间段内发生的一系列工作。客户常设想发出订单就立刻进入企业订单服务流程。否则，客户对企业物流客户服务的评价会受影响。为此，许多企业不断改进订单传递的方法，将订单直接传递。

2. 订单处理服务

订单处理服务是指从接受订货到发运交货，包括受理客户收到货物后反映的处理单据的全过程。在这方面做到迅速、准确、服务周到是促成连续订货的有力手段。订单处理的基本原则如下：

(1) 要使客户产生信赖。信赖感是继续订货的基础。每次接到订单后在处理过程中都要想到，如果每次处理不当客户下次会怎样。要明确订单处理工作是开展客户经营的有机组成部分，要通过订单处理建立客户对品牌的信任感和认同感。

(2) 尽量缩短订货周期。订货周期是指从发出订单到收到货物所需要的全部时间，取决于订单传递的时间、订单处理的时间和运输的时间，这三方面的安排都是订单处理的内容。尽量缩短订货周期，将大大减少客户的时间成本，提高客户所获得的让渡价值，这是保证客户满意的重要条件。

(3) 要提供紧急订货。从客户的角度来考虑，紧急订货往往关系重大。因此，要强调在紧要关头提供急需的服务，这也是与客户建立长远的相互依赖关系的重要手段。

(4) 减少缺货现象。减少缺货现象是保持连续订货的关键。工业原料和各种零件一旦缺货，会影响客户的整个生产安排。此外，缺货现象是客户转向其他供货来源的主要原因。

(5) 不忽略小客户。小客户的订货虽少，但可能是大批买卖的前驱，而且大客户也有有小批订货的时候。客户与企业建立了稳定而信任的供销关系后，将为以后的继续订购打下良好的基础，企业的声誉也将因为大量小客户的传播而树立起来。

(6) 尽量做到装配完整。应力求装配完整，或采取便于客户自行装配的措施，以客户拿到就能用为原则。

(7) 要随时提供订单处理的情况。物流部门要使客户随时了解装配货发运的进程，以便其预计何时到货，便于安排使用或销售。

(8) 要注意控制和解决订单作业中的"波峰"现象。订单作业中的"波峰"现象，是指大量的客户几乎集中在同一时间内发出订单，使订单处理系统超负荷而延误订单的处理，从而造成整个订货周期的延长，企业客户服务水平下降。"波峰"现象解决的关键是控制客户发出订单的日期，减少订单处理工作中的"波峰"现象和"波谷"现象。

3. 订单的分拣和集合服务

订单的分拣和集合服务包括自仓库接到产品的出库通知到该产品装上开往外地的货车这段时间内进行的所有活动。订单分拣的工作是由计算机系统来控制完成的。

当订单上的货物拣选完毕后，就要核对集中起来的货物，保证拣选的准确性。通常，要填制包装清单并放入每件将要发送的货件中。包装清单表明分拣和拼装在一起的产品名称和数量，并由经办人签名。收货人在收到货物时，根据包装清单核对所收到的货物。至此，完成了订单的全部工作流程。

(二) 系统化物流客户服务

1. 物流客户服务系统程序

对外物流客户服务设计包括：如何与客户洽谈；如何拜访客户；如何与客户签约；如何处理客户抱怨；如何与客户联络感情；如何将客户对服务的满意度量化；如何邀请客户参与提意见；等等。

对内物流支持包括：如何训练员工；如何激励员工；如何考核员工；如何处罚员工；如何对公司政策检查、改善；如何了解员工对公司的看法；如何将员工绩效量化，并反映在公司制度上；如何追求管理合理化；等等。

2. 物流客户服务系统内容

了解客户，即收集客户资料，对客户尽可能地深入了解；客户研究，即依据收到的资料，按等级划分，进行市场细分；客户关系，即如何增进彼此间的关系；服务计划，即依据实际需要，制定物流客户服务守则;客户抱怨,即拟定合理的申诉渠道,并对客户抱怨予以回复;客户联络,即运用信函等方法去联系客户;员工第一,即如何进行员工意见调查,了解内部客户的满意程度;竞争分析,即剖析对手,了解其合乎客户满意的措施,为我所用;注意新客户的开发;共存计划,即拟定让服务提供者与接受者共存共荣计划,是客户、公司、员工三赢的做法;品质计划,即要拟定服务品质管理办法;进行绩效管理,即如何进行员工培训教育,让员工熟悉工作上的一切内容;改善计划,即设计客户反馈与员工建议渠道,并据此改善的办法。

3. 物流客户服务系统程序化

物流客户服务作业是一个可以设计、执行、评估、改善的系统,其中包括有策略性方法,也有程序化的概念。对于物流企业而言,可以在设计以后,在实行过程中不断地修改与完善。

(三)网络化物流客户服务

1. 客户网络化物流客户服务

企业的客户散布全球各地,为了更好地向客户提供服务,必须对客户的资料进行全面的系统化、网络化。企业在设计服务体系的过程中,必须建立客户档案或建立数据库,使得公司的客户资源在全球范围内全面网络化。

2. 信息网络化物流客户服务

现代物流客户服务是一种快速、高效的服务,服务的顺利进行需要许多配套的信息技术来支持。这些物流信息技术(如连续补货系统、计算机辅助订货系统、商品分类管理系统、配送需求计划系统、预测与计划系统等)都需要计算机、网络的运行加以支持。物流信息网络化,可以促进企业内部的资源共享。

3. 地域网络化物流客户服务

现代物流是全球物流,现代物流企业的服务触角必将延伸到全球的每一个角落,每一个地方是一条服务线,数条服务线便编织成一张巨大的服务网。企业物流客户服务网络化建设必须重视服务地域的网络化问题。

4. 工具网络化物流客户服务

现代企业物流从事社会物流的作业,必须拥有相应的作业设备,如汽车、机车、轮船等。企业物流客户服务要实现其作业工具的网络化,途径就是对其进行作业控制、计划、协调和监督,从宏观的角度进行调控,使各种设施都正常顺利地运行。

第三节 物流客户服务管理

一、物流客户服务原则

(1)以市场为导向。物流客户服务水平的确定不能单单从供给方的角度出发,还要充分考虑到需求方的需求,坚持从产品导向向市场导向转变的原则。

(2)多种物流客户服务组合。由于客户的差异性,其需求不尽相同,而且即使是同一个客户在不同的阶段需求也不尽相同,因此有必要针对不同的客户类型制定有多种选择的物流服务组合来尽量满足客户的差异化需求。此外,还要考虑物流企业所经营的商品类型,因为一般商品的物流服务方式与战略商品的物流服务方式也会有所不同,这可以参考市场营销学中的产品组合矩阵相关原理来确定物流客户服务的形式。

（3）开发对比性的物流客户服务。随着物流行业竞争的越演越烈，物流企业要想在其中占有一席之地，就必须提供有竞争力的物流客户服务，以确保客户服务的差异化，即要提供给客户优于或有别于其他企业和竞争对手的物流服务，保证其鲜明的特色，这不仅奠定了为客户提供高质量的物流客户服务基础，也是企业物流服务战略的重要特征之一。

（4）注重物流客户服务与社会系统相吻合。物流服务不完全是企业的一种独自经营活动，它必须与整个社会系统相吻合，除了要考虑物流的调配、企业的内部物流和销售物流外，还要关注研究以保护环境、节约资源为目标的废弃物物流。

（5）建立能把握市场环境变化的物流客户服务管理体制。物流客户服务水准是随着市场的形势、竞争对手的状况、商品的属性及季节性等因素的变化而发生变化的，所以建立能够把握市场环境变化的物流客户服务管理体制对物流的管理有其必要性和重要性。

（6）建设并不断完善物流中心。建立并不断完善物流中心对于保障高质量的物流客户服务是必不可少的。物流中心作为物流客户服务的基础设施，它通过集中管理订货频率较高的商品使进货期精确化，提高了商品的在库服务率。同时，由于缩短了商品的在库时间，提高了商品的在库周转率，商品出入库增多。此外，物流中心拥有对应多品种、小批量的商品储存功能，还具有备货、包装等流通加工功能，从而能够实施适当的流通在库管理和有效配送等物流管理活动，提高了物流的客户服务质量。

（7）构建物流信息系统。构建较为完善的物流信息系统是实现高质量和高水平物流客户服务的坚实基础。因为物流信息系统具有多种支撑和服务物流系统功能，除了能够接受订货、迅速有效地向客户传送商品信息外，还能够通过送货期回复、商品物流周期缩短、备货保证、信息处理和传递时间缩短以及货物追踪等各种机能，确保优于竞争对手的物流客户服务，提高客户的满意度和忠诚度。

（8）建立动态评价物流客户服务绩效水平的指标体系。企业有必要每隔一段时间就对物流客户服务的实施情况进行定期审查，特别要关注的是销售部门和客户是否对物流现状存在不满和抱怨，是否发生配送错误，是否有较严重的商品破损事故，所设定的客户服务水平是否能够达到，以及物流成本的合理性等问题。建立并完善物流客户服务水平评价指标体系，对物流客户服务绩效进行动态的评价，有助于企业及时反馈和改进。

二、物流客户服务需求

物流客户服务水平最终表现为客户感性的体验，无论企业内部服务的相关"硬"指标如何反映企业的绩效，只有客户的感觉才是真实的。因此，从客户的角度来看，应建立一套适宜的对客户有意义的服务标准，如"及时送达"指标。在一般情况下，从以下三个方面来理解客户服务细分，以进一步了解客户服务需求。

（一）站在客户的角度，识别客户服务的关键成分

在通常情况下，企业经营者很容易脱离市场现实，他们有时候并不知道客户的需求是什么。因此研究如何服务才能获得客户更高的评价、要耗费多大的代价才能受到客户的青睐、该如何更好地进行市场细分等问题，才能更有效地识别客户服务的关键部分。同时，还要注意到相关且有意义的客户服务衡量方法是从客户本身产生的，一旦这些客户服务内容确定了，就能够识别每项服务的相对重要性和不同类型客户对某些服务的偏好性，例如，有些客户会比较注意交易中的服务，而有些客户可能更在意售后服务。

（二）确定物流需求

1. 物流需求分析

物流成本与服务速度是负相关的，即产品交付的速度越快，物流成本就会越高。对物流要求进行分析，精确判断客户服务需求的水平以及以何种速度完成交货，这都将有助于降低物流成本。为了与承运人进行有效的谈判，物流企业应该首先明确客户需要什么样的物流服务实现交货，包括明确货物的特点（产品规格和质量、是否需要特殊处理、包装和交货日程表等）和物理特性（散装或是集装箱还是托盘运输，以及货物处于哪种状态等）。

2. 物流模式选择

物流模式选择是要明确物流过程是以运输为主还是以存货控制为主，是物流配送中心运作还是物流整体运作，是进行供应链物流规划还是单一的物流职能规划等。就物流运输作业而言，还要判定是航空、铁路、水路、汽车、管道等运输，还是联合的运输模式，继而进一步确定货物的装运地点，以及每一个装运地点需要装运的货物数量和总重量、装运规格以及装运次数等。

3. 零担或整车装运

在选择是零担装运或是整车装运时，物流人员必须密切注意装运货物的规格（重量、体积和包装等），特别是在碰到装运货物的重量比较接近于整车数量的情形。整车装运和零担装运的费用也是有很大区别的，很显然，整车装运的费率水平通常都会低于零担装运的费率水平。此外，还应注意到即使是相似的汽车承运人，其费率水平也会有所差异。

4. 交货要求

交货要求会影响承运人和运输方式的选择。因为每一个承运人通常都是根据装运的重量、装运的次数和路线来选择不同的运输方式，从而收取不同的费用，提供不同的服务。例如，跨省市的运输作业应由整车装运的承运人或采用联合运输方式的货车组来承运；如果时间紧迫，就可以采取航空货运方式等。对于物流企业来说，在与客户进行谈判之前，就要先了解每种主要类型货物的交货要求，并辨别不同的装运模式和相应的交通路线。物流企业的运输部门就可以综合考虑这些因素，合并承运数量，从而降低运输成本，提高物流客户服务水平。

（三）划分客户群，选择承运人

物流企业首先必须通过调查获取物流客户服务可靠性、连续性和灵活性等重要考虑因素的信息，再根据客户服务偏好的相似性来划分客户群，然后分析和选择承运人和运输方式。同时由于物流行业运作的不规律性和变化性，承运人随时可能面临着破产的风险，因此在选择承运人的过程中，物流企业还应该注意到财务的稳定性，获取、分析每一位承运人前一年的财务报表，对其资产和负债情况做出正确判断。而查看承运人的投诉记录是衡量其财务状况的有效途径之一，就可以评判其是否遇到了困难。换言之，物流企业有必要经常调查承运人快速、高效处理客户投诉问题的能力。

此外，在选择承运人的过程中，还应考察它的设备设施能力及其使用情况，以及事故和安全记录情况等，应当了解当前的发展趋势，谨慎考虑和判断是否要与承运人建立长期的战略合作伙伴关系。

三、物流客户服务策略

考虑到物流成本与客户服务水平的"效益背反"关系，企业在提升物流客户服务水平时要充分关注成本与效益均衡的问题。同时，由于物流客户服务的差异性要求，企业在开展物流服务活动时就要针对不同的客户采取对应的服务策略来调整客户服务，主要可以采取以下策略：

第八章 物流客户服务

1. 差别化物流服务策略

由于客户的需求不是一成不变的，为提高客户的满意度，在确定其基本服务的基础上，物流企业还应该推出多等级的、多种组合形式的物流客户服务。企业在了解客户需求后，通过细分客户群，对目标市场进行重新定位，然后根据客户的经营规模、类型以及对本企业的销售贡献程度，按不同的客户层次提供差异化的客户服务。而对于比较稳定、业务量较大的客户，可与其建立长期合作伙伴关系，在增加物流企业经济效益的同时还能增加客户的价值。

2. 集成化物流服务策略

高度发达的信息网络技术已经成为现代物流体系的一个重要组成部分，是物流客户服务与营销一体化的强有力的支撑和保障。可以看到，近年来很多企业采用信息网络技术大大提高了管理工作效率，使对物流活动过程中的各个环节进行实时的控制、监督和管理成为可能，以保障供应链的顺畅运行。企业必须建立健全信息集成系统，根据市场实时信息主动做出决策，快速回应市场变化。具体来说，企业可以建立 MRP 或 ERP 系统，重视应用 EDI 等互联网技术，并与营销部门及时、有效地分享业务计划、客户和库存等方面的信息，从而缩短供应环节，减少备货的时间，降低不确定性和延误程度，加快企业对客户需求的反应速度，从而提高客户的满意度和客户服务质量。

3. 进行物流客户关系管理，提升客户的忠诚度

提升物流客户的满意度最终还是要提高客户的忠诚度。对美国汽车制造业的有关研究调查表明，当客户的满意度为 85%～95% 时，其再次购买率只有 40% 左右，这就说明客户满意并不一定能使客户忠诚于企业。还有专家指出，企业 65% 的销售额来自老客户，而且发展一个新客户的成本费用是保留、维护一个老客户所需费用的 6 倍左右，而在实践中，人们通常也会发现很多企业采用"以老带新"等相关的服务与营销技巧，可见客户忠诚对企业最终利润的获取更重要。因此企业不仅要对物流客户服务进行定期的跟踪、评估，并做出对应的改进。树立以客户为中心的物流服务理念，对物流客户进行客户关系管理（Customer Relationship Management，CRM），以建立忠诚的客户关系，减少企业物流总成本，从而获得竞争优势。

4. 利用外部资源，实行要素协同化，提升物流客户服务水平

物流功能外包方式有助于降低物流总成本，提高企业的物流服务质量和效率。如果工商企业把相关的物流业务外包给专业物流公司，那就可以借助专业的物流管理人员和技术人员，利用专业化的物流设备设施和先进的网络信息技术，并发挥其专业化的物流运作实践经验，协同各领域的优势要素，从而使整体效益获得最优。同时，产品的售后服务，包括退货处理和废弃物的回收等作业，也可以外包给专业的物流企业来承担，可降低成本，提升物流客户服务水平。

本章小结

狭义的物流客户服务是指物流企业向客户提供的服务。它是专业的物流企业（如运输企业、仓储企业、货物运输代理、物流咨询与规划等企业或部门）在接受制造业、商业或其他行业的企业委托的运输、仓储等核心业务时所进行的一系列活动。而广义的物流客户服务还包括制造业和商业企业在完成有形产品营销活动时向顾客提供的相关服务。物流客户服务的表现形式是一个相互关联的整体。

物流客户服务是将物流客户服务的各个环节、各个职能部门作为一个整体，借助合理的信息技术和管理技术，实现服务设计、服务水平和服务投入三者之间的最佳集成。物流客户服务具有从属性、不可存储性、分散性和移动性、时效性、需求的波动性、可替代性的特点。

按照物流服务层次，物流客户服务内容大体上可分为基本物流客户服务、物流增值服务和

物流附加服务三类。物流客户服务水平最终表现为客户感性的体验，因此，应建立一套适宜的对客户有意义的服务标准，对客户服务细分，以进一步了解客户服务需求。

思考与练习

一、单项选择题

1. 流通加工客户服务的作用之一是（   ）。
   A. 可以提高原材料的利用率   B. 稳固
   C. 定时定量配送   D. 保鲜
2. 专门从事配送业务的配送中心针对社会性用户的货物需要而进行配送是（   ）。
   A. 小时配   B. 集中配送
   C. 日配   D. 应急配送
3. 在经济全球化和现代信息技术发展的推动下，以（   ）为特征的现代物流蓬勃兴起，并形成一个颇具规模的新型产业。
   A. 第三方物流   B. 第二方物流
   C. 第一方物流   D. 第四方物流
4. 现代物流企业是独立于（   ）之外，专门从事与生产和流通有关的各种物流活动的企业。
   A. 生产领域   B. 流通领域
   C. 分配领域   D. 重量对应

二、多项选择题

1. 根据客户在物流供应链中所处的位置和作用划分，可以将客户分为（   ）。
   A. 生产客户   B. 中间客户
   C. 最终客户   D. 复杂客户
2. 无论是哪种客户服务战略，都包含了（   ）四个基本要素。
   A. 客户选择   B. 业务范围
   C. 价值获取   D. 战略控制
3. 物流客户服务定量衡量的准则是（   ）。
   A. 可得性   B. 作业绩效
   C. 保证性   D. 可靠性
   E. 可信性

三、判断题

1. 物流业务很重要的一个核心部分是客户订单的流动，从客户订货开始，直至货品和服务到达客户需要的目的地，其中就包含了一组连续的订单流动，订单的处理就是细致周到的物流客户服务。（   ）
2. 物流企业在为广大客户服务的过程中，每个时期都应具有良好的服务策略，此外不用制定长远的服务规划。（   ）
3. 对物流经营活动而言，物流信息服务是一个以信息为企业和客户提供价值和增值利益的过程，物流信息服务水平的高低，决定了具有相同经营能力的企业为客户提高个性化服务的水平。（   ）
4. 物流技术质量是服务质量的核心，它是客户追求的结果；功能质量是企业用什么样的方式方法和服务态度来服务客户，赢取客户高的满意度。（   ）

四、简答题

1. 什么是物流客户服务?
2. 物流客户服务的策略包括哪些?

五、案例分析题

福建盛丰物流的信息化服务

福建盛丰物流集团有限公司成立于 2001 年 12 月,位于福州市福兴经济开发区内,注册资金 1 亿元,现有员工 2 420 多人,已在全国各地设立 84 个驻外机构,仓储总面积 18 万平方米,自有车辆 779 部,年运力 200 万吨。公司通过 ISO 9001:2000 质量管理体系认证,是全国道路货运二级物流企业、国家 AAAA 级综合型物流企业,2007 年被评为福建省示范物流企业,并连续三次入选中国物流百强企业榜。作为福建省一家颇具实力的民营物流企业,公司注重强强联合,与福建省交通运输(控股)有限责任公司下属单位福建八方物流股份有限公司合资成立福建八方盛丰物流有限公司,专门为工业产业集群和区域经贸提供综合物流服务,可直接接轨国际物流服务平台。

1. 客户需求

物流行业是一个移动性很强的领域,业务信息交换频繁,且时效性也非常强,同时,对服务的响应速度的要求也非常高,随着市场竞争日益激烈,物流公司提供的服务种类越来越丰富,服务的规模和内容迅速增加,单纯依靠增加人员数量、车辆配置、服务纪律已经不能满足客户服务的要求。因此,提高信息流转效率,从总体上降低物流运作成本,已直接关系到物流企业的竞争力。事实证明,物流管理的信息化对于一家物流企业的生存和发展至关重要,而呼叫中心作为企业信息化非常重要的一个环节不但可为企业整合信息流,还可为企业将客户资源进行整合实现一对一的服务,同时还可与企业的其他信息系统做到无缝融合。

2. 解决方案

针对以上客户需求,福建盛丰物流集团有限公司采用了以下解决方案:

(1) 统一调度。致电客户,在了解客户所要到达的目的地和货车的空仓情况后,与各地的服务站联系,事先为客户准备好货源,以保客户在最短的时间内得到所需货物。

(2) 统一服务口径。客户办理业务或投诉时可以根据自助语音导航找到相应部门,由座席人员代理顾客的投诉,并对顾客给予安抚和解决办法,同时将投诉记录后及时反馈给相关总部。

(3) 电话下单及时反馈。顾客打入电话至呼叫中心,要求提供货源,或者要求提供车源。座席人员通过网络调出现有货物和车辆的情况,通过电话帮助顾客填写货单,并通知车主和货主相互联系,从而节省运货、供货的时间。

(4) 客户资源管理。通过呼叫中心客户资源管理系统,每个座席人员录入不同客户的关键信息作为运营数据统计和分析的依据。

(5) 知识库辅助。呼叫中心在建立物流业务的同时,也建立了相关物流知识和针对某个企业的产品服务知识的问题库,当顾客打入服务热线,要求座席人员对其问题进行解答时,座席人员可以通过计算机所给出的问题提示予以解答。

(6) 客户关怀。主动致电客户,询问客户对产品和服务的满意度,了解客户对公司所提出的意见,并及时将意见反馈到相关部门。

(7) 环节整合。通过呼叫中心平台将整个物流环节连接起来,实时与物流公司保持联系,实现物流公司与其客户之间的信息互动。

通过上述服务模式,呼叫中心对物流公司所完成的电话服务工作,公司、客户和呼叫中心三者之间构成了以点、线、面全结合的关系链和服务链。

3. 最终实现效果

选择云信通综合型呼叫中心为企业建立自己的呼叫中心，即可利用其先进的科技手段和管理方法，优化客服人员的工作流程，解决问题转交、处理、统计、审批等目前单靠手工作业的问题，实现无纸化办公。在节约运作成本的同时，使信息能及时流转，让客户服务质量有一个质的飞跃，最终形成以市场和客户服务为中心，带动公司迅速发展的格局。

（案例来源：云信通综合型呼叫中心_福建讯通天下信息技术有限公司_ IT 方案库 http：// solution.it168.com/10263/b8639296-3349-42d9-b97d-e8204a6bfb9f.html）

问题：

结合案例，分析福建盛丰物流集团的客户服务的特点。

第二篇

物流发展新方向篇

第九章

逆向物流与绿色物流

★学习目标

通过本章的学习学生应掌握以下知识:
1. 掌握逆向物流的原则与重要性以及逆向物流管理模式。
2. 掌握绿色物流的含义。
3. 了解绿色物流的理论基础,熟悉绿色物流系统的构成。
4. 掌握逆向物流与绿色物流的关系。

★导入案例

逆向物流:零售供应链不可忽视的环节

在人们越来越重视环保的今天,出色的逆向物流能够强化消费者对企业环保经营的认知度,进而增强消费者对企业的信赖。

中国作家六六因山竹退货问题在网上发文声讨电商,并拒绝和解。此事经互联网发酵后,迅速成为社会热点事件,"退换货问题"一时成为舆论的焦点。表面上,问题出在退换货环节;实际上,退换货服务只是零售商家售后服务的"冰山一角",它涉及的是更宽泛的供应链管理问题。

一件产品生命周期的供应链管理既包括正向物流,又包括逆向物流。诸如行业白皮书《产品生命周期物流可以平均降低供应链成本10%~20%》指出,供应链管理应该包括一件产品从生产产生到废弃的完整的货物生命周期,而不应该将原材料、成品、退货、维修和清算等分流环节孤立地看待,因为产品每个阶段的流通信息都能为更好地管理其他阶段提供线索。

就网络零售商而言,正向物流将商品传递到消费者手中,而逆向物流则关乎消费者的购物体验,以及商品的如何改进和完善。有业内专家曾表示,供应链成功的关键不仅是规划如何配送产品,更要规划如何运回客户退还及弃置的物资,高效率的管理退货能提高供应链的价值,提高客户满意度。

[案例来源:福布斯中文网(上海),2015-09-10]
问题:
应如何理解逆向物流在环境保护中的重要性?

第一节 逆向物流

一、逆向物流的内涵和特点

(一) 逆向物流的内涵

《物流术语》(GB/T 18354—2006) 将逆向物流定义为：从供应链下游向上游的运动所引发的物流活动。逆向物流可以概括为组织对源于客户手中的物资的管理。其对象包含来自客户手中的物资、包装品和产品，具体指因损坏、季节性库存、重新进货、召回和过量库存而退回的商品及可再利用品、危险材料和报废设备等。

逆向物流的表现是多样化的，从使用过的包装到经过处理的计算机设备，从未售商品的退货到机械零件等。也就是说，逆向物流是包含来自客户手中的产品及其包装品、零部件、物料等物资的流动。简而言之，逆向物流就是从客户手中回收用过的、过时的或者损坏的产品和包装开始，直至最终处理环节的过程。目前，被普遍接受的观点是：逆向物流是在整个产品生命周期中对产品和物资的完整地、有效地和高效地利用过程的协调。然而对产品在使用和循环中的逆向物流控制研究却是过去的 10 年里才开始被认知和展开的。其中较为知名的论著是罗杰斯的《回收物流趋势和实践》与弗雷普的《物流计划和产品再造》等。

(二) 逆向物流的特点

与正向物流相比，逆向物流作为企业价值链中特殊的一环，有着明显的不同。首先，逆向物流产生的地点、时间和数量是难以预见的；其次，发生逆向物流的地点较为分散和无序，不可能集中一次向接受点转移；再次，逆向物流发生的原因通常与产品的质量和数量的异常有关；最后，逆向物流的处理系统与方式复杂多样，不同处理手段对恢复资源价值的贡献差异显著。对逆向物流特点的重视与否，形成了企业逆向物流管理能力及水准高低的分水岭。

具体地讲，逆向物流具有以下六个特点：

1. 分散性

由于逆向物流产生的大部分原因与产品的质量和数量的异常有关，任何领域、部门或个体在任何时间都有可能发生逆向物流，这种多元性使其具有分散性。

2. 缓慢性

逆向物流开始时数量少、品种多，通过不断汇集，形成较大规模；而且这些商品只有经过加工和改制等环节后才能重新被利用，甚至有些商品只能作为原料回收利用；另外，这些物资的收集和整理也是一个复杂的过程，这一切都决定了逆向物流的缓慢性。

3. 混杂性

在逆向物流中，往往不同种类、不同状态的产品混杂在一起，必须经过检查和分类后才能进行区分。

4. 多变性

由于逆向物流的分散性和消费者的要求不同，企业很难控制回收时间和空间，导致了逆向物流的多变性。主要表现在不确定性、处理系统与方式复杂多样、物流技术具有一定的特殊性及相对高昂的成本。

5. 处理费用高

由于回流物品通常缺乏规范的包装，又具有不确定性，难以形成运输和储存的规模效益；另外，许多物品需要人工检测、分类和处理，效率比较低，会大大增加人工处理的费用。

6. 价值递减性与递增性

一些回流产品，由于逆向物流过程中会产生一系列的运输、仓储及处理费用，因而会使其本身的价值递减；而另一些回流物品，对消费者而言没有价值，但是通过逆向物流系统处理后，又会变成二手产品、零件或者生产的原材料，获得了再生的价值，因此逆向物流又具有价值的递增性。

二、逆向物流的原则与重要性

（一）逆向物流的原则

1. "事前防范重于事后处理"原则

逆向物流实施过程中的基本原则是"事前防范重于事后处理"，即"预防为主、防治结合"的原则。因为对回收的各种物资进行处理往往会给企业带来许多额外的经济损失，这势必增加供应链的总物流成本，与物流管理的总目标相悖。因而，对生产企业来说，要做好逆向物流，一定要注意遵循"事前防范重于事后处理"的基本原则。循环经济、清洁生产都是实践这一原则的重要途径。

2. 绿色原则（"5R"原则）

绿色原则是将环境保护的思想观念融入企业物流管理过程来进行企业物流管理。

3. 效益原则

生态经济学认为，在现代经济、社会条件下，现代企业是一个由生态系统与经济系统复合组成的生态经济系统。物流是社会再生产过程中的重要一环，物流过程中不仅有物质循环利用、能源转化，而且有价值的转移和价值的实现。因此，现代物流涉及经济与生态环境两大系统，理所当然地成为经济效益与生态环境效益之间彼此联系的桥梁。经济效益涉及与当前和局部更密切相关的利益，而环境效益则关系更宏观和长远的利益。经济效益与环境效益是对立统一的。后者是前者的自然基础和物质源泉，而前者是后者的经济表现形式。

4. 信息化原则

尽管逆向物流具有极大的不确定性，但是通过信息技术的应用（如使用条形码技术、GPS技术和EDI技术等），可以帮助企业大大提高逆向物流系统的效率和效益。例如，使用条形码可以储存更多的商品信息，这样，有关商品的结构、生产时间、材料组成、销售状况及处理建议等信息就可以通过条形码加注在商品上，也便于对进入回收流通的商品进行有效和及时的追踪。

5. 法制化原则

尽管逆向物流作为产业而言还只是一个新兴产业，但是逆向物流活动从其来源可以看出，它如同环境问题一样并非新生事物，它是伴随着人类的社会实践活动而产生的，只不过是在工业化迅猛发展的过程中使这一"暗礁"浮出水面而已。然而，正是由于人们以往对这一问题的关注较少，所以市场自发产生的逆向物流活动难免带有盲目性和无序化的缺点。如近年来我国废旧家电业异常火爆，据调查分析，一些人是通过给旧家电"穿"新衣来牟利的，这是以侵犯广大农户和城市低收入家庭等低收入消费群体的合法权益为代价的，亟须政府制定相应的法律、法规，引导和约束废旧家电业。而利润丰厚的"礼品回收"则会助长腐败，是违法的逆向物流，应坚决予以取缔。还有废旧轮胎的回收利用，我国各大城市街区垃圾箱受损、井盖丢失、电缆被盗割、固体废物走私犯罪活动等，如废旧机电、衣物及车辆的流通，汽车黑市等违法的逆向物流活动等都亟须国家制定相关的法规进行约束。

6. 社会化原则

从本质上讲,社会物流的发展是由社会生产的发展带动的,当企业物流管理达到一定水平时,其对社会物流服务就会提出更高的数量和质量要求。企业回收物流的有效实施离不开社会物流的发展,更离不开公众的积极参与。在国外,企业与公众参与回收物流的积极性较高,在许多民间环保组织如绿色和平组织的巨大影响下,已有不少企业参与了绿色联盟。

(二) 逆向物流的重要性

1. 提高潜在事故的透明度

逆向物流在促进企业不断改善品质管理体系上具有重要的地位。ISO 9001(2000年版)将企业的品质管理活动概括为一个闭环式活动——计划、实施、检查、改进,逆向物流恰好处于检查和改进两个环节上,承上启下,作用于两端。企业在退货中暴露的品质问题,将通过逆向物流资讯系统不断传递到管理层,提高透明度,管理者可以在事前不断地改进品质管理,以根除产品的不良隐患。

2. 提高顾客价值,增强竞争优势

在当今顾客驱动的经济环境中,顾客价值是决定企业生存和发展的关键因素。诸多企业通过逆向物流提高顾客对产品或服务的满意度,赢得顾客的信任,从而增强其竞争优势。一方面,对于最终顾客来说,逆向物流能够确保不符合订单要求的产品及时退货,有利于消除顾客的后顾之忧,增强其对企业的信任感和忠诚度,扩大企业的市场份额;另一方面,对于供应链上的企业客户来说,上游企业采取宽松的退货策略,能够减少下游客户的经营风险,改善供需关系,促进企业间的战略合作,强化整个供应链的竞争优势,特别是对于时效性比较强的产品,退货策略所带来的竞争优势更加明显。

3. 降低物料成本

减少物料耗费、提高物料利用率是企业成本管理的重点,也是提高企业效益的重要手段。传统管理模式的物料管理仅局限于企业内部物料,不重视企业外部废旧产品及其物料的有效利用,造成大量可再生资源的闲置和浪费。由于废旧产品的回购价格低、来源充足,对这些产品回购加工可大幅度降低企业的物料成本。

4. 改善企业环境行为,塑造企业形象

随着群众生活水平和文化素质的提高,人们的环境意识日益增强,消费观念发生了巨大变化,顾客对环境的期望越来越高。另外,由于不可再生资源的稀缺性以及环境污染的日益加重,各国都制定了相关的环境保护法规,为企业的环境行为规定了一个约束性标准。企业的环境业绩已成为评价企业运营绩效的重要指标。为了改善企业的环境行为,提升企业在公众中的形象,许多企业纷纷采取逆向物流战略,以减少产品对环境的污染及资源的消耗。

三、逆向物流管理模式

(一) 逆向物流系统的组成要素

1. 进入逆向物流系统的物品分析

逆向物流产生的途径多种多样,划分的标准也不尽相同。回返品的类型不同,其逆向物流产生的原因也各不相同。这些逆向物流产品最终都将进入逆向物流系统,是逆向物流系统的组成要素之一。

(1) 停止使用的产品。随着产品生命周期的缩短,很多产品在使用功能没有完全消耗结束时就进入了淘汰期,这些产品仍然是具有价值的资源。对于该类产品,主要是采用重新制造、加工和再循环等方式加以回收。如通过对计算机、复印机零件拆卸重新组装,回收产品的整体或部分零件用于新产品再制造过程等。停止使用的产品也可能由于环境法规的要求必须回收。

(2) 商业返回。这类产品主要是在产品销售过程中,因为某些原因使得产品不能继续销售,只能从经销商返回制造商等供应链上游企业的产品。商业返回主要包括以下四类产品:

①停售产品。这种产品在质量和规格上没有缺陷,只是由于某种原因决定停止销售。

②季节性产品。如泳衣、滑雪板和月饼等,只在某个特定时期销售,当销售季节结束时,降价销售或通过物流系统尽可能回收部分价值。

③过量库存。这类产品也是在质量和规格上完好的产品,但销售进度非常缓慢,占用库存和流动资金,使机会成本增加。

④缺陷品。零售商或消费者发现产品在质量或规格上有残次,补偿消费者后将残次品送回生产商或供应商。

2. EOL

EOL (End of Life) 是指产品由于主体使用功能已经消耗殆尽,主要倾向于回收利用产品中有价值的部分和回收原材料。生命周期结束的产品虽然功能减退,但可以被利用,可以作为备件资源。

3. 包装材料

包装材料是逆向物流中重要的一类,纸箱、玻璃瓶、托盘和集装箱等不需要再处理加工,只要进行简单的清洗等工序就可以直接被再次利用。

(二) 逆向物流系统中产品的处置方式

逆向物流活动中包含的产品类别不同,在逆向物流系统中的处置方式也不相同。

1. 直接返回供应商

例如,在汽车行业,大型汽车公司允许它们的经销商每年有一定数额的汽车返回量,从而使得汽车经销商有能力购买及储存其他的新型汽车。

2. 作为新产品再次出售

一些被退回的产品可能还未被使用过,或根本没有拆封,这种产品可以作为新产品再次投放市场。

3. 折价销售

鞋帽服装业,一些产品由于质量问题被退货,或者商店处理的过季存货,不能作为新产品出售,只能放到折扣商店折价销售。通过折扣店销售产品,可以减少返回产品的逆向物流操作,比其他的逆向物流处理方式获取更多的利润。

4. 出售给二手市场

如果返回的产品无法直接出售,又不能退货给供应商,可以以低廉的价格出售给次级市场,满足特定消费者的需要。

5. 再制造恢复价值

再制造加工是对返回的产品进行重新加工,部分或全部恢复其使用价值。再生产加工出来的产品同样具有质量保证,可以作为新产品出售。

6. 材料回收

有些物品(如电路板等)含有少量可以回收的有价材料(如贵金属等);有些则可以回收再利用(如一些高分子材料等)。

（三）逆向物流系统的功能结构

1. 收集

收集是以有偿或者无偿的方式从物品持有环节将各种物品返回制造企业或者某个回收中心。收集产品是一种多对一的模式，从多个节点向同一个节点流动，因此，收集的过程复杂，涉及物品数目巨大，物品位置分散，运输批量较小，物流成本较高。

2. 检测与分类

由于退回产品的原因各异，产品所处的状态也不相同，必须对退回产品进行有效的检测和分类，以此来确定产品的价值和重新利用的方式，以便下一个环节的处理。检测与分类是逆向物流系统中最重要的一个环节，这个环节效率的高低决定了逆向物流系统后期处理效率的高低。

3. 再处理

回收产品经过检测和分类后，进入企业内部进行再处理。再处理通常使用的方式有再使用、再制造和再循环。通过再处理，企业可以获得回收产品残余的价值，因此，再处理效率的高低决定着整个逆向物流系统的经济效益。一般而言，再处理需要专门的设备，而设备投资较高，因此，要求回收产品数量较大，以形成规模效益。

4. 废弃处理

生产过程中残余的各种边角余料，以及回收的产品和零部件，由于技术等原因不能恢复使用价值的，回收可以重新利用的原材料后进入废弃处理环节，通过填埋和焚烧进行处置。

5. 再分销

再分销是指将恢复使用价值的产品或者零部件通过特定的渠道销售给消费者。这些渠道主要有二手市场、维修服务或捐赠等。

每个企业建立的逆向物流系统或某种特殊产品的逆向物流系统都不尽相同，可能有些系统包括上述所有功能模块，而另一些只包括其中的某些功能模块。

（四）废弃物物流管理

1. 废弃物物流的种类

废弃物物流是指企业在生产过程中不断产生的、基本或完全失去使用价值，无法重新回收利用的最终排放物的回收处理程序。废弃物物流根据废弃物的性质和特点通常分为：

（1）固体废弃物物流。一般采用专用的垃圾处理设备及程序处理。

（2）液体废弃物物流。一般采用管道方式收集，再进行分解和净化处理后向河流排放。

（3）气体废弃物物流。一般采用管道系统直接向空气排放。

（4）产业废弃物物流。那些被再生利用后不能再使用的最终废弃物，它的物流因产业特点而定。

废弃物物流处理的过程基本相同，都包括收集和处理，但处理方式各有不同。

2. 废弃物物流的合理化

废弃物物流过程与能源、资源及生态环境有着密切的关系，并形成了一个将废弃物的所有发生源都包括在内的广泛物流系统。这个系统包括三个方面：尽可能减少废弃物的排放量、对废弃物在排放前进行预处理、对废弃物进行最终处理。

（1）生产过程产生的废弃物物流的合理化。为了减少废弃物的排放，首先要从生产设计、工艺管理和人员素质等方面抓起，通过加强管理，减少废弃物的排放而减轻废弃物物流的压力。生产过程废弃物物流的合理化包括：建立对废弃物收集和处理的管理体系，并进行系统管理，控制废弃物的排放量；在产品设计、研制和开发中就将废弃物的收集和无害处理作为重要因素系统一考虑；加强各个生产工序的管理，从而加强其对排放物回收利用的深度和广度；提高企业进行废弃物厂内合理化处理的能力，减少未经处理就直接排放到外部而造成的社会影响。

（2）流通、消费领域产生的废弃物物流的合理化。这个领域的特点与生产过程不同，对废弃物的形成造成影响的主要是流通管理和环保意识的宣传。所以，这个环节要关注的是：宣传并号召遵守相关的法律、法规，使商业企业和消费者行动起来，积极支持产品废弃物的收集和处理工作；流通企业要加强流通管理，减少流通过程中产生的废弃物物流；流通企业应规划好流通物流，将消费者产生的产品包装废弃物及商品报废形成的废弃物纳入企业废弃物回收系统，不作为城市垃圾处理；建立相应机制，鼓励员工积极参与流通过程的废弃物回收和处理工作。

（3）企业排放废弃物物流的合理化。针对企业最终排放的废弃物如何实现物流合理化的问题，主要应做好以下几个方面的工作：根据消费者的分布特点，建立符合当地商品流通环节的收集系统，并优化这个系统的收集和搬运程序，减少废弃物运输量；焚烧或掩埋废弃物要防止二次污染；对最终废弃物的处理采取综合考虑的策略，在处理废弃物的同时产生一些对社会有益的服务和产品。

案例思考

中国逆向物流成本达万亿元规模

电商网购、O2O零售大战，当消费者享受着便利的购物体验时，企业可能正面临着一个巨大的挑战——逆向物流，也就是由于缺陷召回、退换货等引发的从客户端到企业端的物流。

2015年12月19日，上海市物流协会逆向物流分会在同济大学正式成立。中国物流学会副会长、曙光研究院院长郝皓对《第一财经日报》记者表示，引发逆向物流的因素有很多，比如换季退货、维修退货、积压库存、生产报废等，估计占企业销售总额的5%左右。

根据专业机构的调研预测，中国物流市场的容量大概为5万亿元，而逆向物流约占其中的20%，也就是说，逆向物流为1万多亿元。

目前我国很多企业逆向物流的成本占到了总成本的20%以上，远远高于发达国家企业4%的平均水平。实际上，逆向物流现已成为我国企业发展的瓶颈。

"因为逆向物流无法预估，现阶段，绝大部分的企业还只是将注意力集中在正向物流的发展上，并没有真正意识到逆向物流的价值。"郝皓说。

哪些领域正在贡献着庞大的逆向物流的市场空间？

郝皓分析说，首先，大量的逆向物流来自电商网购带来的退货。专业调研机构的数据显示，2013年"双11"电商退货率平均占销售量的25%，部分商家高达40%。

2014年3月15日，国家颁布了新的《消费者权益保护法》，规定网购可享七天内无理由退货。而根据国家邮政局的预测，2015年"双11"期间（11月11日至11月16日），全行业处理的邮件、快件业务量将超过7.8亿件，最高日处理量可能突破1.6亿件。这也会产生巨大的退货量。

其次，与网购相似，线下零售也存在同样问题。比如沃尔玛、家乐福、大润发、苏宁家电（包括永乐）等大型零售卖场每月或每季由于产品换季、滞销、质量残缺、包装等问题退货给供应商是一种"常态"。

上汽大众高级经理陶铁元表示，汽车业也会有大量的逆向物流，包括汽车零部件退货、汽车召回、报废汽车资源再利用、生产中的废弃物处理等。

郝皓说，产品风险存在于产品生命周期的各个阶段，比如产品过时或者过于超前，不适应市场的需要，产品定价不当导致库存退货，而这些也会引发不同类别的逆向物流。

虽然我国逆向物流目前处于观念引进的阶段，与美国、日本和欧洲等发达国家相比还存在很大差距，但对于逆向物流的重视，已经开始。

2014年，国务院印发的《物流业发展中长期规划（2014—2020年）》中明确指出，要大力发展逆向物流和绿色物流。2015年7月4日，《国务院关于积极推进"互联网+"行动的指导意见》强调，"充分发挥互联网在逆向物流回收体系中的平台作用""利用物联网、大数据开展信息采集、数据分析、流向监测，优化逆向物流网点布局"。

由于退货、召回等发生的不确定性，企业一般不会在逆向物流上做过多的投资，这也反过来形成对企业利润的侵蚀。"事实总是我们知道有逆向，但是压根不知道这些产品去了哪里，处置的费用是多少。"

调研发现，现阶段绝大部分的企业管理者还只是将注意力集中在正向物流的发展上，并没有真正意识到逆向物流的价值。

同时，由于逆向物流无法预估，且对于系统的柔性化要求较高，我国现有的物流信息网络很难达到要求，各企业也因持怀疑态度而不愿投资。

另外，廉价的劳动力资源仍是我国现阶段最有利的资源，因此，企业不愿意在逆向物流上做过大的投资。而且我国相关的立法也不够完善，对于企业的监管力度也不足。

从国际经验来看，逆向物流可以成为企业的利润中心。在我国许多企业还在承受占总成本20%以上的逆向物流成本时，全球范围内的一些主要跨国企业如杜邦、巴斯夫、宝马、IBM、康明斯等，都因为积极实施逆向物流而带来了可观的经济效益和社会价值。

郝皓说，上海既有"四个中心"建设又有自贸区等"天时地利"的优势，而且全球500强企业多在上海集聚，有着大量的逆向物流需求，但目前不管是从事逆向物流的企业还是相关人力资源都普遍稀缺。因此，上海更有必要构建逆向物流的资源平台，对逆向物流管理的规范、标准、技术、体系和信息系统等展开研究和探讨，针对电商环境下越来越多的退货和制造企业的产品回收及召回等问题，组织物流企业和生产企业展开治理改善。

据介绍，上海市物流协会逆向物流分会目前正研制起草四项逆向物流的国家标准：《非危液态化工产品逆向物流通用服务规范》《非危液态化工产品逆向物流方案设计要求》《非危液态化工产品逆向物流服务质量评价指标》与《非危液态化工产品逆向物流作业规范》。与此同时，逆向物流分会联合国际逆向物流协会（RLC）提出并开发全球首个"主动式逆向物流管理参考模型（RLOM）"，填补了该领域的国内外空白。

（案例来源：第一财经日报）

案例思考：
如何通过逆向物流降低物流成本？

第二节 绿色物流

20世纪90年代初期，西方企业界及物流学术界的学者就提出了绿色物流（Green Logistics或Environmental Logistics）的概念，绿色物流很快就得到了政府、学术界和企业界的高度重视。一方面，政府通过立法限制物流过程中的环境影响，例如，欧盟、美国和日本等发达国家都制定了严格的法规限制机动车尾气排放和废弃物污染；另一方面，发达国家提出了发展循环型经济的目标，积极扶持逆向物流的发展。很多跨国公司都积极响应这一行动，施乐、惠普等大型跨国公司都实施了逆向物流的项目，并且收益显著。

一、绿色物流的含义

绿色物流是 20 世纪 90 年代中期提出的一个新概念,目前还没有统一的定义。有的学者认为,绿色物流就是对环境负责的物流系统,既包括从原材料的获取、产品生产、包装、运输、仓储直至送达最终用户手中的前向物流过程的绿色化,也包括废弃物回收与处置的逆向物流。

也有学者认为,绿色物流是与环境相协调的物流系统,是一种对环境友好且有效的物流系统。

美国逆向物流执行委员会在研究报告中对绿色物流的定义是:绿色物流也被称为"生态型的物流",是一种对物流过程产生的生态环境影响进行认识并使其最小化的过程。

我国《物流术语》(GB/T 18354—2006)中,对绿色物流的定义是:"在物流过程中抑制物流对环境造成危害的同时,实现对物流环境的净化,使物流资源得到最充分利用"。这一概念是以可持续发展理论、生态经济学理论和生态伦理学理论为理论基础,以物流具体运行模式为样板逐步形成的。

从国外不同学者的定义可以看出,绿色物流实际上是一个内涵丰富、外延广阔的概念。凡是以降低物流过程中的生态环境影响为目的的一切手段、方法和过程都属于绿色物流的范畴。可以认为,绿色物流是指以降低污染物排放、减少资源消耗为目标,通过先进的物流技术和面向环境管理的理念,进行物流系统的规划、控制、管理和实施的过程。"绿色"(Green)和"物流"(Logistics)组合在一起的"绿色物流"(Green Logistics)一词,代表着与环境相协调的高效运输配送系统。

我国自加入 WTO 以来,国际贸易日益增多,国内企业不仅面临同类国际企业的产品质量竞争,而且还将面临有关的环境贸易壁垒。国内少数企业及学者已经在绿色生产、绿色包装、绿色流通、绿色物流方面进行了有意义的探索,认为绿色物流是指在运输、储存、包装、装卸、流通加工等物流活动中,采用先进的物流技术、物流设施,最大限度地降低对环境的污染,提高资源的利用率。

绿色物流既包括企业的绿色物流,又包括社会对绿色物流的管理、规范和控制。从绿色物流的范围来看,它既包括各个单项的绿色物流功能要素(如绿色运输、绿色包装、绿色储存等),还包括为实现资源再利用而进行的废弃物循环物流。因而,绿色物流至少应该从两个层次来定义,即微观层次和宏观层次。

在微观层次,绿色物流从物流活动的开始就注意防止环境污染,以先进设施和科学管理为手段,在运输、储存、装卸、搬运、包装、流通加工、配送、信息处理等功能要素中,实现节能、降耗以及减少环境污染,并由此实现盈利目的。

在宏观层次,绿色物流旨在通过对城市、区域乃至全国的产业布局、人口布局进行合理规划,适当调整,尽量减少重复的物流活动,降低总的物流发生量;提倡环境友好的物流技术,用健全的标准体系来规范物流企业的环境行为,建立绿色物流评审制度,从技术和管理上抑制物流对环境的影响;大力发展废弃物流,使之规范化、产业化,最终实现物流与经济、社会的协调可持续发展。

二、绿色物流的必要性

绿色物流适应了社会发展的潮流,是全球经济一体化的需要。随着全球经济一体化的发展,一些传统的关税和非关税壁垒逐渐淡化,环境壁垒逐渐兴起,为此,ISO 14000 成为众多企业进入国际市场的通行证。ISO 14000 的两个基本思想就是预防污染和持续改进,它要求企业建立环境管理体系，使其经营活动、产品和服务的每一个环节对环境的不良影响降到最低。而国外物流企业起步早，物流经营管理水平相对完善，势必给国内物流企业带来巨大冲击。

绿色物流是可持续发展的一个重要环节。绿色物流与绿色制造、绿色消费共同构成了一个节约资源、保护环境的绿色经济循环系统。绿色制造是制造领域的研究热点，是指以节约资源和减少污染的方式制造出绿色产品，是一种生产行为。绿色消费是以消费者为主体的消费行为。三者相互渗透、相互作用。

绿色物流是最大限度降低经营成本的必由之路。一般分析认为，产品从投产到销出，制造加工时间仅占10%，而几乎90%的时间为储运、装卸、分装、二次加工、信息处理等物流过程。因此，物流专业化无疑为降低成本奠定了基础。绿色物流不仅仅是物流成本的降低，它更重视的是绿色化和由此带来的节能、高效、少污染。

绿色物流还有利于企业取得新的竞争优势。日益严峻的环境问题和日趋严格的环保法规，使企业为了持续发展，必须积极解决经济活动中的环境问题，改变危及企业生存和发展的生产方式，建立并完善绿色物流体系，通过绿色物流来追求大于竞争对手的相对竞争优势。

三、绿色物流的理论基础

（一）可持续发展理论

可持续发展是一种全新的发展观，最初见于1962年美国学者雷切尔·卡尔逊所著《寂静的春天》一书。1987年由挪威首相布伦特兰夫人领导的世界环境与发展委员会（WECD）（又称"布伦特兰委员会"）发表了题为《我们共同的未来》的研究报告，该报告明确了可持续发展指的是"既满足当代人的需要又不危及后代人满足其需要的发展"。这是可持续发展概念诞生的标志，这个概念强调了发展的必要性和限制性。

可持续发展的定义很多，关于其定义，有学者统计有70余种，这些定义可以归纳为以下几个方面：

1. 从生态环境及其保护角度的定义

国际生态学联合会（INTECOL）和国际生物科学联合会（IUBS）联合举行的关于可持续发展问题的专题研讨会定义可持续发展为："保护和加强环境系统的生产和更新能力"，即可持续发展是不超越环境系统的再生能力的发展。

美国景观生态学家福尔曼认为，可持续发展是"寻找一种最佳的生态系统和土地利用的空间结构以支持生态的完整性和人类愿望的实现，使环境的持续性达到最大"。

2. 从经济学角度的定义

英国环境经济学家皮尔斯和沃福德在《世界无末日》一书中提出了以经济学语言表达的可持续发展的定义："当发展能够保证当代人的福利增加时，也不应该使后代人的福利减少。"爱德华在《经济、自然资源、不足和发展》一书中，将可持续发展定义为："在保证自然资源的质量和其所提供服务的前提下，使经济发展的净利益增加到最大程度。"

3. 从社会属性角度的定义

世界自然保护同盟、联合国环境署和世界野生生物基金会共同发表的《保护地球——可持续生存战略》中提出的可持续发展定义为："在保护自然资源的质量和其所提供服务的前提下，使经济发展的净利益增加到最大程度。"

4. 从技术性角度的定义

世界资源研究所着重从技术的角度提出可持续发展的定义："可持续发展就是建立极少产生废料和污染物的工艺或技术系统。"还有的学者给出的定义为："可持续发展是转向更清洁、更有效的技术，尽可能地接近零排放或密闭式工艺方法，尽可能减少能源和其他自然资源的消耗。"

从以上描述可以看出，可持续发展因研究角度不同，其定义也就不同。

（二）生态经济学理论

生态经济学是指研究再生产过程中，经济系统与生态系统之间的物流循环、能量转化和价值增值规律及其应用的科学。生态经济学认为，在现代经济、社会条件下，现代企业是一个由生态系统与经济系统复合组成的生态经济系统。其中，企业的经济效益涉及与当前和局部更密切相关的利益，而环境效益则关系到更宏观和长远的利益。经济效益与环境效益是对立统一的。后者是前者的自然基础和物质源泉，而前者是后者的经济表现形式。

现代企业管理的对象、目标、任务、职能、原则等都具有经济与生态的两重性，必须通过有效的管理来实现其中经济与生态两个方面的有机统一与协调发展。而物流是社会再生产过程中的重要一环，其过程中不仅有物质循环利用、能源转化，而且有价值的转移和实现。因此，物流涉及经济与生态环境两大系统，理所当然地成为经济效益与生态环境效益之间彼此联系的桥梁。然而，传统的物流管理没有处理好两者的关系，过多地强调了经济效益，而忽视了环境效益，导致社会整体效益的下降。现代绿色物流管理的出现较好地解决了这一问题。

绿色物流以经济学的一般原理为指导，以生态学为基础，对物流中的经济行为、经济关系和规律与生态系统之间的相互关系进行研究，以谋求在生态平衡、经济合理、技术先进条件下的生态与经济的最佳结合以及协调发展。

（三）生态伦理学理论

人类所面临的生态危机，迫使人们不得不反思自己的行为，不得不承担人类对于生态环境的道德责任。这就促成生态伦理学的产生和发展。生态伦理学是关于人类对地球上的动物、植物、微生物、生态系统和自然界的其他事物行为的道德态度和行为规范的研究，是从道德角度研究人与自然关系的交叉学科。它根据生态学揭示的自然与人相互作用的规律性，以道德为手段，从整体上协调人与自然环境的关系。它的主要特征是，把道德对象的范围从人与人、人与社会关系的领域，扩展到人与其他生命和自然界关系的领域，主张不仅对人讲道德，而且对其他生命和自然也要讲道德。

生态伦理迫使人们对物流中的环境问题进行深刻反思，从而产生了一种强烈的责任心和义务感。为了子孙后代的切身利益，为了人类更健康和安全地生存与发展，人类应当维护生态平衡。这是人类不可推卸的责任，是人类对于自然所应尽的义务。现代绿色物流管理正是从生态伦理学取得了道义上的支持。

（四）环境成本理论

成本是用来表述消耗的物化劳动和活劳动的概念。按照"环境责任原则"，企业的生产经营活动对生态环境所造成的损害，需要以污染后的某种支出作为赔付和补偿；另外，按照"预防为主原则"，企业也应采取积极措施，在污染发生之前或之中主动的治理。实际上，从事与环境有关的活动，必然有某种支出的发生，即形成环境成本。尽管人们对环境成本已经有足够的认识，但对环境成本的精确定义却缺乏统一的意见。联合国在"改进政府在推动环境管理会计中的作用"有关会议的报告文件《环境管理会计——政策与联系》中，将环境成本广义地定义为"破坏环境和与环境保护有关的全部成本，包括外部成本和内部成本"。目前比较权威的定义是"环境成本是指本着对环境负责的原则，为管理企业活动对环境造成的影响而采取或被要求采取的措施成本，以及因企业执行环境目标和要求所付出的其他成本"。这一定义，以明确企业的环保责任为中心,将企业对环境的影响负荷费用和预防措施开支列入核算对象,提出环境成本的目标是管理企业活动对环境造成的影响及执行环境目标所应达到的要求。

我国学者对环境成本的分类以北京大学王立彦教授为代表,他对我国的环境成本分类做了比较深入的研究。他认为精确定义环境成本比较困难,但从不同视角对环境成本概念加以阐释,进而讨论其确认与计量。为此,他给出了环境成本的不同分类:

(1) 不同空间范围的环境成本,包括内部环境成本和外部环境成本。

(2) 不同时间范围的环境成本,包括过去环境成本、当期环境成本和未来环境成本。

(3) 不同功能的环境成本,包括弥补已发生的环境损失的环境性支出、用于维护环境现状的环境性支出、预防将来可能出现不良环境后果的环境性支出。

四、绿色物流系统的构成

(一) 绿色供应物流

原材料供应是整条绿色供应链的源头,人们必须严格控制源头的污染。从大自然提取的原材料,经过各种手段进行加工形成零件,同时产生废料和各种污染。这些副产品一部分被回收处理,另一部分返回大自然。零件装配后成为产品,进入流通领域。被销售给消费者,消费者在使用的过程中,要经过多次维修再使用,直至其生命周期结束而将其报废。产品报废后经过拆卸,一部分零件被经回收直接用于产品的装配,一部分零件经过加工形成新的零件,剩下部分废物经过处理,一部分形成原材料,另一部分返回大自然,经过大自然的降解,再生形成新的资源,通过开采形成原材料。从材料的循环生命周期可以看出,整个循环过程需要大量的能量,同时也会产生许多环境污染物,这就要求生产者在原材料的开采、生产、产品制造、使用、回收再用以及废料处理等环节中,充分利用能源和节约资源,减少环境污染。绿色供应过程就是制造商在产品生产时,向原材料供应商进行原材料的采购。为了保证供应活动的绿色性,下面主要对原材料供应商和物流活动进行分析。

1. 选择绿色供应商进行合作

在选择供应商时,需要考虑的主要因素有产品质量、价格、交货期、批量柔性、品种多样性和环境友好性等。积极的供货方把目光聚焦在环境友好性的提高上,对供货的产品有绿色性的要求。目的是降低材料使用,减少废物产生。因此,供货方应该对生产过程的环境问题、有毒废物污染、是否通过 ISO 14000、产品包装中的材料、危险气体排放等进行管理。

2. 评价物流活动的环境因素

在运输、保管、搬运、包装、流通加工等物流作业过程中,对环境产生的负面影响进行评价。评价指标包括:

(1) 运输作业对环境的负面影响主要表现为交通运输工具的燃料能耗、有害气体的排放、噪声污染等。

(2) 保管过程中是否对周边环境造成污染和破坏。

(3) 搬运过程中是否有噪声污染,因搬运不当破坏商品实体,造成资源浪费和环境污染等。

(4) 在包装作业中,是否使用了不易降解、不可再生资源、有毒的材料,造成环境污染。

(二) 绿色生产物流

生产过程是指为了获得所要求的零件形状而施加于原材料上的机械、物理、化学等作用的过程。这一过程通常包括毛坯制造、表面成形加工、测试等环节。绿色生产物流包括绿色设计、绿色制造工艺流程规划、绿色生产资源的选择和充分利用、生产设备的选择、生产环境的改善等。

1. 绿色设计

绿色设计是指在产品及其生命周期全过程的设计中，除了要考虑产品的功能、质量、开发周期和成本之外。同时还要充分考虑其对资源和环境的影响，通过优化各有关设计因素，使产品及其制造过程对环境的总体影响和资源消耗减到最小。

2. 绿色制造工艺流程规划

在工艺方案选择的过程中，要对环境影响比较大的因素（如加工方法、机床、刀具和切削液的选择）加以分析。尽量根据车间资源信息，生成具有可选择的多工艺路线，提高工艺选择简捷化程度，达到节约能源、减少消耗、降低工艺成本和污染处理费用的目的。

3. 绿色生产资源的选择和充分利用

随着加工水平的提高，尽量减少加工余量，便于减少材料的浪费和废料的处理，还应考虑到切削废料的回收、分类、处理和再利用。

4. 生产设备的选择

对于生产设备，要考核设备在实际运行过程中的能源、资源消耗及环境污染情况。一般要做到：零部件具有较好的通用性；维修或保养时间合理，费用适宜；维修人员劳动强度不太大等。

5. 生产环境的改善

在绿色产品制造中，通过改善生产环境、调整工作时间及减轻劳动强度等措施，可提高员工的劳动积极性和创造性，提高生产效率。

（三）绿色分销物流

绿色分销物流是指企业对销售环节进行生态管理，它包含分销渠道、中间商的选择、网上交易和促销方式的评价等。企业要根据产品和自身特点，尽量缩短分销渠道。具体内容包括：减少分销过程中的污染和社会资源的损失；选择中间商时，应注意考察其绿色形象；开展网络销售，作为新的商务方式，电子商务是符合环保原则的，发展前景广阔；在促销方式上，企业一方面要选择最有经济效益和环保效益的方式；另一方面更要大力宣传企业和产品的绿色特征。

1. 采用绿色包装

消费者购买产品后，其包装一般来说是没有用的，如果任意丢弃，既对环境产生污染，又浪费包装材料。绿色包装主要从以下几个方面进行考虑：一是实施绿色包装设计，二是优化包装结构，三是减少包装材料，四是考虑包装材料的回收、处理和循环使用。

2. 进行绿色运输

绿色运输主要集中在配送、资源消耗和合理规划运输路径三个方面。集中配送是指在更宽广的范围内考虑物流合理化问题，减少运输次数。资源消耗是指在货物运输中控制运输工具的能量消耗。合理规划运输路径，就是以最短的路径完成运输过程。

（四）绿色回收物流及绿色废弃物物流

工业技术的改进使得产品的功能越来越全面，同时产品的生命周期也越来越短，这就造成了越来越多的废弃物消费品。废弃物消费品不仅造成严重的资源和能源浪费，而且成为固体废弃物和污染环境的主要来源。产品废弃阶段的绿色性主要是指回收利用、循环再用和报废处理。

1. 产品的回收需经过收集、再加工、再生产品的销售三步完成

产品的回收通过收集可重用零部件来实现，它又分为：可直接重用的零部件和修理、整修、再制造、零件拆用、材料回收等，生产出多种再生产品；可再生零部件，即零部件本身完全报废，但其材料可再生后再利用。可将废旧产品运输到回收加工工厂处理，最后把再生产品运输到销售地点进行销售。

2. 产品的循环再利用

产品的循环再利用是指本代产品在报废或停止使用后,产品或其零部件在多代产品中的循环使用和循环利用的措施。

3. 完全无用的废弃物的处理

在初步处理和再加工过程中产生的废弃物需要采用填埋、焚烧等方式处理。

五、逆向物流与绿色物流的关系

(一) 逆向物流与绿色物流的区别

虽然逆向物流活动的实施有助于减轻废旧产品对环境的危害,但是逆向物流与绿色物流之间存在本质的不同,逆向物流是指与传统供应链相反的物流活动,而绿色物流是指所有的物流活动,也包括逆向物流活动,其都应尽可能提高物流资源利用效率,同时减轻对环境的危害,从而降低外部经济性,实现自身和社会经济的可持续发展。

(二) 逆向物流绿色化

逆向物流绿色化是指在逆向物流过程中抑制物流对环境造成危害,实现物流环境净化,尽可能使物流资源得到最充分利用,废弃物得到无害化绿色处理。逆向物流绿色化的行为主体主要是专业物流企业,同时也涉及相关生产企业和消费者。

逆向物流绿色化不仅对环境保护和社会可持续发展具有重要意义,也给企业带来经济效益。逆向物流绿色化价值主要体现在两个方面:一方面是社会价值。逆向物流绿色化是一种节约资源、保护环境的理念。因此,实施逆向物流绿色化管理是一项有利于社会可持续发展的战略措施。对于企业而言,实施绿色化战略,将给企业带来明显的社会价值,如企业形象、企业信誉、企业责任等。另一方面为经济价值。实施逆向物流绿色化可以使企业节约资源,降低物流成本,降低物流过程的环境风险,使其成为企业的第三利润点。同时,实施逆向物流可以降低企业的原料成本,提升客户服务价值,增强企业竞争优势。

逆向物流绿色化是发展循环型经济,实现可持续发展的重要途径。针对逆向物流如何做到绿色化,具有以下几点措施:

1. 废弃物最小化

由于在产品整个生命周期过程中必然存在资源的消耗,使得人类在自身发展的同时,让子孙后代将面临资源匮乏的问题,虽然不可以使不可再生资源实现再生,但是可以在满足自身需求的同时减少资源的使用,减少浪费。废弃物管理是未来生产活动的一个重要组成部分,并将成为工业生产模式进化的目标。废弃物管理通常对于工业生产过程中的剩余物进行最小化。

有两个途径可实现废弃物的最小化:

第一,从废弃物的生成上预防废物的产生。

第二,通过4Rs的方法对已有废弃物实行"变废为宝"。其具体方法为:减少废弃物数量、废弃物再利用、废弃物循环、废弃物回收。

2. 优化逆向物流管理

逆向物流涉及的范围主要体现在两个方面:生产企业的逆向物流和流通领域的逆向物流。生产企业的逆向物流的绿色化措施是废物管理,废物管理将成为未来工业生产的一个重要组成部分。

流通领域逆向物流所包含的各种活动中,管理客户退回的商品是其中最重要的活动。对流通领域的逆向物流管理,可采用如下对策:

第一，在商品流通中，尽量减少商品的回流量。首先，应防止商品回流，有些商品回流是可以避免的（或是最少化的），如运输受损的商品、由于不信任未来的售后服务而退货等。对此类问题，可以通过加强逆向物流的起始点控制，如尽量让顾客满意，加强与顾客的联系，加强售后服务等；或是采用零返品物流策略，如在营销计划中，鼓励客户妥善处理回流商品（如直接再利用）或限制分销商的商品回流额度。其次，要树立面向拆卸的设计理念，即在商品设计时就要考虑如何使回流产品的处理更容易，以便产品的翻新、再装（再制造）或物料的回收。

第二，从供应链的视野最终建立起包括供应商、制造商、批发商、零售商和消费者（用户群）在内的生产、流通、消费、再利用的循环物流系统。

第三，逆向物流信息化。从逆向物流的运作模式可知，逆向物流具有不确定性和复杂性的特点，在实施逆向物流管理时，有关产品回收的信息和再处理的信息也具有不确定性。例如，产品成分构成及产品回收数量的信息、再制造零部件及物料需求信息、产品回收处理作业的信息等都是不确定的。信息的不确定性制约了逆向物流管理的效率和功效。从某种意义上说，信息化在逆向物流中的重要性要大于正向物流。

加强逆向物流信息化力度为可持续发展提供技术保障具有重要意义，具体来说，通过以下几方面来实现：

第一，利用先进的信息技术来帮助逆向物流，使其规范化。例如，利用条形码技术可实现对产品的有关信息以及产品的基本资料、规格、生产厂商、质量状况、退货原因等一些信息进行管理，这样便于对进入逆向物流的商品进行有效及时的跟踪。

第二，建立并完善逆向物流信息系统，针对逆向物流从入口到最后处理的全过程进行信息动态跟踪和管理，以便能够有效地缩短逆向物流处置周期。与此同时，基于电子数据交换（EDI）的信息系统还能使制造商与销售商之间共享退货信息，从而为服务商提供包括质量评价和产品生命周期在内的各类营销信息，减少逆向物流过程中的不确定性，使退货在最短时间内分流，为企业节约大量的库存成本和运输成本。

本章小结

绿色物流从物流活动的开始就注意防止环境污染，以先进设施和科学管理为手段，在运输、储存、装卸、搬运、包装、流通加工、配送、信息处理等功能要素中，实现节能、降耗以及减少环境污染，并由此实现盈利目的。虽然逆向物流活动的实施有助于减轻废旧产品对环境的危害，但是逆向物流与绿色物流之间存在本质的不同，逆向物流是指与传统供应链相反的物流活动，而绿色物流是指所有的物流活动，也包括逆向物流活动，其都应尽可能提高物流资源利用效率，同时减轻对环境的危害，从而降低外部经济性，实现自身和社会经济的可持续发展。

思考与练习

一、单项选择题

1. 那些无明显使用价值的废料，一般通过销毁、填埋等方式予以处理，这一过程称为（　　）。
   A. 废弃物料　　　　　　　　B. 回收物料
   C. 呆滞物料　　　　　　　　D. 陈旧物料

2. （　　）是指一段时间内（如一年）未使用或存量超出一段时期内需用量的物料。
   A. 废弃物料　　B. 回收物料　　C. 呆滞物料　　D. 陈旧物料

3. （　　）是指已使用过或长期未使用过的，但仍有使用价值的物料。
   A. 废弃物料　　　　　　　　　　B. 回收物料
   C. 呆滞物料　　　　　　　　　　D. 陈旧物料
4. 部分废料可通过收集、分类、加工、供应等环节转化成新的产品，重新投入生产或消费中，这一过程称为（　　）。
   A. 废弃物料　　　　　　　　　　B. 回收物料
   C. 呆滞物料　　　　　　　　　　D. 陈旧物料
5. 报废处理是指对那些没有经济价值或严重危害环境的回收品或零部件，通过机械处理、地下掩埋或焚烧等进行销毁。西方国家对环保要求越来越高，目前主要采取（　　）方式。
   A. 倾倒　　　　　　　　　　　　B. 焚烧
   C. 地下掩埋　　　　　　　　　　D. 机械处理
6. 当今企业物流必须站在（　　）的立场上来不断推进物流管理的全方位发展。
   A. 环境利益　　　　　　　　　　B. 经济利益
   C. 为消费者服务　　　　　　　　D. 为企业服务
7. 退货与回收物流对废旧物料处理的基本原则是（　　）。
   A. 事前防范与事后处理并重　　　B. 事前防范重于事后处理
   C. 强化事后处理　　　　　　　　D. 做好突发事件处理

二、多项选择题
1. 废弃物流主要包括（　　）。
   A. 固体废弃物流　　　　　　　　B. 液体废弃物流
   C. 气体废弃物流　　　　　　　　D. 产业废弃物流
2. 逆向物流的功能结构包括（　　）。
   A. 收集与仓储　　　　　　　　　B. 检测与分类
   C. 再处理　　　　　　　　　　　D. 废弃处理
3. 以下（　　）是逆向物流的特点。
   A. 分散性　　　　　　　　　　　B. 统一性
   C. 多变性　　　　　　　　　　　D. 处理费用高
4. 逆向物流的重要性有（　　）。
   A. 提高透明度
   B. 提高顾客价值，增强竞争优势
   C. 降低物料成本
   D. 改善企业环境行为，塑造企业形象
5. 商业返回包括（　　）。
   A. 停售商品　　　　　　　　　　B. 季节性商品
   C. 过量库存　　　　　　　　　　D. 缺陷品
6. 国外企业对逆向物流的管理主要侧重于（　　）。
   A. 退回检验控制　　　　　　　　B. 恢复链流程确立
   C. 管理资讯系统整合　　　　　　D. 集中退货中心管理

三、判断题
1.《我们共同的未来》的研究报告提出了当代对资源的开发和利用必须有利于下一代环境

的维护以及资源的持续利用。（   ）

2. 绿色物流的实质就是在物流管理与作业中体现环保与经济效益的理念。（   ）

3. 绿色流通加工的途径主要分为两个方面：一是变分散加工为专业集中加工；二是集中处理加工中产生的边角废料。（   ）

4. 产品的退回物流就是物品自零售商开始沿着供应链向最初供应商或其他处理点的整个回流过程。（   ）

5. 绿色物流的行为主体应当是专业物流企业及其所从事的物流活动。（   ）

四、简答题

1. 简述逆向物流的原则。
2. 绿色物流的含义及内容是什么？
3. 绿色物流与传统物流有哪些异同点？

五、案例分析题

LEGO 的绿色仓库

当大多数仓库开始考虑环境管理标准 ISO 14000 的认证工作时，LEGO（乐高）公司的配送中心就已经奏响了环境保护的乐章。LEGO 的仓库占地 22 500 平方米，建于 2000 年，坐落于美国康涅狄格州的恩菲尔德镇。

LEGO 正在制订配送中心的噪声控制计划，他们与哈佛大学声音工程系的学生一起研究，测量配送中心的噪声水平，并且设计一个减小噪声的方案。该配送中心通过改变搬运的速度，并在搬运现场周围设置隔离物，最终使噪声水平降低了 6~7 分贝。噪声水平的降低足以使 LEGO 员工不再采用保护耳朵的装置。

LEGO 的仓库会产生大量的瓦楞纸板，员工将这些纸板和其他纸制品一起再生利用，通过在地板内修建排水管道，设分离器和抽水泵来防止排泄物溢出而污染环境，并且控制蓄水池中的污水以适当速度流出。种种环保的做法，使得 LEGO 的仓库成为"绿色"仓库。

（案例来源：https://wenku.baidu.com/view/92fe83207275a417866fb84ae45c3b3567ecdd84.html）

问题：

1. 为什么说 LEGO 的仓库是"绿色"仓库？
2. LEGO 在环境保护方面做了哪些工作？

第十章

第三方物流

★学习目标

通过本章的学习学生应掌握以下知识：
1. 了解第三方物流的概念，掌握第三方物流公司的类型。
2. 了解第三方物流客户服务的特性，掌握客服服务水平定位。
3. 掌握第三方物流企业的发展战略，能够对第三方物流企业市场环境进行分析。

★导入案例

冠生园集团第三方物流案例

冠生园集团是国内唯一一家拥有"冠生园""大白兔"两个驰名商标的老字号食品集团。近几年由于集团生产大白兔奶糖、蜂制品系列和酒、冷冻微波食品、面制品、互易鲜等新产品，市场需求逐步增加，集团生产的食品总计为2 000多个品种，其中糖果销售近4亿元。市场需求增大了，但运输配送却跟不上。集团拥有的货运车辆近100辆，要承担上海市3 000多家大小超市和门店的配送，实在是力不从心。由于长期计划经济体制造成运输配送效率低下，出现淡季运力空放，旺季忙不过来的现象，加上车辆需要维修更新，每年维持车队运行的成本费用要上百万元。为此集团专门召开会议，研究如何改革运输体制，降低企业成本。

冠生园集团作为在上海市拥有3 000多家网点并经营市外运输的大型生产企业，物流管理工作是十分重要的一项。他们通过使用第三方物流，克服了自己的搞运输配送带来的弊端，加快了产品流通速度，增强了企业的效益，使冠生园集团产品更多、更快地进入千家万户。2002年年初，冠生园集团下属合资企业达能饼干公司率先做出探索，将公司产品配送运输全部交给第三方物流管理。物流外包试验下来，不仅配送准时准点，而且费用要比自己搞节省许多。达能公司把节约下来的资金投入开发新品与改进包装上，使企业又上了一个新台阶。为此，集团销售部门专门组织各企业到达能公司去学习，决定在集团系统中推广他们的做法。经过选择比较，集团委托上海虹鑫物流有限公司作为第三方物流机构。虹鑫物流与冠生园签约后，通过集约化配送，极大地提高了效率。每天一早，他们在计算机上输入冠生园相关的配送数据，制定出货最佳搭配装车作业图，安排准时、合理的车流路线，绝不让车辆走回头路。货物不管多少，就是两三箱也送。此外，按照签约要求，遇到货物损坏，按规定赔偿。一次，整整一车糖果在运往河北途中翻入河中，司机掏出 5 万元，将掉入河中损耗的糖果全部"买下"做赔。

据统计，冠生园集团自委托第三方物流以来，产品的流通速度加快，原来铁路运输发往北京的货途中需 7 天，现在虹鑫物流运输只需 2~3 天，而且实行的是门对门的配送服务。由于第三方物流配送及时周到、保质保量，使商品的流通速度加快，集团的销售额有了较大增长。此外，更重要的是使企业的领导从非生产性的后期工序即包装、运输中解脱出来，集中精力抓好生产环节，更好地开发新品、提高质量、改进包装。第三方物流机构能为企业节约物流成本，提高物流效率，这已被越来越多的企业，特别是中小企业所认识。

据美国波士顿东北大学供应链管理系统调查，登上"财富 500 强"的企业有六成半都使用了第三方物流服务。在欧洲，很多仓储和运输业务也都是由第三方物流来完成。作为老字号企业的冠生园集团，产品规格品种多、市场辐射面大，靠自己配送运输成本高、浪费大，为此，他们实行物流外包战略，签约虹鑫公司，搞门对门物流配送。结果 5 个月就节约了 40 万元的费用，产品流通速度加快，销售额和利润有了较大增长。

按照供应链的理论来说，当今企业之间的竞争实际上是供应链之间的竞争，企业之间的产品、规格差别不大的情况下，谁的成本低、流通速度快，谁就能更快赢得市场，因此，物流外包充分利用外部资源，也是当今增强企业核心竞争力的一个有效举措。

（案例来源：冠生园集团第三方物流案例 - 豆丁网 http://www.docin.com/p-540253898.html）

问题：

冠生园企业是如何实现第三方物流的？

第一节　第三方物流理论

2014 年，中国第三方物流企业业务收入超过 1 万亿元大关，达到 11 050 亿元，继续保持每年 20% 的增长速度。到了 2016 年，中国第三方物流行业市场规模达到 2.75 万亿元，占全球市场份额的 20%，居世界第一。然而，伴随第三方物流市场高速增长的同时，由于核心竞争力缺失、品牌意识不强、管理水平较低、信息技术落后等第三方物流企业的管理问题，以及行业标准过于陈旧等原因，现有的物流服务远不能满足行业快速发展的需要，导致物流服务的效率和效益提升困难。

一、第三方物流的概念

工商企业越来越重视与其他公司，包括与顾客、原材料供应商及各种类型的物流服务供应商的紧密合作。这一现象是由供应链活动中的公司努力建立相互之间更有意义的关系所引起的，其结果是使许多公司成为供应链成员"扩展"物流组织过程中的一员。

扩展物流组织至公司边界之外的方法之一，就是采用第三方或合同物流服务。国际上，有关这类物流服务提供者的定义尚不统一。

"第三方"这一源于物流服务提供者作为发货人（甲方）和收货人（乙方）之间的第三方。物流服务公司在货物的实际物流链中并不是一个独立的参与者，而是代表甲方或乙方来执行的。

第三方物流公司可广义地定义为提供部分或全部企业物流功能服务的一个外部提供者。这一广义的定义是为了把提供运输、仓储、销售物流、财务等服务的提供者都包括在内。目前，提供这类服务的公司数量大增,并有继续增加的趋势。在这一行业中既有许多小的专业公司存在,也有一些大的公司存在。例如,在美国的一些大的物流公司就有:FedEx Logistics Service,UPS Worldwide Logistics,Excel Logistics,GATX Logistics,Roadway Logistics Service 等。

第三方物流是一个新兴的领域,已得到越来越多的关注。像许多流行的术语一样,第三方物流这一术语的表达运用常因人、因地的不同而使其含义有很大的区别。此外,还有一些别的术语,如合同物流、物流外协、全方位物流服务公司、物流联盟等,也基本能表达与第三方物流相同的概念。

目前被普遍采用的美国物流管理协会对物流的定义中并没有确定由谁来从事物流操作。在第三方物流供应者这一术语中,"供应者"被定义为所述组织向客户提供该服务。这样,这类服务就可由别的组织来承担。但据一般的理解,第三方物流供应者并不是经纪人。一个公司要承担起第三方物流供应者的责任必须能管理、控制和提供物流作业。

第三方物流是运输、仓储等基础服务行业的一个重要发展。从经营角度看,第三方物流包括提供给物流服务使用者所有的物流活动。欧美研究者一般是这样定义第三方物流的:第三方物流是指传统的在组织内履行的物流职能现在由外部公司履行。第三方物流公司所履行的物流职能,包含了整个物流过程或整个过程中的部分活动。

此外,从战略重要性角度看,第三方物流的活动范围和相互之间的责任范围较之一般的物流活动都有所扩大,以下定义就强调了第三方物流的战略意义:工商企业与物流服务提供者双方建立长期关系,合作解决托运人的具体问题。通常,建立关系的目的是发展战略联盟以使双方都获利。

这一定义强调了第三方物流的几个特征:长期性的关系、合伙的关系、协作解决具体的不同的问题和公平分享利益以及共担风险。与一些基本服务如仓储、运输等相比,第三方物流提供的服务更为复杂,包括了更广泛的物流功能,需要双方最高管理层的协调。

第三方物流服务中,物流服务提供者须为托运人的整个物流链提供服务,供求双方在协作中建立交易关系或长期合同关系。这两种关系间还可以有多种不同的选择,诸如短期合同、部分整合或合资经营。物流服务供求双方的关系既可以只限于一种特定产品(如将汽车零部件配送给汽车经销商),也可以包括一组特定的物流作业,甚至还可以有更大的合作范围(如进出库运输、仓储、最终组装、包装、标价及管理)。在计算机行业中,物流服务提供者还可提供超出一般范围的物流服务,比如在顾客的办公室安装、组装或测试计算机或组建局域网。

二、第三方物流公司的类型

对第三方物流公司有多种多样的分类方式,在各国均有差别。由于美国的物流较为发达,因此以美国的各类第三方物流公司为例。

(1) 以运输为基础的物流公司。这类公司都是大型运输公司的分公司,有些服务项目是利用其他公司的资产完成的。其主要的优势在于公司能利用母公司的运输资产,扩展其运输功能,提供更为综合性的一整套物流服务。这类公司有 Roadway Logistics Service (ROLS),Yellow Logistics Service,J. B. Hunt Logistics,UPS Worldwide Logistics,Ryder Dedicated Logistics。

(2) 以仓库和配送业务为基础的物流公司。这类传统的公共或合同仓库与配送物流供应商在业务上已经扩展到更大范围的物流服务。以传统的业务为基础,这些公司已介入存货管理、仓储与配送等物流活动。经验表明,基于设施的公司要比基于运输的公司转为综合物流服务更容易与简单些。如 Excel Logistics,GATX Logistics,DSC Logistics 和 USCO。

(3) 以货物代理为基础的物流公司。这些公司一般没有自己的资产,非常独立,并与许多物流服务供应商有来往。已证明它们具有把不同物流服务项目组合，以满足客户需求的能力，这类公司包括 Kuehne & Negel，Fritzard C. H. Robinson。当前，它们已从货运中间人角色转为更广范围的第三方物流服务公司。

（4）以托运人和管理为基础的物流公司。这一类型的公司是从大公司的物流组织演变而来的。它们将物流专业的知识和一定的资源（如信息技术）用于第三方作业的优势来源。这些供应商具有管理母公司物流的经验，因此，它向外部客户证明了它的能力。如 IBM 和 KLS。

（5）以财务或信息管理为基础的物流公司。这种类型的第三方供应商能提供如运费支付、审计、成本会计与控制和监控、采购、跟踪和存货管理工具。如 Cass Information Systems，GE 电子，Encompass（CSXT 和 AMK 合资公司）。

这种分类虽然较为明确，但由于各国发展状况的不同，现在仍不能统一适用于整个系统第三方物流产业。对此应予以注意。

第二节　第三方物流的客户服务

工商企业重视物流不仅仅是为了节约成本，而是它们越来越认识到物流对提高客户服务水平及企业获得竞争性战略优势的重要性。在第三方物流融入客户供应链后，它所提供的物流服务的种类与水平需要根据客户的特点"度身定制"。第三方物流公司的运作表现直接关系到被服务公司客户的满意与否，第三方物流公司只有对客户的服务做出贡献，才能取得成功。

一、第三方物流客户服务的内容

1. 物流服务的构成要素
（1）拥有顾客所期望的商品（备货保证）。
（2）在顾客所期望的时间内传递商品（输送保证）。
（3）符合顾客所期望的质量（品质保证）。

2. 物流服务的项目及其内容
物流服务就是围绕上述三种要素展开。物流服务项目及其内容如表 10-1 所示。

表 10-1　物流服务项目与内容

编号	项目	内容
1	储货库存服务率	全品种可以立即交货 B 级、C 级商品不能立即交货
2	接受订货截止时间	接受订货截止时间（前一天几时、前两天几时、当天几时） 截至后延长时间
3	交货日期	当天 第二天午前、第二天 第三天 第三天以上
4	订货单位	散货、打、箱、盒、托盘、卡车

续表

编号	项 目	内 容
5	交货频度	1日1次、1日2次以上 1周1次、1周2～3次 1周3次以上
6	指定时间	指定时间 指定时间（午前、午后）
7	紧急发货	
8	保持物流质量	保管、运送过程中的品质劣化，物理性损坏 配送错误、数量错误、品质错误
9	提供信息	交货期的回答 库存及断档信息 重新进货 到货日起、运送过程中商品信息、追踪信息
10	进货条件	车上交货、仓库交货 定价、价格标签 包装 免检

二、第三方物流客户服务的特性

客户服务涉及公司的许多部门。从物流的角度看，客户服务有以下四个传统特性。

（一）时间

从卖方的角度，时间通常以订单周期表示；从买方的角度，时间则是备货时间或补货时间。成功的物流作业具有高度控制备货时间的基本变量（包括订单传送、订单处理、订单准备、货物发送）的能力。对这些活动的有效管理，保证了适当的订单周期及其一致性，卖方公司对买方的客户服务水平也得到了改进。

1. 订单传送

订单传送包括订单从客户到卖方传递所花费的时间，少则用电话只需几秒，多则通过信函需时几天。卖方若能提高订单传送速度就可减少备货时间，但可能会增加订单传送成本。

计算机与互联网使订单传送发生了革命，通过买卖双方的计算机互联，卖方可以登录到买方的计算机，在实时系统中，买方可以知道有关产品的供货可能性以及可能的装运日期等信息。买方也可以通过计算机来挑选所需要的商品，并通过电子信息交换（EDI）传送给卖方。EDI自动订货系统已广泛地用于买卖双方。

2. 订单处理

卖方需要时间来处理客户的订单，使订单准备就绪和发运。这一功能一般包括调查客户的信誉、把信息传送到销售部做记录、传送订单到存货区、准备发送的单证。许多功能可以与电子数据处理同时进行。一般来说，卖方的作业成本节约比实施现代技术的资本投资要大，这是因为当今计算机硬件与软件的成本已大大下降了。

3. 订单准备

订单准备时间包括订单的挑选和包装发运。不同种类的物料搬运系统以不同方式影响着订单准备工作，物料搬运系统包括简单的靠人力操作的系统和复杂的高度自动化的系统。它们的订单准备时间相差很大。物流经理要根据成本和效益选择不同的系统。

4. 货物发送

货物发送时间是从卖方把指定货物装上运输工具开始计算至买方卸下货物为止的时间。当卖方雇用运输公司时，计算和控制货物发送时间是比较困难的。要减少发送时间，买方必须雇用一个能提供快速运输的运输公司，或利用快速的运输方式，这时运输成本会上升。

若对以上所有的四个组成部分进行改进来减少备货时间，其费用可能太高。为此，公司可以在某一项目上进行改进而其他项目仍保持不变。如投资自动化物料搬运设备可能在财务上不合算，为弥补人工操作带来的较长订单处理时间，公司可以采用以电话订货代替信函订货，或用公路运输代替铁路运输。这将使公司减少备货时间而不用在自动物料搬运设备上投资。

（二）可靠性

对有些客户，可靠性比备货时间更重要。如果备货时间确定，客户可以使存货最小化。也就是说，若客户保证备货时间是10天，则可把存货水平在10天中调整到相应的平均需求，并不需要用安全存货来防止由于备货时间而引起的波动所造成的缺货。

1. 周期时间

因为备货时间的可靠性直接影响客户存货水平和缺货成本，提供可靠的备货时间可以减少客户面临的这种不确定性。卖方若能提供可靠的备货时间，可使买方尽量减少存货与缺货成本，以及订单处理时间和优化生产计划。

2. 安全交货

可靠性不仅仅是备货时间上的一致性，还是关于规则与一致的备货时间，以及在安全和质量的均一性等条件下送达客户所订购的货物。

安全交货是所有物流系统的最终目的，如前所述，物流功能是销售功能的终点。如果货物到达时受损或丢失，客户就不能正常使用，从而加重客户方面的成本负担（存货、生产和营销成本）。

如果所收到的货物是受损的货物，就会破坏客户的销售或生产计划，产生缺货成本，导致利润或生产损失。不安全的交货会使买方发生较高的存货成本或利润和生产损失。这种状况对致力于实施一定程度的零库存计划以尽量减少存货的公司是不能接受的。

非安全交货可导致客户提出索赔的成本，或返回受损货物要求修理等的费用。依据 F. O. B 条款和其他销售条款，卖方而非买方对这些成本负责，卖方可能意识到这些成本，因为它将直接负责来纠正这些错误。

3. 订单的正确性

可靠性包括订单的正确性。正在焦急等待紧急货物的客户，可能发现卖方发错了货；没有收到想要的货物的客户可能面对潜在的销售或生产损失；不正确的订单使客户不得不重新订货，或客户会气愤地从此找另一家供应商订货。如果客户是营销渠道的中间商，缺货状态也会直接影响卖方。

（三）沟通

对订货供应极其重要的两个活动是客户订购信息与订单供应和实际存货、拣货过程的沟通。在订货信息阶段，用 EDI 能减少订单信息传递到仓库接受时的错误，卖方应简化产品标识，如使用条形码,以减少订单挑拣人员的错误。

EDI 不仅可减少订单供应中的错误,也能增加存货的周转率。EDI 与条形码结合,可以改进卖方的服务和减少成本。事实上,EDI 与条形码有助于卖方改进大部分的物流功能。

经常与客户保持接触和采用 EDI 同样重要。与客户的沟通对监控与可靠性相关的客户服务水平是非常重要的。与客户沟通和交流对物流服务水平的设计来说是最基本的。交流渠道必须永远畅通,这只是卖方对客户物流要求的主要外部限制条件。没有与客户的接触,物流经理就不能提供最有效和最经济的服务,这就等于物流经理并不知道规则。

沟通是一个双向的过程,卖方必须能够传达客户重要的物流服务信息。例如,供应商应很好地通知采购方潜在的服务水平下降,使采购方做出必要的操作调整。

许多客户要求得到货物的物流状态信息,如发运时间、承运人或线路等,是常被问及的问题。客户需要运输信息以便计划作业。

(四) 方便

方便是物流服务水平必须灵活的另一说法。从物流作业的角度看,仅有一个或少数几个对所有客户的标准服务水平最为理想,但这是以客户服务需求均一为假设前提的。事实上,这种假设并不现实,例如,某一客户可能要求卖方托盘化并以铁路进行运输,而另一客户则只要求非托盘的公路运输,而第三个客户可能要求特殊的交货时间。物流服务要求与客户对包装、运输方式和承运人、线路、交货时间的要求等有关。

"方便"或灵活性能认识客户的不同要求。卖方一般能根据客户大小、生产线等因素来划分客户,这种划分使物流经理认识到客户的不同需求,并努力以最经济的方式来满足这些需求。

物流服务水平上的"方便"可看成对不同客户给予不同的服务水平。更具体地说,丧失不同客户群订单的成本是不同的。例如,丧失订购 30% 公司产量的客户比丧失订购公司产量的客户损失更大。另外,市场的竞争性也不同,竞争性强的市场比竞争性弱的市场需要更高的客户服务水平。公司中不同产品的利润率也影响与限制所提供服务的水平,也就是说,对低价值的产品,公司可提供较低的服务水平。

三、客户服务水平定位

(一) 基本的物流服务水平

物流服务是服务优势和服务成本的一种平衡。基本的物流服务水平定位要从可得性、作业性、服务可靠性三个方面衡量。

1. 可得性

可得性意味着拥有存货,能始终如一地满足顾客对材料或产品的需求。根据传统的范例,存货可得性越高,所需的存货投资就越大。虽然当前科学技术正在提供新的方法,使存货的高度可得性与高额的存货投资无关,但是因为它对存货投资具有重大的影响,所以存货可得性的提高是至关重要的。

2. 作业性

作业性是处理从订货入库到交付的过程。作业性涉及交付速度和交付一致性。绝大多数顾客都希望快速交付。然而,如果这种快速并不确定,则快速交付并无多大价值。当一个供应商每次供货都答应第二天交付,但常常迟到时,顾客并没有得到什么好处。要实现顺利作业,厂商首先要寻求实现服务的一致性,然后提高交付速度。作业性的其他方面也是重要的,厂商的作业性可以从它通常的和异常的顾客需求中是否灵活来进行考察。作业性的另一个方面是故障和恢复。很少会有哪家厂商许诺在任何情况下都表现完美。故障是指可能发生的物流表现的失败，诸如产品损坏、分类不正确，或单证不精确等。当这些故障发生时，厂商的表现可以从需要多少时间恢复来进行考察。作业性关系到厂商如何处理顾客各方面的需求，包括每天都可能发生的服务失败。

3. 服务可靠性

服务可靠性涉及物流的质量属性。对质量来说，关键是要精确地衡量可得性和作业性。只有通过全面的表现衡量，才有可能确定总的物流作业是否达到所期望的服务目标。要取得服务可得性，最基本的是要识别用哪些衡量方法去评估存货可得性和作业性。由于物流表现需要持续不断地满足顾客的期望，对管理部门来说，最基本的是要承诺不断地改善。物流质量来之不易，它是经过仔细计划，并得到培训，全面衡量和不断改善支持的产物，要改善服务表现，需要在选择的基础上确立各种目标。有些产品由于其对顾客的重要性和对有关利润的贡献，所以比其他产品更加重要。在顾客期望和顾客需求方面，需依据现实情况制定基本的物流服务水平。在绝大多数情况下，厂商所面临的营销局面是，顾客具有不同的销售潜力，并且有些顾客会需要与众不同的服务。因此，经理人员必须意识到，顾客是不同的，所提供的服务必须与之相匹配，以适应与众不同的偏好和购买潜力。

（二）基本的物流服务能力

1. 可得能力

可得能力是指当顾客需要存货时所拥有的库存能力。可得能力可以通过各种方式实现，最普通的做法就是按预期的顾客订货进行存货储备。于是，仓库的数目、地点和储存政策等便成了物流系统设计的基本问题之一。存货储备计划通常是建立在需求预测基础上的，而对特定产品的储备战略还要结合其是否畅销、该产品对整个产品线的重要性、收益率以及商品本身的价值等因素考虑。存货可以分为两类：一类是取决于需求预测，并用于支持基本可得性的基本储备；另一类是满足超过预测数的需求量，并适应异常作业变化的安全储备。

可得能力的一个重要方面就是厂商的安全储备政策。安全储备的存在是为了调整预测误差，并在安全储备的补给期间对递送延迟进行缓冲。一般来说，防止缺货的期望越大，安全储备需要也越大；安全储备的负荷越大，平均存货的数量也越大。在市场需求快速变化的情况下，安全储备的构成有可能占到厂商平均存货的一半以上。

许多厂商开发了各种物流安排方案，以增补其满足顾客存货需求的能力。一家厂商可以经营两个仓库，其中一个指定为主要服务地点，而另一个作为次要的或后援的供给来源。主要仓库是厂商用于输出其绝大多数产品的地点，以便利用自动化设施、效率及其所处地点的优势。一旦主要仓库发生缺货，并且情况继续恶化时，就可以利用次要仓库或后援仓库。但是，使用次要或后援仓库的厂商，应尽可能在最大程度上向其提供服务的顾客公开，这是因为有时候主要地点只有顾客订货的一部分产品，而次要地点却能满足其剩余的需求，在这种情况下，除非这两部分的订货在递送前能够组合在一起，否则，因分开递送会使顾客感到不便。需要指出的是，由于厂商已尽了额外的努力保持存货可得性，而不是延交部分订货，这一事实本身会转变成积极的形象，说明厂商为满足顾客需求而尽心尽力。

应该清楚的是，要高水准地实现存货可得的一致性需要进行大量的精心策划，而不是在销售量预测的基础上给各个仓库分配存货。事实上，其关键是要实现对首选顾客或核心顾客高水准的存货可得性，同时使整个存货储备和仓库设施维持在最低限度。

2. 作业完成能力

作业完成能力涉及物流活动对所期望的完成时间和可接受的变化所承担的义务。

(1) 速度。完成周期的速度是指从一开始订货时起至货物装运实际抵达时止的这段时间。物流企业必须以顾客的身份来考察厂商在这方面所承担的义务，因为根据物流系统的设计，完成周期所需的时间会有很大的不同，即使在今天高水平的通信和运输技术条件下，订货周期也可以短至几个小时，或长达几个星期。

供应商对存货可得性和作业速度这两方面的最高承诺是顾客存货委托。在委托安排中，产品是按照顾客预期的业务需要进行存货的。虽然从顾客的角度来看委托存货是一种理想的方式，但对供应商来说却是一种成本高昂的商业方式。因此，供应商的存货委托安排一般仅限于一些至关重要的产品，在他们确实需要时得不到将会导致失效或低效，诸如机器零件和急救医疗供应品等。顾客存货委托情况一般都出现在企业与企业之间的营销和健康卫生行业。与为顾客维持安全储备相比，它的不同之处是，一个供应商之所以愿意接受顾客的存货委托往往是出于它在该业务关系中的力量对比。

对供应商的递送委托更具代表性的业务安排，是建立在顾客各种期望基础上的完成周期速度。在紧急情况下，供应商会通过当地仓库进行加急递送，或者通过通宵运行的高度可靠的运输企业在几小时内完成所要求的递送服务。这种业务关系通常按照顾客的具体要求，围绕着能促进物流作业效率所期望的完成周期形成。换句话说，如果这种加速会导致提高价格或实际物流成本，并不是所有的顾客都需要或希望最大限度地加速。

如何确定完成周期的时间往往与存货需求有着直接关系。一般来说，计划的完成速度越快，顾客所需的存货投资水平越低。完成周期时间与顾客存货投资之间的这种关系居于以时间为基础的物流安排之首。

(2) 一致性。虽然服务速度至关重要，但大多数物流经理更强调一致性。一致性是指厂商在众多的完成周期中按时递送的能力。一般来说，可得性与一旦需要就可以进行产品装运的存货能力有关；而完成周期的速度则与持续地按时递送特定订货所必需的作业能力有关；而所谓一致性，却是指必须随时按照递送承诺加以履行的处理能力。由此看来，一致性的问题是物流作业最基本的问题。

(3) 灵活性。作业灵活性是指处理异常顾客服务需求的能力。厂商的物流能力直接关系到在始料不及的情境下如何妥善地处理问题。需要厂商灵活作业的典型事件有：修改基本服务安排（如一次性改变装运交付的地点）；支持独特的销售和营销方案；新产品引入；产品逐步停产；供给中断；产品回收；特殊市场的定制或顾客的服务层次；在物流系统中履行产品的修订或定制（如定价、组合或包装等）。在许多情况下，物流优势的精华就存在于灵活能力之中。厂商的整体物流能力取决于在适当满足关键顾客的需求时所拥有的"随机应变"能力。

(4) 故障与恢复。不管厂商的物流作业有多么完美，故障总是会发生的，而在已发生故障的作业条件下继续实现服务需求往往是十分困难的，因此，厂商应制订一些有关预防或调整特殊情况的方案，以防止故障发生。厂商应通过合理的论证来承担这种处理异常情况的义务；而其制订的基本服务方案应保证高水平的服务，实现无故障和无障碍计划，为此，厂商要有能力预测服务过程中可能会发生的故障或服务中断，并有适当的应急计划来完成恢复任务。当服务故障发生时，顾客服务方案中的应急计划还应包括对顾客期望恢复的确认以及衡量服务一致性的方法。

3. 可靠能力

物流质量与物流服务的可靠能力密切相关。物流活动中最基本的质量问题就是如何实现已计划的存货可得性及作业完成能力。除了服务标准外，质量上的一致性涉及能否迅速提供有关物流作业和顾客订货状况的精确信息。研究表明，厂商有无提供精确信息的能力是衡量其顾客服务能力最重要的一个方面。顾客通常讨厌意外事件，如果他们能够事前收到信息的话，就能够对缺货或延迟递送等意外情况做出调整。因此，越来越多的顾客表示，有关订货内容和时间的事前信息比完美订货的履行更加重要。

实现物流质量的关键是对物流活动进行衡量。在顾客眼里，存货的可得性和作业绩效等是至关重要的，然而，高水准的作业绩效只能通过严格地对物流活动的成败进行衡量才能维持。

四、客户投诉处理体系

（一）客户投诉处理系统需要测量的两大类变量

对综合（整合）的、管理型的物流服务提供者来说，它们对企业各要素（运输、仓储等）的协调负有基本责任，即应使物流配送系统有效运作，达到以精确的时间、精确的地点把产品送给客户的目标。物流配送服务的目标是使客户满意，因此，客户投诉处理系统需要测量以下两大类变量：

（1）外部统计数据。指产品交货过程中的客户满意度。这是一个"软"数据的领域，其数据并非很精确，且主观性较强。然而这类变量是非常重要的。

（2）内部统计数据。它们是对客户满意度最具影响的度量。这些数据的内容随时间与行业不同而有所区别，客户最常关心的是：产品的可得性、交货周期、信息和通信系统的反应速度等。这些方面的表现水平都是可以测量的，但必须记住，不同时间、不同行业对不同的指标可以有不同的重视程度。

（二）保证指标设计与应用的合理性步骤

1. 进行客户调查

进行客户调查可以确定客户的需要、竞争对手的能力和表现水平以及由于当前服务水平的改变而引起的经济上的得失。

2. 内部的审计

审计有助于确定当前的服务水平、取得当前服务水平的成本、需要改进的服务方面的问题及较好的（或较差的）服务对成本的影响。

3. 确定服务目标

每一个服务变量的目标都必须以客户需求、竞争对手的服务水平以及公司内部的能力和经济性为基础。

4. 设计监控系统

设计监控系统衡量每一个服务变量常以实时方式进行，它以交易行为过程系统中的统计数据积累为手段。在某些情况下，必须从分包协作者那里取得必要的信息，它可能是公路运输公司的送货时间和公共仓库的订单处理时间等。

5. 设计报告系统

每一服务要素都应以定期的管理报告给出，通常报告按月制作并递交，而负责的部门应以天与周来检查详细的数据。表10-2是一个典型的客户内部服务测量报告，这个报告测量了4个主要的服务项目，并进行打分。

表 10-2　客户服务测量报告

	仓　库		
	地点 1	地点 2	总计
订单完成率			
目标完成率			
表现/%			

订单周期	1~7 天	8~14 天	15~21 天	22~28 天	28 天以上	其他
地点 1						
地点 2						
地点 3						
地点 4						
地点 5						
总计						
准时/%						

出错率	No.	No.	No.
订单下达			
仓库			
运输			
票据			
其他			
总计			
目标			
投诉			
收到次数			
所占比重/%			
订单处理总数			
货物处理数			
总数			
总体表现/%			

为了确定客户对服务水平的满意度，进行客户服务调查是必要的。调查中要考虑三个关键的问题：①用什么方式与客户联系；②哪些客户服务要素需要调查；③需要调查多少客户。

（三）联系方式

客户满意度调查是从市场研究的方法中派生出来的，对客户的调查有多种方法，常用的方法有以下四种：

1. 小组会议

从市场销售部、订单或客户服务部、配送中心操作部及计算机支持系统部门选出 4~5 人组成代表小组，代表相应的部门，亲自登门拜访大客户的对应部门。一般只选 4~5 个大客户。调查前，需要做大量的准备，包括相应的演示材料、会议设施，小组组长准备的一份书面报告，接下来的议程是保证能对客户需求有最快速的反应。

2. 个人采访

由经过培训的采访人员从许多客户中选择其中的几个代表进行采访，就事先准备好的一些问题提问，部分目的是获得有关数据，但主要的目的是获知客户对主要服务方面的感受和关心之处。采访的一个重要目标是对竞争对手能力与表现的认识。

3. 电话采访

许多顾客不愿接受个人采访（太浪费时间），电话采访正好弥补了这一点。电话采访获得的结果一般是定量的，背景信息却少之又少。这种采访方式成本较低。

4. 问卷调查

提供物流配送的第三方也可以采取此法。这种方式都随函附上回寄的邮票和信封，然后寄到顾客手中。这种方法能获取的信息一般是定量的，关于顾客意见和想法的信息非常有限，竞争对手的资料虽然能找到，但是很难得到细节性的资料。

（四）调查表的设计

调查表的设计通常以概括性地提出要解决的问题展开，考虑以下两个主要问题：

第一，服务的重要性。

第二，影响顾客对供应商评定等级的因素。

问卷一般有 1~5 个由被调查者自由发挥的问题，诸如服务重要性、是否完全满意以及需要改进的地方，但问卷主体包括一系列服务要素（订货周期时间、货损等）。

接着，问卷需要提出三个方面的问题：①服务要素的重要性；②对服务的满意程度；③与同行竞争对手相比的好坏。

要求完成采访的顾客数或完成的问卷调查数（样本量）可以通过统计方法确定。根据采购量的大小，客户可以分为三大类（如大客户、前 100 或 200 名的客户、其他）。大客户一般通过小组会议调查，前 100~200 名的客户通过个人或电话调查，只要有 50% 的样本或更多一点就可以。值得注意的是，问卷发出 1 000 份，通常只有 20%~40% 的回收率，因此，必须运用大量技巧以提高回收率。

需要用统计技术方法验证调查结果的可信度和准确度。一般来说，可信度只要达到 90%，抽样调查结果就能反映大众化的问题，准确度允许有 10.2% 的浮动。

（五）顾客服务监控的间隔

对顾客满意程度进行连续调查与监控是十分重要的，可以通过以下两种不同的方式来完成：

第一，每隔一年或两年重复一次客户服务调查，精炼样本和调查问卷并保留一些关键性长期性的调查因子，以获取连续的调查记录。

第二，遵循一些公司的做法，每一季度以信函或电话的方式对前100名顾客中的25名进行抽样调查。这样就为管理系统提供了一种每季度和内部统计测量数据相比较的方法。

五、物流服务的持续改进

顾客满意必须是一个不断进行的过程，为了保持顾客满意的水准，供应商必须满足顾客的不断变化。一般认为频繁的接触是必要的，与顾客接触的方式各有不同，但可以分为三类：原始信息收集、周期性调整和持续性接触。

1. 原始信息收集

原始信息收集是对顾客需要和满意程度的第一次正式接触。这种接触可以分为面谈、集中小组会谈、信件或电话调查等。这些活动的目的是衡量顾客对供应商在各种不同因素、不同细分顾客群基础上行动的评价，以及决定如何初步改进。

2. 周期性调整

一旦供应商明白顾客最初的要求和期望，就必须周期性地检查满足顾客要求的能力，以及初次接触后顾客要求的变化。由于顾客对服务的认识是顾客满意的最重要因素，所以只有顾客才能分辨服务是否得以改进。周期性接触为供应商提供了其在满足顾客要求方面的表现信息。通常调查结果中的下降趋势表明顾客需要正在变化：新的需要没有被满足。顾客需要的变化由众多原因引起，包括新产品、新分销渠道、新竞争对手、新顾客的需求。通过信件和电话调查、面谈甚至小组会议进行的周期性接触有助于供应商满足顾客的需要，避免在满足程度方面落后。例如，XEROX公司每年对每位顾客至少接触两次，以测试顾客满意水平；联邦快递则对其细分顾客群实行季度调查。

3. 持续性接触

持续的、专门的顾客交流对主要客户很重要，关于满意程度、顾客拜访及其他交流方式的讨论为评估顾客满意提供了迅速的反馈信息，使供应商在变化及发生问题前预先觉察，顾客和供应商通过设计执行的改进计划都能受益，例如，BOSE公司的主要供应商把代理设置在DOSE公司里，以保证DOSE公司的要求不断被调整和满足。

第三节 第三方物流企业的发展战略

一、第三方物流企业市场环境分析

广义的物流服务供求是一个多元、多层次的市场。开拓物流服务业务时，应该从理论与实践上把握总体市场，包括总体市场的潜力、各个细分市场的需求与供给特征。物流服务的模型如图10-1所示（物流服务市场七边形），七条边的变量可以组合成许多细分市场。这个理论模型有助于分析物流服务市场。

A边（物流服务的地理范围）：从所需服务的地理范围来分，可以分为：①全球；②国际；③地区。

B边（物流服务的对象范围）：从提供物流服务所包含的对象范围来分，可以分为：①公共；②只是服务于少数几家；③专一服务于一家。

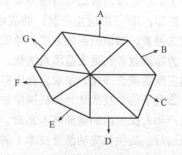

图10-1 物流服务市场七边形

C 边（物流的管理）：从由谁提供对物流项目的管理来分，可以分为：①客户自己管理；②第三方管理；③物流专家管理。

D 边（提供物流活动的范围）：从由提供物流活动的范围来分，可以分为：①运输为主；②仓储为主；③存货管理为主；④综合物流。

E 边（提供服务的水平）：从提供所需物流服务的水平来分，可以分为：①基本水平服务；②高水平服务；③标准水平服务。

F 边（信息技术的采用）：从物流服务的信息系统来分，可以分为：①计算机全部整合；②有选择的物流信息技术协调；③某些物流活动有独立的信息技术。

G 边（提供物流服务的综合程度）：从提供物流服务的综合程度来分，可以分为：①全部供应链；②工厂内部物流；③采购物流；④销售物流。

二、第三方物流企业发展战略设计

（一）物流战略研究与设计基础

1. 物流进入战略研究领域

在市场经济条件下，物流概念的引入与应用本身带有重要的战略意义。

（1）物流企业与第三方物流。物流企业是为各类用户提供各种后勤保障服务的经营者，是具有自主经营、自负盈亏、独立核算性质的经营单位。物流企业的范畴较广，其中包括经营各种货运站（中转站）、集装箱码头（多式联运中转站）、车站、港口、机场，各种物流设施、配送中心、仓库，各种货物运输方式及多式联运，各个物流要素以及货运代理，配载服务，提供物流信息服务的企业等。其中，利用电子信息技术并与用户建立现代经济关系的物流经营者，当它们既不是物料、物品的所有者、销售者（代销一般不在此列），也不是消费者、用户企业时，均可划归于第三方物流企业（经营者）。重要的是，第三方物流经营者在物流经营思想、经营方式、技术设施等方面更具有现代物流意识和高级化特色。供应企业、生产企业和销售企业在设计自身高性能、高效率、低成本的物流系统时，也需要考虑购买、使用第三方物流服务。第三方物流经营者在战略设计理论、方法和实现方式等方面具有特色，对其他企业构筑物流系统也有重要的参考作用。

（2）第三方物流战略设计背景。尽管物流理论在 20 世纪 90 年代才逐渐进入面向全社会服务的货物运输领域，但它还得归功于现代市场机制的深刻作用。在这一领域中的物流经营者仅仅充当供需双方之外的第三方物流服务提供者。分析其深层内涵，物流战略经营的大背景已初步形成，其要点可以概括为以下几方面：

①生产需求的推动和市场需求的拉动已经开始形成合力，推动并促进社会物流合理化的进程。例如，JIT（准时生产制）的战略思想及生产方式已经从第二产业广泛进入第三产业，它将以观念创新、知识创新的方式，导致物流链管理产生划时代的变革；社会主义市场经济体制的确立，为物流业务在更大范围系统化、合理化运转提供了广阔的市场，也为经营者运用市场机制更好地实现物流合理化，争取自身生存与发展创造了前提条件。

②电子信息技术和计算机网络在现代社会生活中的应用已经达到成熟阶段，构成了现代社会生产和人民生活的物质技术基础，并能够为各类物流信息系统的开发与应用，为物流网络的组织运行，提供相应功能及技术上的强有力支持。

③现代法人财产制度的确立，使物流经营者有了更强的自主经营、自我发展的动力和机制，为不同部门、不同地区、不同所有制关系的法人合资、合作以及共同经营物流业务奠定了基础。

④应用最新研究成果，引导物流链管理在实践中不断向合理化、高级化方向发展。在物流领

域中，知识经济、知识创新的思想已经开始被具有远见的企业家所接受。

⑤物流企业对外界环境有非常敏感的响应，要求能实时响应用户需求，以获得最适宜的生存与发展空间。

⑥实现社会经济可持续发展战略的要求。从更高层次认识物流系统，可以创造低层次物流系统不具备的价值，有利于社会资源的节约和物流总费用的降低，以及人类生活环境的改善。

（3）物流战略设计的技术基础。电子计算机及信息网络技术正促进电子化商务迅速发展，支持信息流加速运动，实现物流小批量、多频率、高性能、快速度、低成本运行，以满足各类用户适应市场需要的变化。较高的盈利将来自那些具有独特技能、技术诀窍并以其作为战略优势的企业，它们能及时抢占市场制高点，提高市场份额。在日趋激烈的竞争环境中，众多企业减员增效，将使得越来越多的没有做好运用现代技术准备的企业不得不为生存而挣扎。此外，以往道路货运经营者苦于"面"上经营活动不可控的现象，在全球移动通信、企业内联网、电子数据交换、全球定位技术等的支持下，已经在那些忙碌于传统业务中寻求生计的人们身边悄悄地发生着巨大的变化，并将继续会发生着深刻的变革。睿智的企业家将会从战略的高度认识到，未来企业发展的战略构思与设计必须尽早建立在已发生变革的社会技术基础之上，脱离现代技术基础的依托，对于物流企业而言，将会是本质上的落伍。

2. 第三方物流发展战略的特点和作用

物流的战略内涵为创建物流链管理系统和通过市场机制实现社会物流费用总降低奠定了理论基础。

（1）对第三方物流战略的认识。强调第三方物流的战略含义，强调从物流业务管理到物流战略管理的转变，基于以下几个方面的认识：

物流产业正在跨出单一企业范畴寻求更大的物流链管理的运作范围，如区域物流、全国物流和国际物流。它们所追求的目标是社会物流合理化。这种从物流全过程合理化追求物流费用降低，其影响力是长远而深刻的，同时也是相对稳定的。

物流系统在我国的运作，正孕育着技术基础上的突破。依托于企业集团、区域、全国乃至全球的各类电子信息网络，加之高新技术的运用，已成为物流市场竞争制胜的秘诀。

第三方物流质量依赖于支持原材料、物品等从最初供应者到最终用户间运动的各要素、环节组成的网络组织结构，因而必须拥有驱动这一组织运转的动力和相应的经营机制。现代企业制度的确立是实现这一组织结构与功能的基础；使各类物流经营组织及物流系统得以顺利建立并顺畅运行。

物流体现了促进和协调企业从产品生产者直到最终消费者的所有活动方式，追求的是协同运行，即整个物流系统效益目标的实现，同时也有利于各组织单位成员效益目标的实现。这里的组织单位成员可以是物流战略经营单位，或者可以进一步划分为物流战略经营单位。

物流领域的标准化不仅为不同部门间的合作创造了前提，而且已经成为市场一体化、竞争国际化的制胜新要素。

第三方物流经营者所能得到货源的原因在于，它们能创造出比供方和需方采用自我物流服务系统运作更快捷、更安全、更高服务水准，且成本相当或更低廉的物流服务。向高新技术、科学管理要潜力、要效率、要市场和要效益，是物流系统技术创新的动力源。

第三方物流理论使人们认识到，我国企业必须在物流链管理中增强现代电子信息技术构成的科技含量，不断增强创新意识、创新动力和创新实力，从而利用技术创新把大范围物流链管理、民族经济推向世界竞争的大舞台。

（2）研究第三方物流战略的意义。物质资料产品从生产者到消费者转移的全过程物流，其数量大小、合理化的程度，反映了一定区域、一个企业在一定时期内的经济发展水平、创新技术应用水平和管理水平。对众多中小企业而言，在大范围物流这一复杂过程中，由一个单位独立完成往往是不可能，或是不经济的。既要取得集成化效果，又不能脱离现实的企业生产、技术和组织水平；利用电子信息技术为基础，大力发展第三方物流是一条有效的途径。

从整体上看，我国运输系统技术水平不高，综合运输理论与实践存在一定脱节，企业经营管理还不适应市场经济要求，表现在物流服务质量水准较低，联合运输技术与组织化水平低，不同运输方式的运输成本差距较大且运行分工不合理，全程物流总费用很高。显然，从社会物流全过程去不断寻求和探索提高运输服务水准、技术水平，降低运输成本是一个重要的方向，也是改变我国现有部分货运模式与国际货运经营模式、发展方向相背离状况的一项战略性改进措施。

（3）对物流系统的二重性评价。通过以上分析可以看到，构建物流系统的意义不仅在所提供的服务经营方面，而且在系统生存与发展战略方面。所以对物流系统的评价应当包括经营和战略两方面。二重性评价的主要内容如表10-3所示。

表10-3 二重性评价的主要内容

评价项目	经营方面	战略方面
系统目标	追求运营高效率、高效益	追求对企业战略的贡献
评价对象	以活动为对象全面评价	以市场、用户等为对象多方面评价
评价方法	根据效益标准进行成本评价	根据所设定的目标进行地位评价
系统状态	根据其在本公司中的地位进行评价	根据市场地位和竞争实力进行评价

以上评价内容还可用于物流系统高新技术，如EDI应用决策方案的评价。

（4）发挥第三方物流的作用。运输是物流过程的核心业务，在我国分别由多个部门的企业经营管理。从第三方物流经营者的性质和所扮演的角色分析，从社会物流全过程来研究运输系统设计与组织工作，至少有以下几项重要作用：

①提高运输服务水准。要求运输经营者建立起能够控制物质资料产品从最初供应者到最终消费者之间的物流网络体系，从而实现为用户提供从订货、购买、包装、装卸、仓储、运输、配送等各单项服务到融为一体的系统服务，满足用户货物快运、准时运输等多项优质服务的需要。

②提高运输技术水平。形成物流网络组织体系必须有现代科技作为支持，而现代科技也能够为实现物流各个环节的机械化、电子化和自动化作业，提供各种必要的设备及相关技术支持。在标准化的前提下，这些技术的应用与运作将大大提高多式联运及相关物流服务的技术水平，也使得公路运输的快速、直达、灵活、面上作业的优越性得到进一步发挥和完善。

③实现物流全过程的总费用节约。从社会物流系统总体出发，提供运输及其他物流服务功能，可以大大减少物流过程中的不必要环节，减少物流过程中的冲突现象及停滞时间，减少物流过程中不合理因素所造成的物流时间与空间效益损失及自身的价值损失，从而能够实现社会物流过程的总费用节约。

④实现物流过程的系统管理。将物流过程的订货、包装、装卸、仓储、库存控制、物流加工、信息服务等环节，与运输、配送相互结合起来形成一体化，从而可以在电子信息技术的支持下，形成物流全过程控制与管理，这是提高物流服务质量、效率，同时降低物流成本所必需的。

⑤可以促进运输经营观念和组织方式等的变革。物流的引入，改变了分工所引起的运输与其他相关过程的过度分离。既要通过分工提高运输效率，又要通过相互间的集成完善物流服务功能，西方市场经济发达国家的企业实践已经充分说明这是可行的。

⑥在现代电子信息技术迅猛发展、计算机应用日益普及的技术基础之上，市场经济体制提供了企业实现高级物流服务的竞争条件。甚至可以说，不了解用户物流的全过程及其网络组织体系，运输或物流经营者就不知道怎样建立起使用户满意的、能够支持物流合理化的网络组织结构，为用户提供一流优质服务也只能是一种良好愿望。而物流研究与运作过程中所得出的结论和有关规律，反过来对进一步指导物流服务提升到新的水平，有一定的借鉴和指导作用。

（二）物流战略构成与设计思路

引入物流的重要意义在于它的战略性，即为企业争取市场、用户等的战略地位。第三方物流战略的形成是实施物流战略管理的首要环节和基础工作。

1. 第三方物流战略体系结构

第三方物流战略的基本结构包括物流系统的宗旨（使命）、物流战略目标、物流战略导向、物流战略优势、物流战略类型、物流战略态势、物流战略措施以及物流战略步骤等内容。它关系到企业物流战略的基本特征，第三方物流经营者需要在战略基本点上形成自己的特色，以区别其他类型的企业，这也是形成物流企业战略优势的重要前提。

2. 第三方物流战略设计理论

物流战略的核心内容是物流系统的宗旨（又称为系统使命）和战略目标，其中，物流系统宗旨的确立，直接影响运输企业（集团）参与物流系统设计与运营的任务、目的和目标。物流战略的基本要点体现了第三方物流企业（集团）进行物流战略设计的内容特色。

（1）物流系统的宗旨。物流系统的宗旨主要指该系统在社会经济发展中所承担的责任或主要目的。第三方物流企业（集团）在参与物流战略系统形成过程中，必须认真分析自身的物质技术基础，认识自己的战略优势所在以及物流系统的环境变化，从而确立系统的宗旨。明确系统存在的理由是明确物流系统任务、目的和战略目标的前提，是拟订物流战略方案、确定战略重点的依据，是分配与调节物流所需资源的指南。

（2）物流系统的战略目标。物流系统的战略目标是由物流系统宗旨引导，并表现为物流系统目的的，可在一定时期内实现的量化成果或期望值。第三方物流企业（集团）制定物流战略目标主要包括服务水平目标、物流费用目标、高新技术应用目标、社会责任目标和经济效益目标等内容。其战略目标应体现物流系统的全面性、长期性、纲领性、竞争性、多元性、指导性、激励性和阶段性等基本特点。

（3）物流战略的要点。物流战略的要点是物流战略系统形成中涉及的基本方面的设计与选择，对第三方物流企业（集团）而言，重点是要将运输即两点（仓库、货运站等）之间的货物位移与两端点上的延伸服务（如订货、取货、分拣、包装、仓储、装卸、咨询及信息服务等）紧密结合为一体，使货物（物品）从最初供应者到最终用户间各个物流环节成为完整的物流链管理系统。在此基本思想指导下，物流战略的要点主要包括物流战略导向、物流战略优势、物流战略态势和物流战略类型。

①物流战略导向，是指物流系统生存、成长与发展的主导方向。物流战略活动领域很广阔：服务、市场、技术、规模、资源、组织、文化等方面都可能成为第三方物流企业（集团）所经营的物流系统生存、成长与发展的主导方向。物流战略导向的确立，既明确了前进方向，又可避免竞争与发展中的盲目性。

②物流战略优势，是指物流系统能够在战略上形成的优于竞争者的形势、地位和条件。构成

物流系统战略优势的主要方面有：

  a. 产业优势，服务于符合企业自身成长条件且属新兴的朝阳产业；

  b. 资源优势，拥有雄厚的资金、技术、设备和优秀人才等；

  c. 地理优势，占据便利的物流通道、丰富的原料产地、经济发展重点区域等方面的有利条件；

  d. 技术优势，拥有支持物流系统成功运行的专有技术；

  e. 组织优势，具有良好的支持物流运作的网络组织结构；

  f. 管理优势，是基于服务优势、技术优势、资源优势和组织优势之上的整体优化配置资源、协同运作的思想、文化、方法、手段和制度等的有机体系。

  研究物流战略优势，关键是要在物流系统成功的关键因素上形成差异优势或相对优势，这是取得物流战略优势比较经济有效的方式，当然也要注意发掘潜在优势，关注于未来优势的开发。

  ③物流战略态势，是指物流系统的服务能力、营销能力、市场规模在当前的有效方位及沿战略逻辑的演变过程和推进趋势。它反映了第三方物流企业（集团）参与社会物流系统运作，在客观上的物力、人力资源表现的竞争能力与实力体现，以及企业在智慧谋略方面的动态组合和运作状况。

  ④物流战略类型，是指依据不同的标准对物流战略所做的划分，以便更深刻地认识所拟定的物流战略的基本特点，进一步完善物流战略规划方案。第三方物流企业（集团）通常可以按服务项目、发展方向、战略行为和战略重点等方面划分物流战略类型（表10-4）。

表10-4 物流战略类型划分

划分依据	物流战略类型
服务项目	准时货运集散战略、快速货运集散战略、整车货运集散战略、成组货运集散战略、专项货运集散战略、国际货运集散战略等
发展方向	物流服务导向战略、市场需求导向战略、专有技术导向战略、规模经营导向战略、资源优化导向战略、实时响应导向战略等
战略行为	扩张型物流战略、稳定型物流战略、收缩型物流战略、关系型物流战略等
战略重点	物流系统生存战略、经营战略、发展战略等

本章小结

  第三方物流是指在物流渠道中，由专业物流企业以合同的形式在一定期限内提供用户所需的全部或部分物流服务。企业是否需要用第三方物流的决策关键应考虑成本、战略等因素，物流业务外包的实施需按步骤做到合理设定企业物流外包的目标和战略、初步确定物流外包方案；选择满意的第三方物流供应商；选择企业的物流外包形式，建立和巩固合作伙伴关系；加强物流外包过程的监督工作。

思考与练习

一、单项选择题

1. 第三方物流企业的利润源于（　　）。

  A. 向顾客收取的运输费用   B. 开展仓储业务费用

  C. 直接营业费用   D. 物流管理产生的新价值

2. 第三方物流（　　）管理的影响因素是与其相关的距离、环节、工具、时间、费用。
   A. 装卸　　　　　　　　　　　　B. 保管
   C. 运输　　　　　　　　　　　　D. 流通加工
3. 由传统企业向第三方物流转变或者扩张的最基本的动因是（　　）。
   A. 扩大企业规模　　　　　　　　B. 追求利润
   C. 开发新的业务领域　　　　　　D. 满足客户的多样化需求
4. 运输的一般业务流程是（　　）四个环节。
   A. 接单、到站、发运和签收　　　B. 发运、接单、到站和签收
   C. 到站、接单、发运和签收　　　D. 接单、发运、到站和签收
5. 第三方物流对于客户来说，其存在的最主要的价值是（　　）。
   A. 提供及时优质的服务　　　　　B. 提供低廉的服务价格
   C. 提高客户的物流处理能力　　　D. 提供各种增值服务
6. （　　）是物流业务的开始，同时又是物流服务质量得以保障的根本。
   A. 服务签约合同　　　　　　　　B. 订单处理
   C. 交易契约的履行　　　　　　　D. 运输仓储业务的开展

二、多项选择题

1. 下列关于第三方物流的描述，正确的是（　　）。
   A. 第三方物流是由物流业务的供需双方之外的第三方去完成物流服务的物流运作方式
   B. 第三方物流是一种物流外包形式
   C. 第三方物流是社会化的物流企业所提供的现代和系统的物流服务活动
   D. 我国大量的从事储运的企业都是第三方物流企业
   E. 可以按照物流自营与否来判断是不是第三方物流
2. 属于第三方物流服务的有（　　）。
   A. 货物集运　　　　　　　　　　B. 仓储
   C. 为客户提供物流咨询　　　　　D. 代垫运费
   E. 为客户提供物流战略规划
3. 第三方物流的利益来源主要有（　　）。
   A. 作业利益　　　　　　　　　　B. 经济与财务利益
   C. 管理利益　　　　　　　　　　D. 战略利益
   E. 额外利益
4. 客户服务水平的确定，应考虑（　　）因素。
   A. 顾客对缺货的反应　　　　　　B. 竞争对手的服务水平
   C. 客户的期望　　　　　　　　　D. 物流成本
   E. 非同类产品的价格
5. 客户服务的内容包括（　　）。
   A. 保证在规定时间内送达货物
   B. 提供财务与信贷支持
   C. 改革开具账单的程序，满足客户的要求
   D. 以上都不对

三、判断题

1. 第三方物流是指一种物流运作管理模式，而不是指企业；第三方物流又称为合同制物流、

契约物流、物流联盟、物流外包。   (   )
2. 物流系统是由运输、仓储、包装、装卸搬运、配送、流通加工、物流信息等环节组成，各物流活动是一个子系统，但不是物流系统的元素。   (   )
3. 委托的第三方物流企业可以称为物流的外部一体化。   (   )
4. 现代物流管理以实现顾客满意为第一目标。   (   )
5. 物流信息服务标准主要包括物流信息企业服务标准和从业人员服务标准。 (   )
6. 传统的对外物流委托其实就是第三方物流。   (   )
7. 社会化的运输服务都能归结为第三方物流范畴。   (   )
8. 由于第三方物流业者代替货主在信息上的投资，从而减轻了货主的负担，这也是第三方物流业者自我推销的关键点。   (   )

四、简答题
1. 企业决定物流是否外包应考虑哪些因素？为什么？
2. 第三方物流的服务内容有哪些？
3. 简述仓储环节业务流程。
4. 简述供应链的定义及三种模式。
5. 简述企业信息化水平应用的五个等级。

五、案例分析题

"大众包餐"的物流

"大众包餐"是一家提供全方位包餐服务的公司，由上海某大饭店的下岗工人李杨夫妇于1994年创办，如今已经发展成为苏锡常和杭嘉湖地区小有名气的餐饮服务企业之一。

"大众包餐"的服务分成两类：递送盒饭和套餐服务。盒饭主要由荤菜、素菜、卤菜、大众汤和普通水果组成，可供顾客选择的菜单：荤菜6种、素菜10种、卤菜4种、大众汤3种和普通水果3种，还可以定做饮料佐餐。尽管菜单的变化不大，但从年度报表上看，这项服务的总体需求水平相当稳定，老顾客通常每天都会打电话来订购。由于设施设备的缘故，"大众包餐"会要求顾客在上午10时前电话预订，以便确保当天递送到位。

在套餐服务方面，该公司的核心能力是为企事业单位提供冷餐会、大型聚会，以及一般家庭的家宴和喜庆宴会上。客户所需的各种菜肴和服务可以事先预约，但由于这项服务的季节性很强，又与各种社会节日和国定假日相关，需求量忽高忽低，有旺季和淡季之分，因此要求顾客提前几周甚至一个月预定。

"大众包餐"公司内的设施布局类似一个加工车间。主要有5个工作区域：热制食品工作区、冷菜工作区、卤菜准备区、汤类与水果准备区，以及一个配餐工作区，专为装盒饭和预订的套菜装盆共享。此外，还有3间小冷库供储存冷冻食品，1间大型干货间供储藏不易变质的物料。由于设施设备的限制以及食品变质的风险制约着大众包餐公司的发展规模。虽然饮料和水果可以外购，有些店家愿意送货上门，但总体上限制了大众包餐公司提供柔性化服务。李杨夫妇聘用了10名员工：2名厨师和8名食品准备工，旺季时另外雇用一些兼职服务员。

包餐行业的竞争是十分激烈的，高质量的食品、可靠的递送、灵活的服务以及低成本的运营等都是这一行求生存谋发展的根本。近年来，"大众包餐"公司已经开始感觉到来自越来越挑剔的顾客和几位新兴的专业包餐商的竞争压力。顾客们越来越需要菜单的多样化、服务的柔性化，以及响应的及时化。

李杨夫妇参加现代物流知识培训班，对准时化运作和第三方物流服务的概念印象很深，深思着这些理念正是"大众包餐"公司要保持其竞争能力所需要的东西。但是他们感到疑惑，"大众包餐"公司能否借助第三方的物流服务。

（案例来源：第三方物流案例分析及参考答案_ 百度文库 https：//wenku.baidu.com/view/754a19284a7302768e9939e7.html）

问题：

1. "大众包餐"公司的经营活动可否引入第三方物流服务，并请说明理由。
2. "大众包餐"公司实施准时化服务有无困难，请加以解释。
3. 在引入第三方物流服务中你会向"大众包餐"公司提出什么建议？

第十一章

电子化物流

★学习目标

通过本章的学习学生应掌握以下知识：
1. 掌握电子商务物流的基本理论与方法。
2. 理解电子商务物流的功能与目标。
3. 掌握电子商务物流系统的建立模式。

★导入案例

京东的电子化物流

京东物流隶属于"京东商城"下属快递物流公司，拥有中国电商行业最大的仓储设施。截至2014年6月30日，京东物流建立了7大物流中心，在全国39座城市建立了97个仓库，总面积约为180万平方米。同时，京东物流还在全国1 780个行政区县拥有1 808个配送站和715个自提点、自提柜。京东物流专业的配送队伍能够为消费者提供一系列专业服务，如211限时达、次日达、夜间配和3小时极速达，GIS包裹实时追踪、售后100分、快速退换货以及家电上门安装等服务，保障用户享受到卓越、全面的物流配送和完整的"端对端"购物体验。

在上海嘉定占地200亩①的京东商城"华东物流仓储中心"内，投资上千万元的自动传送带已投入使用。工人们手持PDA，开着小型叉车在数万平方米的仓库内调配商品。

这是京东迄今最大的物流仓储中心，承担了一半销售额的物流配送，也是公司将2009年年底融到的2 100万美元的70%投放到物流建设的结果。在这里，京东每日能正常处理2.5万个订单，日订单极限处理能力达到5万单。在此基础上，公司2011年在嘉定建成一座15万~18万平方米的超大型仓储中心，其规模是鸟巢的8倍。随着这项"亚洲一号"计划的公布，京东未来三年投入20亿~30亿元到物流建设中。

不难发现，京东对仓储物流的"热衷"并不是个案。此前，马云便参股了星晨快递、百世物流，当当亦宣布，2010年斥资10亿元在华北、华东、华南新增三个物流基地。而京东的老对

---

① 1亩=666.667平方米。

手新蛋更是先行一步，在全国 7 个分公司都设有分仓和自主配送队伍。大笔的资金换成了实实在在的土地和库房，B2C 电子商务公司俨然迎来了一阵"仓储热"，各地的物流竞赛正在上演。

（案例来源：http：//tech.163.com/10/0515/09/66NEJ4AF000915 BF.html）

问题：

京东使用电子化物流的目的是什么？

第一节 电子商务物流概述

一、电子商务物流的概念

随着社会信息的进步与网络技术的发展，电子商务作为在互联网上最大的应用领域，已引起各界的广泛重视和支持并得到快速发展。

电子商务指交易当事人或参与人利用计算机技术和网络技术等现代信息技术所进行的各类商务活动，包括货物贸易、服务贸易和知识产权贸易。而电子化物流就是在电子商务的条件下，依靠互联网技术、电子商务技术、信息技术等进行的物流活动。物流服务提供商通过现代通信技术在物流业务的应用，实现"以客户为中心"的物流服务目标，并通过物流信息在供应链合作伙伴之间的实时共享，来实现供应链中物流管理的高效率和高效益。我国电子商务的发展尤其是网络购物的爆发式增长大大促进了电子商务物流服务业尤其是快递服务业的发展，使其成为社会商品流通的重要渠道。电子商务物流的目标是实现物流的低成本和高效率，实现物流信息化和现代化，促进物流产业的发展升级和电子商务与国民经济的发展。

案例思考

电子化的京东集团

京东集团的物流平台是目前国内电子商务界最完整、规模最大也是最为成熟的物流平台。其物流信息系统——2013 年建成的青龙平台——具有高性能、高扩展性和高速度等特征。高性能是指京东集团的订单量已经达到日均 5 万单以上，青龙平台的设计目的之一是能够支持日均 200 万单、能够支持 10 000 名用户同时在线操作的物流系统。高扩展性是随着京东集团开放平台业务（POP）的发展，青龙平台同样为第三方用户提供了使用接口，这为京东集团开放电子商务平台、对外大量提供物流服务打下了基础。高速度是指客户对时效性的要求越来越高是现代物流发展的一个重要趋势。京东集团在全国十几个核心城市开展"211""限时达""夜间配""极速达"等特色配送服务，通过提高配送速度提升了客户在京东平台上的购物体验，青龙平台正是配送速度提升的系统保障。

电子商务下物流活动不可阻挡的趋势和重要特征之一是物流的网络化，互联网的发展及网络技术的普及也为物流网络化提供了良好的外部环境。物流网络化包括两层含义：一是物流配送系统的计算机通信网络，借助于增值网上的电子订货系统和电子数据交换技术来自动实现配送中心与供应商和下游顾客之间的通信联系；二是组织的网络化，即利用内部网采取外包的形式组织生产，再由统一的物流配送中心将商品迅速发给订户，这一过程离不开高效的物流网络的支持。

（案例来源：https://wenku.baidu.com/view/428a3157915f804d2b16c1cd.html）

案例思考：
什么是物流网络化？其在京东的物流活动中发挥着什么样的作用？

二、电子商务与物流的相互作用

1. 物流是生产过程

在电子商务的环境下，生产是商品流通的开始，而商品生产的顺利进行需要各类物流活动支持，整个生产过程实际上就是一系列的物流活动。

2. 物流服务于商流

商流活动的最终结果是将商品所有权由供方转移到需方，但是实际上在交易合同签订后，商品实体并没有立即移动。在传统交易下，商流的结果必须由相应的物流活动来执行完成，也就是说买方按卖方的需求将商品实体以适当的方式和途径转移。因此，物流是电子商务交易的商流的后续和服务者，没有现代化物流，电子商务的商流活动将是一纸空文。因此，物流是电子商务的重要组成部分。必须摒弃原有的"重信息流、商流和资金流的电子化，而忽略物流的电子化"的观念，大力发展现代化物流，以进一步推广电子商务。

3. 物流是实现"以客户为中心"理念的根本保证

电子商务的出现，在最大程度上方便了最终消费者。他们不必再跑到拥挤的商业街上，一家一家地挑选自己所需的商品，而只要坐在家里，在互联网上进行搜索、查看、挑选，就可以完成购物过程。但试想，他们所购的商品迟迟不能送到，或者商家所送并非自己所购，那消费者还会选择网上购物吗？

物流是电子商务中实现"以客户为中心"理念的最终保证，缺少了现代化的物流技术，电子商务给消费者带来的购物便捷等于零，消费者必然会转向他们认为更为安全的传统购物方式，那样网上购物就将失去其存在的必要性。

4. 物流是电子商务的基本要素之一

电子商务概念模型中物流的地位，可以将实际运作中的电子商务活动过程抽象描述成电子商务的概念模型。电子商务的概念模型由电子商务实体、电子市场、交易事务和商流、物流、信息流及资金流等基本要素构成。

5. 物流是电子商务流程的重要环节

无论哪种模式的电子商务交易流程都可以归纳为如下六个步骤：

（1）在网上寻找产品或服务的信息，发现需要的信息。
（2）对找到的各种信息进行各方面的比较。
（3）交易双方就交易的商品价格、交货方式和时间等进行洽谈。
（4）买方下订单、付款并得到卖方的确认信息。
（5）买卖双方完成商品的发货、仓储、运输、加工、配送、收货等活动。
（6）卖方对客户的售后服务和技术支持进行评价。

在上述步骤中，"商品的发货、仓储、运输、加工、配送、收货"实际上是电子商务中物流的过程，这一过程在整个流程中是实现电子商务的重要环节和基本保证。

三、电子商务中物流方案的重点考虑因素

1. 消费者的地区分布

互联网是电子商务的最大信息载体，其物理分布范围正在迅速扩展。是否凡是互联网所涉及的地区都是电子商务的销售区域呢？在电子商务发展的初级阶段这是不可能的。一般商务活

动的实体销售网点资源按销售区域来配置，每一个销售点负责一个特定区域的市场。提供电子商务服务的公司也需要像实体店铺销售一样，对销售区域进行定位，对消费人群集中的地区提供物流承诺，否则是不经济的。

2. 销售商品的品种

对于一个推行电子商务服务的公司来说，要考虑哪些商品不适合采用电子商务方式销售。一般而言，商品如果有明确的包装、质量、数量、价格、验收、安装等要求，对储存、运输、装卸等作业无特殊要求，就适合采用电子商务的销售方式。

3. 配送细节

同有形市场一样，电子商务这种无店铺销售方式物流方案中的配送环节，是完成物流过程并产生成本的重要环节，需要精心设计配送细节。

4. 服务提供者

ISP、ICP、传统零售商店、传统批发企业、制造企业等均有条件开展电子商务业务，但不同的电子商务服务提供商具有不同的组织商流、物流、信息流、资金流的能力。

5. 物流成本

电子商务的物流成本可能比店铺销方式的物流成本高。因为电子商务的物流虽具有多品种、小批量、多批次、短周期的特点，但由于很难单独考虑物流的经济规模，因而物流成本较高。

6. 库存控制

在库存控制上，电子商务经营者也面临挑战，因为经营者很难预测某种商品的销售量，库存控制历来就是销售管理中最难的课题。

世界上的制造和销售企业普遍采用的库存控制技术是根据对历史数据、实时数据的分析，按照一定模型预测未来的需求。有的企业进行长期预测，有的只进行短期预测或侧重于对实时数据进行分析，有的则不进行预测或不相信预测结果。这样各个企业采取的库存政策会有很大区别，库存对销售的保障程度及库存成本也会各不相同。因此，电子商务经营者将会遇到比店铺销售更加复杂的库存控制问题。

此外，在设计电子商务的物流方案时，应该规划好运输工具、运输方式及运输方案等。

第二节　电子商务物流的运营

电子商务的快速发展，其配套设施服务也需跟上，而其中最重要的是仓储、配送等物流服务。电子商务间的竞争，最终转变为后端物流之争，谁的物流服务好，谁将赢得更多的客户。与传统零售相比，电子商务对仓储配送物流的依赖度更高，高达60%。电商物流主要分仓储、配送两大环节，其中，配送环节也即最后一公里配送，目前绝大多数还是依赖于现有的快递公司（如"四通一达"等），仅有少数的大型电商公司在自建配送体系。仓储环节则主要负责按照客户订单从仓库里拣选正确数量的正确商品进行打包，然后交给配送团队进行配送，大多数还是电商公司自己管理运作的。如何提高电商物流服务，赢取更多客户，对电商公司而言，能够改善更多的是在仓储环节，配送环节服务的提高则主要依赖于快递公司。

电商物流主要分为仓储管理和配送管理两个部分，这里主要对这两个功能进行阐述。

一、电商仓储

1. 电商仓储物流和传统零售物流的对比分析

电商仓储因为其行业所具备的一些特点，比如直接面向消费者，其客户就是最终的消费者，因此需要仓储作业能够非常精准地按照客户订单进行拣选打包，对仓储物流的订单生产效率及准确性方面要求都非常高。传统行业，仓储物流的服务对象主要是门店，相比之下，配送给门店的拣货准确性方面没有电商行业那样苛刻。同时，对各门店的配送频率、配送时间，甚至退货时间等，基本都是按照预先计划好的；各门店下单要货的商品以及数量方面，也与电商客户有很大的差别。这些差异，对仓储物流内部的细节操作，都将产生很大的影响。需要根据各自情况，进行相应规划、优化和运营。

哪些关键因素对电商仓储物流和传统零售物流产生重要影响？结合其各自面向的客户、订单以及逆向物流因素，对电商仓储物流与传统零售物流进行对比分析，其详细的对比分析见表11-1。

表11-1　电商仓储物流与传统零售物流的对比分析

项目	电子仓储物流	传统零售物流
客户	经常未知/数量很多	重复客户/数量不多
订单量	频次高，订单数量多	频次低，一次性大批量
订单行数	一般较少	多，上百
订单实时性	随到随生产	约定时间配货
订单精准性	要求非常高	要求高
订单波动性	波峰波谷差异大	差异一般
退换货	量大且随时退	量小，约定时间退
单SKU备货量	少	多，上百

如表11-1所示，造成电商仓储物流与传统零售物流有较大差异的关键因素主要有各自面向的客户，客户的订单量、订单行数、订单实时性、订单精准性、订单波动性、退换货等。这些关键因素将如何影响电商仓储物流的规划和操作，下面挑选一些重点进行详细讲解。

（1）平均订单行数少。传统零售物流有几十、甚至多则几百的订单行，这些商品可能分布在仓库的各个角落，按订单拣选，仓库走一圈完成订单拣选。而电商仓储物流只有较少的订单行，大多数情况下如京东、当当网等都不会超过10个，少数如1号店会在10~20个，如果依然选用传统零售物流常用的按订单拣货，每趟拣货只为拣少量的几件需要在仓库里走大量的路。大量实践数据统计分析结果显示，拣货过程中有多达70%的时间耗费在走路上。因此需要设计一趟拣货能够同时完成多张订单，来提高拣货效率。

（2）单个SKU库存少。相比传统零售，电商销售平台无传统门店空间的限制，因此，为了吸引和满足更多的客户需要，电商销售的SKU要更多、更全面些，如亚马逊和当当网等有几十万、几百万的SKU。但因为仓储空间不可能无限扩大，如何在有限的仓储空间里摆放更多SKU，就需要每个SKU的备货量少些。因此，电商仓储物流里的存储单元，以箱为主，而不是传统的以托盘为主。从选择存储设备上来看，主要选择箱式货架，如搁板货架或者中型货架，而不是托盘式货架。作业策略方面，大多数存储和拣货合一，少数量大的SKU单独分配存储和拣选空间，存在从存储到拣货的补货作业。

（3）作业正确性要求高。相较传统行业，电商行业对仓储物流操作的精准性方面要求更高、更严。就电商仓储物流内部操作而言，需要尽全力保证拣货的准确性，对于拣货完成待配送出库的商品,要做到100%的全复核,以及大多数情况下,需要进行打包操作。因此,在电商仓储物流的规划和操作上,除拣货外,如何提高复核/打包效率,也是重中之重。

(4)作业实时性要求高。这几年,众多电商公司争相推出超短的配送时效,如京东的211送达、易迅的一日三送等,这就要求仓库需要在1~2个小时完成订单的拣选、复核、打包等操作。与传统零售的24小时或48小时的订单响应时间相比,电商仓储物流作业要保证订单随到随生产,在短时间内完成订单的生产。如何提高订单的响应速度,也是一个研究重点。

(5)订单波动性大。电商各种促销活动如"双11""双12"以及店庆日等引来的大量订单,在半个月内都没法送达客户手中的新闻屡见不鲜。由此可见,电商的订单波动性非常大,在电商仓储物流的规划和设计时,场地、人员、设备等的配置足够柔性,满足大促期间的大批量发货,且要快速。同时,常常也会有一些单品或者组合装的团购、聚划算活动,这种活动也会引来临时性的大量订单,对后端的电商仓储物流要求也极高。因此,在电商仓储物流规划以及流程设计上,也需重点考虑此类活动的订单快速生产,甚至可设计专门的出货流程。

(6)退货量很大。因为电商行业的特性,顾客看不到实物,仅凭图片、文字描述就下单采购,当收到实物后,与心理预想的可能会存在较大落差,因此,与传统零售物流相比,电商的退货量极大。对于后端的电商仓储物流而言,则要有很强的退货商品处理能力,将退货商品进行快速挑拣,保证退货可再销售商品的及时上架。

2.电商仓储物流规划包含项目

一个完整的电商仓储物流规划一般都会包含如下项目:

(1)关键数据收集。选取、收集一段时间的关键业务数据,如货品数据、出货订单数据等。

(2)关键数据分析。对收集来的大量业务数据进行EIQ分析,分析SKU出货特性、订单特性,比如分析库存SKU总数、日均订单数、平均订单行数、日均SKU出货次数等。日常、促销的数据,要进行详细分析。

(3)平面布局规划。根据数据分析的结果,综合考虑所需要布置的作业功能区、所需面积以及可能的存储设备等,将这些作业功能区合理规划布局到限定的仓储空间里。

(4)作业动线规划。合理规划/优化库内各操作的人员和设备动线。

(5)作业流程规划。日常、促销情况下,收货、发货等关键作业流程规划。

(6)物流设备规划。存储、搬运、复核、打包、IT相关等设备规划。

(7)人员配备建议。组织架构、岗位职责、工作效率等建议。

二、电商配送

(一)电子商务下物流配送的趋势

电子商务下的配送,就是信息化、现代化、社会化的配送,根据国内外物流配送业发展情况,在电子商务时代,信息化、现代化、社会化的新型物流配送具有如下趋势:物流配送反应速度快;物流配送功能集成化;物流配送服务系列化;物流配送作业规范化;物流配送目标系统化;物流配送手段现代化;物流配送组织网络化;物流配送经营市场化;物流配送流程自动化;物流配送管理法制化。

(二)电子商务下物流配送需要解决的问题

现阶段,我国的电子商务物流大大落后于电子商务发展的速度,物流配送成为制约电子商务飞速发展的瓶颈,具体表现在以下四个方面:

第一,对物流的研究还不够系统和深入。当今物流管理理论的研究和实际应用都已取得了长足进步，出现了许多的理论。我国物流管理的研究者刚刚接触这些新理论，有待进一步消化和吸收，将之转变为实际的生产力。

第二，电子商务物流企业的基础设施尚不完善，新技术、新装备应用相对较少。许多电子商务物流企业对现代物流的概念、地位及作用认识不够，设施陈旧，物流管理的电子化程度较低，不能满足迅速发展的电子商务的要求。

第三，"无法可依"。有关电子商务物流方面的法律制度基本上是一片空白，物流企业急需相应的法律法规出台，规范行业行为。"法"主要是指融资制度、产权转让制度、人才使用制度、市场准入或退出制度、社会保障制度等。物流系统是社会系统工程，涉及多个地区、部门、行业，必然涉及各种物流资源在企业内部和企业与市场之间的重新配置。由于上述制度改革尚未到位，企业根据经济合理原则对物流资源的再配置就必将受到阻碍。

第四，商业环境相对落后，造成电子商务物流服务需求不足，而且专业化服务程度低。我国企业中自营物流占大多数，导致专业的物流代理服务得不到充分利用。

（三）电子商务物流配送的发展策略

1. 推进物流配送领域信息系统建设，促进与电子商务的结合

电子商务环境下的网络物流有以下特点：物流节点普遍实行信息化管理；整个系统具有无限的开放性；信息流在整个物流过程中起引导和整合作用，系统具有明显的规模优势。在网络物流系统中，起决定作用的不再是物流设施或者设备的处理能力，而是物流信息系统，即在物流过程中进行信息采集、管理、分析和调度，并根据反馈情况及时进行调整的软件系统。推进物流配送领域信息系统建设，促进与电子商务的结合，将充分发挥信息技术优势，从根本上提升物流业的竞争力。

（1）加快物流领域信息网络建设。采用政府推动、市场运作的方式投资建设全国物流多媒体信息高速公路，将物流技术与数字化技术、网络技术嫁接，抢占该领域的全球制高点；建立多个全国性的物流信息平台，加强完善物流实物网和虚拟网，充分发挥网络优势，组建网上物资贸易和物资配送服务市场，提高全国范围内物流信息的搜集、处理和服务能力，缩短物流信息交换与作业时间；推进EDI项目建设，建立全国交通通信服务专网系统，采用先进的数字编码、调制和时分多址技术，并集成现代数字蜂窝移动通信、计算机网络和数字通信技术与智能应用系统互联；运用全程物流理念，完善大交通管理体制，充分发挥海、陆、空立体交通网络的功能，基本建成以现代综合交通体系为主的运输平台，以邮电通信及网络技术为主的信息平台，形成以运输商品配送和电子商务为支撑的现代物流业。

（2）推进物流企业敏捷化改造。建设一批上规模、上水平的综合化、网络化大型骨干物流企业。一是建设物流企业内部网。利用电子数据交换技术和互联网络，加快物流企业自身的敏捷化改造，初步实现从商品订货、生产、销售到售后服务所有步骤的"全程物流管理"；优化电子商务系统的配送中心、物流中心网络，重新设计适合电子商务的流通渠道，以此来减少物流环节、简化物流过程，提高物流系统的快速反应性能。二是实现物流企业对外联系的高度数字化、网络化。通过与国外著名物流企业结成合作伙伴，形成较完善的全国物流网络并与全球物流网络无缝对接，运用基于互联网的信息平台进行实时管理，为品牌企业及B2B电子商务网站提供从物流系统规划、咨询、集成到第三方物流服务的全球一体化物流解决方案。

2. 加速发展第三方物流，优化整合物流组织管理体系

从国外物流企业功能发展来看，物流业所提供的服务内容已远远超过传统的仓储、分拨和运送等物流服务，第三方物流企业发展迅速。由于不断降低供应链成本的需要，美国的制造商和零售商们要求物流公司做得更多一些，物流企业提供的仓储、分拨设施、维修服务、电子跟踪和其他具有附加值的服务日益增加。新加坡环球公司亚太地区总裁保罗·格雷厄姆称,物流服务商正在变为客户服务中心、加工和维修中心、信息处理中心和金融中心。第三方物流企业借助信息技术提供越来越多的物流服务,能够对市场变化做出迅速响应。鼓励第三方物流发展,提高物流企业的专业化、社会化水平,延伸服务领域,建立功能齐全、布局合理、层次鲜明的综合物流体系已是全球物流业发展潮流所在,也是我国物流业发展的重要方向。

(1) 大力发展第三方物流,完善增值服务。随着社会分工的不断细化和专业化程度的不断提高,第三方物流服务将借助电子商务的发展,在发展形式、速度和范围上有更大的突破。作为一种战略概念,供应链也是一种产品,而且是可增值的产品,其目的不仅是降低成本,更重要的是提供用户期望以外的增值服务,如配货、配送和各类提高附加值的流通加工服务项目,以及其他按客户的需求提供的服务。电子商务涉及企业流程的再造和资源的重新配置,因此在进行物流信息系统需求分析时,需综合考虑合同、保险、单证、语言等诸多因素。

(2) 加强互动,优化整合物流组织管理体系。发展第三方物流,缩短数字化差距,必然涉及多部门、多行业的物流资源和整个物流组织管理体系的优化整合,因此有必要加强政府、国际组织、社会民间组织以及私营部门之间的互动,做好规划与协调,促进我国物流相关行业的配套发展。私营部门在促进我国经济增长中发挥的作用日益显著,我国加入世贸组织又促进了私营部门的发展,其专长、知识及经验将有益于物流业的改革。从物流企业与电子商务结合程度看,我国物流系统将来会从两个方向集聚:一是专门为电子商务配套服务的实物配送企业;二是本身拥有电子商务体系的物流配送企业。此外,从事传统零售业的大型商业集团也可以利用自己的配送体系为电子商务服务;特许经营与电子商务相结合,先用特许经营的方式在全国建立零售网络,解决物流的问题,在此基础上开设网站,经营电子商务,也是一种新的形式。优化整合物流组织管理体系涉及上述多种形式的物流企业。

(3) 广泛开展物流培训与教育。一方面,培养专业化、高素质的物流经营管理技术人才。职业教育是培养物流和配送人才的最重要和最经济的方式,许多国家的物流从业人员必须接受职业教育,获得从业资格后,才能从事物流和配送方面的工作。我国应建立完善的物流教育和培训体制,形成较合理的物流人才教育培训系统,在大学和学院设置物流管理专业,并广泛地为工商管理各专业的学生开设物流课程,形成一定规模的研究生教育系统。另一方面,物流系统的运作需要电子商务经营者的支持与理解,通过向电子商务经营者提供培训服务,可以培养它与物流中心经营管理者的认同感,可以提高电子商务经营者的物流管理水平,可以将物流中心经营管理者的要求传达给电子商务经营者,也便于确立物流作业标准。

本章小结

电子商务作为一个新兴的商务活动,为物流创造了一个虚拟性的运动空间。只有掌握电子商务物流的含义与分类,电子商务的运营与特点,电子商务环境下物流的功能与运营模式,以及电子商务下仓储管理及配送管理的主要知识,才能在电子商务中更好地进行物流管理。

思考与练习

一、单项选择题

1. 电子商务将对人类社会产生重要的影响,以下叙述正确的是( )。
   A. 改变了人们的社会地位和经济条件　　B. 改变了市场需求
   C. 改变了人们的兴趣爱好　　D. 改变了市场的准入条件

2. 电子商务一般的交易过程分为五个阶段,"若出现违约情况,则买卖双方还需进行违约处理,受损方有权向违约方索赔",这些行为属于( )。
   A. "交易合同履行"阶段　　　　　　B. "洽谈和签订合同"阶段
   C. "交易后处理"阶段　　　　　　　D. "交易前准备"阶段
3. 按功能划分,仓储分为( )。
   A. 企业自营仓储、商业自营仓储、公共仓储和战略储备仓储
   B. 普通物品仓储和特殊物品仓储
   C. 储存仓储、物流中心仓储、配送仓储和运输转换仓储
   D. 保管式仓储、加工式仓储和消费式仓储
4. 组织合理化配送作业不包括( )。
   A. 订货发货合理化　　　　　　　　B. 商品检验合理化
   C. 备货作业合理化　　　　　　　　D. 送货时间合理化

二、多项选择题

1. 电子商务的组成要素必须包括两个,分别是( )。
   A. 计算机技术　　　　　　　　　　B. 电子方式
   C. 商务活动　　　　　　　　　　　D. 交易
2. 电子商务的框架结构由三个层次构成,分别是( )。
   A. 网络层　　　　　　　　　　　　B. 消息和信息发布层
   C. 应用层　　　　　　　　　　　　D. 操作层
3. 以下( )属于仓储合理化的途径。
   A. 运输网络的合理配置　　　　　　B. 选择最佳的运输方式
   C. 实行 ABC 管理　　　　　　　　　D. 应用预测技术
   E. 进行科学的库存管理控制
4. 电子商务网站上客户关系管理的功能有( )。
   A. 客户登录功能　　　　　　　　　B. 客户调查与留言功能
   C. 客户呼叫与沟通功能　　　　　　D. 宣传广告、业务处理与信息反馈功能
   E. 客户信息和处理分析功能

三、判断题

1. 物流信息化是电子商务的必然要求,也是现代化物流的基础。　　　　　　　　　( )
2. 一个完整的电商仓储物流规划只包含关键数据收集和关键数据分析两个项目。( )
3. 消费者的地区分布、销售商品的品种都是电子商务中物流方案的重点考虑因素。( )
4. 商品的发货、仓储、运输、加工、配送、收货,实际上是电子商务中的物流因素。
   　　　　　　　　　　　　　　　　　　　　　　　　　　　　　　　　　　( )
5. 电子商务物流具有多品种、小批量、多批次的特点,因而物流成本较低。　　　( )

四、简答题

1. 商品包装的基本功能是什么?
2. 简述电子商务的分类。
3. 简述电子商务对物流活动的影响。
4. 组建电子商务物流有几种方式?
5. 简述电子商务物流系统合理化的途径。

五、案例分析题

无所不在的物流服务网络——安迅物流

1. 安迅物流服务网络的广度

经过30年的沉淀与发展，安迅物流在全国建立了290个操作中心，428个物流仓储，配送网络覆盖700多个地/县级市，2 800多个区/县，安迅目前在全国几乎覆盖了除西藏之外的全部省份，编织串联成了一张仓、配、送、装一体化的物流网，这张网在移动互联网的大背景下，无论客户身在经济繁荣、交通发达的华南、华东地区，还是身处经济欠发展、交通欠发达的西北、东北地区，无论购物方式是线上下单，还是实体店下单，安迅物流总能为客户提供专业、快捷、周到的物流配送服务。

2. 安迅物流服务网络的深度

服务网络覆盖700多个地、县级市，2 800多个区、县，40 000多个乡、镇。无论对繁华的一、二级市场，还是经济快速发展的三、四级市场，甚至偏远的农村，都如同一、二级市场一样的快速覆盖、无缝对接，真正做到了"覆盖到村，送货到门，服务到户"。凭借这一深密的物流网络布局，不管用户是一、二线的城市居民，还是劳作在田间地头的乡镇村民，安迅物流都能让其享受到大件商品配送到家的方便快捷。

3. 物流自动化

物流自动化以信息化为基础，以机电一体化为核心，以无人化为外在表现，以扩大物流作业能力、提高劳动生产率、减少物流作业差错和省力化为其效果的最终体现。物流自动化的设施非常多，如条码、语音、射频自动识别系统、自动分拣系统、自动存取系统、自动导引车、货物自动跟踪系统等。这些设施在发达国家已普遍用于物流作业流程中，而在我国由于物流业起步晚、发展水平低，自动化技术的普及还需要相当长的时间。

4. 物流柔性化

柔性化本来是为实现"以顾客为中心"理念而在生产领域提出的，但要真正做到柔性化，即能真正地根据消费者的需求变化来灵活调节生产工艺，没有配套的柔性化物流系统是不可能达到目的的。柔性化物流是配合生产领域中的柔性制造而提出的一种新型物流模式。物流柔性化对配送中心的要求就是根据多品种、小批量、多批次、短周期的全新消费需求，灵活有效地组织和实施物流作业。随着消费者需求的多样化、个性化，物流需求呈现出小批量、多品种、高频次的特点，订货周期变短、时间性增强，物流需求的不确定性提高。物流柔性化就是要以顾客的物流需求为中心，对顾客的需求做出快速反应，及时调整物流作业，同时可以有效地控制物流成本。

5. 物流智能化

由于物流作业中大量的运筹和决策（如库存水平的确定、运输路径的选择、自动分拣机的运行等）都需要借助于大量的专业知识才能解决，因此，物流智能化已成为电子商务物流发展的一个新趋势。同时，物流智能化作为自动化、信息化的一种高层次应用，还存在着一些技术难题，它的实现离不开专家系统、机器人等相关技术的支持。

6. 物流多功能化

在电子商务的环境下，物流向集约化阶段发展，其要求物流业不仅提供仓储和运输服务，还必须进行配货、配送和各种提高附加值的流通加工服务项目，或者按客户的特别需要提供其他的特殊服务。电子商务引起流通业经营理念的全面更新，现代流通业使以往商品经由制造、批发、仓储、零售等环节，最终到消费者的多层复杂途径，转变为从制造商经配送中心送到各零售点的简单过程。现代社会的产业分工更加精细，产销分工日趋专业化，大大提高了社会的整体生产力和经济效益,也使流通业成为整个国民经济活动的重要组成部分。

7. 物流增值性

作为一种战略概念,供应链也是一种可增值的产品。其目的不仅是降低成本,更重要的是提供用户期望以外的增值服务,以产生和保持竞争优势。从某种意义上讲,供应链是物流系统的充分延伸,是产品与信息从原料到最终消费者之间的增值服务。这种配送中心与公用配送中心不同,它是通过签订合同,为一家或数家企业(客户)提供长期服务,而不是为所有客户服务。电子商务环境下有许多新技术与方法的应用,如准时制系统(Just in Time,JIT)、销售时点系统(Point of Sale,POS)。商店将销售情况及时反馈给工厂的配送中心,有利于厂商按照市场调整生产,以及同配送中心调整配送计划,使企业的经营效益跨上一个新台阶。

8. 物流全球化

电子商务的发展加速了全球经济一体化的过程,其结果将使物流企业向跨国经营和全球化方向发展。全球经济一体化使企业面临着许多新问题,要求物流企业和生产企业更紧密地联系在一起。对于生产企业,要求集中精力制造产品、降低成本、创造价值;而对于物流企业则要求花费大量时间和精力更好地从事物流服务,客户对物流企业的要求比原来更高了。例如,在物流配送中心,要对进口的商品代理报关业务、暂时储存、搬运和配送,进行必要的流通加工等,完成从商品进口到送交消费者手中的一条龙服务。

在全球化的时代背景下,电子商务和物流成为各国企业参与全球化的重要方式。各国将高度重视电子商务和物流的发展,推动电子商务和物流跨区域、跨经济体延伸。跨境电子商务活动日益频繁和活跃,对跨境电子商务物流从体系到能力都提出了更高要求。我国新一轮的对外开放、构建"一带一路"丝绸之路经济带和21世纪海上丝绸之路、自贸园区建设、积极参与全球经济治理等为跨境电子商务物流发展带来重大历史发展机遇。据不完全估计,到2020年,我国国际及港澳台快递业务收入将突破1 000亿元,跨境电子商务交易额将超过15万亿元。

(案例来源:http://home.house365.com/html/2016/12/14/026957162.html)

问题:

简述安迅物流服务网络的特征。

第十二章

物流金融

★ 学习目标

通过本章的学习学生应掌握以下知识：
1. 掌握物流金融的概念、作用及其面临的风险。
2. 掌握物流金融模式与业务运作流程。

★ 导入案例

UPS 物流金融操作实例

UPS 在其开展的物流金融服务中，兼有物流供应商和银行的双重角色。1998 年，UPS 在美国收购了一家银行，成立了 UPS 资本公司，为客户提供包括代理收取贷款、抵押贷款、设备租赁、国际贸易融资等。托收是 UPS 金融服务的核心。UPS 在收货的同时直接给出口商提供预付货款，货物即是抵押。这样，小型出口商得到及时的现金流；UPS 再通过 UPS 银行实现与进口商的结算，而货物在 UPS 手中，也不必担心进口商赖账的风险。对于出口企业来说，借用 UPS 的资金流，货物发出之后立刻就能变现，如果把这笔现金拿去做其他的流动用途，便能增加资金的周转率。而通过传统的国际贸易电汇或放账交易方式，从出货装箱到真正拿到货款，至少需要 45~60 天，营运周转的资金压力极其沉重。

例如，一家纽约的时装公司向我国香港地区的服装供应商订购货物。UPS 收到我国香港地区供应商交运的货物后，可以即时向其支付高达 80% 的货款。货物送交到纽约的收货人手中后，由 UPS 收取货款，再将余额向香港供应商付清。

UPS 开展这项服务时，同样有一个资金流动的时间差，即这部分资金在交付前有一个沉淀期。在资金的这个沉淀期内，UPS 等于获得了一笔无息贷款。UPS 还可用这笔资金从事贷款，而贷款对象仍为 UPS 的客户或者限于与快递业务相关的主体。在这里，这笔资金不仅充当交换的支付功能，而且具有了资本与资本流动的含义，这种资本的流动是紧密地服务于业务链的。

面对中国巨大的需求市场，类似花旗银行这样的国际金融机构也来"凑热闹"。花旗银行的物流金融服务主要针对解决中国企业在海外市场进口原材料的需求和遇到的困难。

花旗银行通过与物流公司的合作，向其提供资金支持，间接帮助生产企业。这个解决方案可以提供商品购买的规模效应和与之相匹配的融资支持。由此不难看出，花旗银行的这一金融服务已不仅仅停留在抵押、贷款,而旨在从整个供应链的角度帮助企业。

(案例来源:中国物流网.2010-07-01。UPS金融物流-豆丁网.http://www.docin.com/p-218117995.html)

问题:

简述UPS的物流金融模式。

第一节 物流金融概述

一、物流金融的概念及产生背景

快速发展的现代物流业对物流企业运作提出了更高的要求,物流管理已从物的流动提升到物的附加值方案管理。为企业提供金融融资的物流供应商在客户心中的地位会大幅提高,物流金融将有助于形成物流企业的竞争优势。物流企业开展物流金融服务,无论是对客户、金融机构,还是物流企业本身都是一个多赢的选择。如何利用金融对资源的宏观调控功能和服务特性服务于物流行业,提高物流业的运作效率已成为当务之急。因此,物流金融也逐渐成为当代市场经济发展的必然趋势和重要特征。

(一)物流金融的概念

物流金融是指在面向物流业的运营过程中,通过应用和开发各种金融产品,有效地组织和调剂物流领域中货币资金的流动。这些资金流动包括发生在物流过程中的各种存款、贷款、投资、信托、租赁、抵押、贴现、保险、有价证券发行与交易以及金融机构所办理的各类涉及物流业的中间业务等。

物流金融是一种创新型的第三方物流服务产品,它为金融机构、供应链上各企业以及第三方物流服务提供商之间的紧密合作提供了良好的平台,使得合作能达到"共赢"的效果。它为物流产业提供资金融通、结算、保险等服务的金融业务,伴随着物流产业的发展而产生。物流金融涉及三个主体:物流企业、客户和金融机构,物流企业与金融机构联合起来为资金需求方企业提供融资,物流金融的开展对这三方都有非常迫切的现实需要。物流和金融的紧密融合能有力地支持社会商品的流通,促使流通体制改革顺利进行。物流金融正成为国内银行一项重要的金融业务,并逐步显现其作用。

物流金融是物流与金融相结合的复合业务概念,它不仅能提升第三方物流企业的业务能力及效益,还可为企业融资及提升资本运作的效率。对于金融机构来说,物流金融的功能是帮助金融机构扩大贷款规模,降低信贷风险,在业务扩展服务上能协助金融机构处置部分不良资产、有效管理客户,提升质押物评估、企业理财等顾问服务项目。从企业行为研究出发,可以看到物流金融起源于"以物融资"业务活动。物流金融服务伴随着现代第三方物流企业而生,在金融物流服务中,现代第三方物流企业业务更加复杂,除了要提供现代物流服务外,还要与金融机构合作一起提供部分金融服务。

(二)物流金融的产生背景

物流金融发展起源于物资融资业务。金融和物流的结合可以追溯到公元前2400年,当时的美索不达米亚地区就出现了谷物仓单。而英国最早出现的流通纸币就是可兑付的银矿仓单。国际上,最全面的物流金融规范体系在北美(美国和加拿大)以及菲律宾等地。以美国为例,其物流金融的主要业务模式之一是面向农产品的仓单质押。仓单既可以作为向银行贷款的抵押，也可以在贸易中作为支付手段进行流通。美国的物流金融体系是以政府为基础的。早在1916年，美国就颁布了美国仓库存贮法案，并以此建立起一整套关于仓单质押的系统规则。这一体系的诞生，不仅成为家庭式农场融资的主要手段之一，同时也提高了整个农业营销系统的效率，降低了运作成本。国外物流金融服务的推动者更多是金融机构，而中国物流金融服务的推动者主要是第三方物流公司。物流金融尚处于起步阶段，是一个充满机遇和挑战的过程。未来的物流业，谁能够提供金融服务和金融产品，谁就能把握市场的命脉成为市场的主导者。现代物流金融的产生背景有以下几个方面：

1. 第三方物流服务的革命

物流金融是物流与金融相结合的产品，其不仅能提高第三方物流企业的一体化服务水平、竞争能力以及经营利润，而且可以协助企业拓展融资渠道，降低融资成本，提高资金的使用效率。对整个供应链而言，物流金融整合了资源，提升了供应链的竞争力。物流金融服务将开国内物流界之先河，是第三方物流服务的一次革命。

2. 中小型企业融资困境

在国内，由于中小型企业存在着信用体系不健全的问题，所以融资渠道匮乏，生产运营的发展资金压力大。中小企业与银行之间出现"想借借不着"和"想贷不敢贷"的尴尬局面。物流企业通过库存管理和配送管理，对客户的信息有比较充分的了解，可以作为客户和金融机构之间的"黏合剂"，在金融业务中发挥特殊的作用。同时，在实际操作中，物流企业能清楚地了解商业银行不易掌握的有关信息，如企业库存产品的动态信息等。这为物流企业向银行提供担保，或由商业银行统一授信于物流企业的融资服务提供了可能。物流金融服务的产生，可以有效地支持中小型企业的融资活动。另外，物流金融可以盘活企业暂时闲置的原材料和产成品的资金占用，优化企业资源。

3. 供应链"共赢"目标

对于现代第三方物流企业而言，物流金融可以提高企业一体化服务水平，提高企业的竞争能力，提高企业的业务规模，增加高附加值的服务功能，扩大企业的经营利润。对于供应链企业而言，物流金融可以降低企业的融资成本，拓宽企业的融资渠道；可以降低企业原材料、半成品和产品的资本占用率，提高企业的资本利用率，实现资本优化配置；可以降低采购成本或扩大销售规模，提高企业的销售利润。对于金融机构而言，物流金融服务可以帮助金融机构扩大贷款规模，降低信贷风险，甚至可以协助金融机构处置部分不良资产。

4. 金融机构创新意识增强

当前金融机构面临的竞争越来越激烈，为在竞争中获得优势，各个金融机构（如银行），不断地进行业务创新，这就促使了物流金融的诞生。物流金融可以帮助银行吸引和稳定客户，扩大银行的经营规模，增强银行的竞争能力；可以协助银行解决质押贷款业务中银行面临的"物流瓶颈"——质押物仓储与监管；可以协助银行解决质押贷款业务中银行面临的质押物评估、资产处理等服务。

二、物流金融的作用及其面临的风险

第三方物流企业与金融机构联合起来为资金需求方提供融资，促成交易的实现对于提高商品流通和物流管理效率有着非常迫切的现实需要。同时，第三方物流企业借助金融机构给客户提供金融担保服务，可以提高自己的增值服务能力。

（一）物流金融的作用

物流金融在宏观经济结构中的功能与作用：它对于在国民经济核算体系中，提高流通服务质量、减低物资积压与消耗、加快宏观货币回笼周转起着不可替代的杠杆作用。

物流金融在微观经济结构中的功能突出地表现为物流企业提供金融服务，特别是在供应链中第三方物流企业提供的一种金融与物流集成式的创新服务，其主要服务内容包括物流、流通加工、融资、评估、监管、资产处理、金融咨询等。物流金融不仅能为客户提供高质量、高附加值的物流与加工服务，还可以为客户提供直接或间接的金融服务，以提高供应链整体绩效和客户的经营和资本运作效率等。物流金融也是供应链的金融服务创新产品，物流金融的提供商可以通过自身或自身与金融机构的紧密协作关系，为供应链上的企业提供物流和金融的集成式服务。

在第四方物流出现后，物流金融才真正地进入"金融家族"的范畴，在这里，物流将被看成一种特殊的"货币"，伴随着物流的流转一起发生在金融交易活动之中，"物流金融"利用它特殊的身份将物流活动同时演化为一种金融交易的衍生活动，而"物流金融"这时变成一种特有的金融业务工具，一种特有的复合概念，一门特有的金融与物流的交叉学科。然后，从这个交叉学科中去追踪它的存在及发展的可行性、需求乃至对策。物流金融源于这些不起眼的物流原始交易之中，在一个物流学、金融学尚不健全的发展中国家，来自实践有价值的方法不能被抽象、有效地提升到学术层面，是可以理解的。

物流与金融业务的相互需求与作用，在交易的过程中产生了互为前提、互为条件的物流金融圈。从供应链的角度看，厂商在发展过程中面临的最大威胁是流动资金不足，而存货占用的大量资金是厂商可能处于流动资金不足的困境的主要原因之一。开展物流金融服务是各方互利的选择，但是，不可回避的是风险问题。实现风险管理的现代化，首先必须使物流金融业树立全面风险管理的理念。

（二）实施物流金融面临的风险

在传统的物流金融活动中，物流金融组织被视为进行资金融通的组织和机构；现代物流金融理论则强调：物流金融组织就是生产金融产品、提供金融服务、帮助客户分担风险，同时能够有效管理自身风险以获利的机构。物流金融组织盈利的来源就是承担风险的风险溢价，所以，物流金融风险的内涵应从利益价值与风险价值的精算逻辑去挖掘，且不可因惧怕风险而丢了市场。

发展物流金融业务虽然能给物流金融提供商和供应链节点企业以及金融机构带来"共赢"效果，但提供商却面临各种各样的风险。有效地分析和控制这些风险是物流金融能否成功的关键。物流金融提供商面临的主要风险可以归纳如下：

1. 物流金融自身风险

由于我国现行经济体制及法律体系的限制，国有商业银行还不能收购物流公司，非金融机构不能提供金融服务。物流金融在我国虽然有很大的发展空间，但鉴于法律未作许可和市场准入的限制，目前的步伐还很小，仅有中国远洋运输总公司、中国海运总公司等大型物流企业在与各大商业银行合作开展物流金融业务，并且这项业务涉及众多市场主体，物流业务的风险和金融业务自身的风险在物流金融业务中同时存在，在分担风险方面还没有建立互惠、互利、互相制约的协议，金融机构、出质人、物流公司之间的风险划分关系不一致，各个主体都会片面强调、规避和转嫁风险，造成风险与收益之间不对称，一定程度上会放大物流金融的风险。

2. 管理风险

管理风险是企业中普遍存在的风险之一，包括组织机构陈旧松散、管理体制和监督机制不健全、工作人员素质不高、管理层决策发生错误等。在我国，企业内部管理风险往往较大。

3. 运营风险

物流企业都会面临运营方面的风险。但从事金融业务的物流公司，由于要深入客户产销供应链中提供多元化的服务，相对地扩大了运营范围，也就增加了风险。从仓储、运输到与银企之间的往来以及和客户供销商的接触，运营风险无处不在。物流企业风险存在于物流企业自身的管理运作过程中，包括管理体制风险和责任缺失风险。管理体制风险是物流企业的管理体系不完善所引起的，如管理监督不健全、组织结构松散臃肿、管理决策无效等。责任缺失风险的本质是信息不对称，它是指物流企业作为融资过程的桥梁，其提供的信息的可靠性、真实性和准确性可能存在风险。责任缺失主要表现为，物流企业为扩大业务规模拉拢客户而提供虚假的数据，并且信息不对称也存在于物流企业和厂商之间，尤其是我国的物流运输业还处在粗放型的发展阶段，运营风险不容忽视。

4. 技术风险

技术风险指物流金融提供商因缺乏足够的技术支持而引起的风险，如价值评估系统不完善或评估技术不高，网络信息技术的落后造成信息不完整、业务不畅等。其中包括：物流硬件陈旧、功能单一、工作效率低下，无法实现机械化、自动化；由于价值评估体系不完善、评估技术不高、网络信息技术落后，造成信息不完整、业务不通畅、工作效率不高；标准化程度低，如各种运输方式之间装备标准不统一、物流器具标准不配套、物流包装标准与物流设施标准之间缺乏有效的衔接等。

5. 质押物风险

质押物风险源于货物本身，包括货物所有权的法律风险、货物监管风险、产品变现风险、产品市场风险等。质押物最好为价值易确定且相对透明稳定、市场需求量大、流动性好、变现性较好、质量稳定、易储藏保管的大众化物品。可以通过贷款期限的长短、质押贷款的比例，设立风险保证金制度等方法，尽量避免货物的市场价值波动风险。法律风险主要在于物权问题和合同规定，而且目前我国相关法律法规也不完善，缺乏有效的法律指导和法律保障。监管风险的高低取决于物流企业的管理水平和风险控制措施。一般来说，管理信息系统完善、具有较强偿付能力和风险预警机制的物流企业能较好地规避这一风险。产品变现风险是指质押物无法变现或变现价值低于授信敞口的风险。产品市场风险是由于市场变化很快，市场价格、市场占有率、产品品牌、销售形势、金融汇率可能发生很大变化，造成的变现能力改变的风险。

6. 操作风险

物流金融业务是通过对出质人的资金流和物流的全程监控来控制风险的，其业务流程较复杂，操作环节较多，因此来自操作过程的风险也较多。有些第三方物流企业的信息化水平低，还停留在人工作业阶段，难免出现操作失误。例如，质物质押业务中，需要按规定控制质物的数量、质量，与此同时，货物是流动的，因此要求第三方物流企业不但要保证质物的名称、规格、型号、材质等属性，还要使质物的库存数量保持在规定的额度。如果不能控制物品质量，或者物品进出库时没有避免以次充好的现象，将给整个业务带来很大风险。所以质物在库期间物流金融提供商必须对其发生的各种损失负责，因此仓库的安全、员工的诚信以及提单的可信度都要加以考虑，还包括对质物保存的设施能否有效防止损坏、变质等问题以及拉拢客户而提供虚假的数据，并且信息不对称也存在于物流企业和厂商之间。

7. 环境风险

环境风险是指政策制度和经济环境的改变，包括相关政策的适用性、新政策的出台、国内外经济的稳定性等。一般情况下，我国的政治和经济环境对金融物流造成的风险不大。但国际环境的变化，会通过贸易、汇率等方面产生作用。例如，我国尚未建立流动资产评估体系，评估方法和标准的不统一使得质物的价值难以和资金信贷数额相一致,贷款回收的风险性比较大;由于信用档案不健全、信用评估制度不完善,因此信用制度的发挥受到一定的限制;质押制度也存在标准仓单设置难、质押登记制度不健全、质物处置难等问题;传统保险各环节的投保相对独立,仅对部分环节进行承保,未能提供包括包装、装卸搬运、流通加工、配送等环节的全程保险服务。这些制度安排自身的缺陷会弱化信用制度、质押制度、保险制度等的效果,甚至可能增大风险。

8. 法律风险

法律风险主要是合同的条款规定和对质物的所有权问题。因为业务涉及多方主体,质物的所有权在各主体间进行流动,很可能产生所有权纠纷。另外,《中华人民共和国担保法》和《中华人民共和国合同法》中与金融物流相关的条款并不完善,又没有其他指导性文件可以依据,因此业务合同中出现法律问题的概率也不低,在实际业务中可能出现利用法律漏洞牟取利益的情况,并且法律风险也可能引发其他风险的发生。

9. 信用风险

信用风险包括货物的合法性、客户的诚信度等,同时信用风险还与上述财务风险、运营风险、安全风险和法律风险等联系密切。由于信息不对称、信用体系不健全,银行很难准确掌握中小企业的资信情况,这也导致了银行贷款手续烦琐,交易成本上升。银行在进行物流金融业务操作时,对企业偿债能力、市场地位、风险程度难以进行全面有效评估。另外,物流企业作为第三方介入融资过程,一方面,可能为拉拢自己的客户而向金融机构提供虚假数据,这种粉饰会给金融机构造成误导;另一方面,由于信用风险管理所需的数据信息是由基础数据、中间数据和分析结果三部分组成的,而物流企业搜集的只是原始数据,所以信用风险管理决策的正确性就存在着很大的疑问。在具体实施物流金融业务时,应该结合上述的主要风险问题进行相应的风险管理。

(三) 物流金融风险管理

我国物流金融业还处在发展中,且有巨大潜力,但是在业务量激增的同时也暴露了风险的所在,无论是宏观还是微观实体的风险都成为限制物流金融发展以及影响物流金融收益的重要因素,因此风险管理将是推动物流金融正规化、国际化发展的关键。

1. 完善法律法规,规范物流金融业务

在逐步探索中建立物流金融的法律,并完善物流金融过程中的相关法律,如担保法。在法律约束的同时应该建立由中央银行和物流协会牵头的宏观管理机构,对业务实行规范管理,并制定合理的惩罚程序和措施。

2. 设计更加丰富的物流金融产品

现在我国进行的物流金融业务大多是仓单质押业务和保兑仓业务,应该适当创新业务,寻求新的利润增长点。例如,可以把保证金率、抵押率、期限和信用评级相结合,针对不同期限、不同产品和不同公司信用,设计多种产品;可以和银行进一步合作拓宽业务对象,只要是有能力的企业和机构都可以参与进来。

3. 金融投资的创新

在供应链运行中会产生一定的资金沉淀期,在资金沉淀期内如何利用资金是需要探讨的问题之一,其中的风险更是一定要考虑的因素。现在的操作都是将这笔款项贷给资信客户,还可以由银行设计一些信用衍生工具,在套期保值的基础上形成新的利润。

4. 建立完善的企业风险评级体系和信息系统

首先,银行和物流公司应该建立统一并且规范的信息系统,将客户资料、信用情况、产品信息等一系列信息指标纳入计算机管理系统，形成联网操作。其次，在信息体系之上建立风险评级体系，针对指标和数据及业务部门的实地考察、业务监管进行信用评级，并且事后备案，以减少风险。

5. 适时成立物流金融公司或者物流企业的资本部门，专门从事物流金融业务

我国现在的物流金融必须靠物流企业和银行的合作进行，依靠优势互补来进行操作，但这仍然会因为双方的信息不对称或种种风险存在许多弊端。再者，我国现阶段的银行间业务以及银行和其他金融机构之间的业务往来在衔接上仍然有许多不便和漏洞。如果建立物流金融公司将两者合二为一，那么风险将大大减少，也有利于提高效率，使物流金融业务更加专业化，也给监管带来便利。

我国第三方物流潜力巨大，现代物流业正走向正规化、大型化和专业化。物流金融是一种创新第三方物流服务产品，其为金融机构、供应链企业及第三方物流企业之间的紧密合作，提供了良好的平台，使得合作各方达到共赢的效果。相信随着物流金融实践经验的不断积累和理论研究的不断深入，物流金融服务将在国内拥有广阔的市场和良好的前景。

第二节 物流金融模式与业务运作流程

一、物流金融模式

早在物流金融这个词汇在中国出现之前，物流金融早已在国企内部、流通领域及外贸运输业相关金融机构中悄悄地运行，不过那时的物流金融业务单一，仅限于简单信贷的小品种业务之内。随着信贷金融需求的增加，物流业务中物流与资金流的衔接问题日益突出。因现代物流业资金流量大，特别是现代物流的网点多元化、网络化的发展趋势而要求银行能够为其提供更高效、快捷和安全的资金结算网络及安装企业银行系统，以保证物流、信息流、资金流的统一。随着现代物流与现代金融的不断发展，物流金融的形式也越来越多，按照金融在物流业务中的作用，物流金融分为物流结算金融、物流仓单金融、物流授信金融。

（一）物流结算金融

物流金融业务在国际结算中的应用，完全继承了国际货物运输金融服务的标准规范，并逐渐改造为内贸企业试行。加入WTO后，我国物流业全面对外开放，一些跨国公司也加入了国内物流业的竞争，使本土物流业趋向国际化。各银行为物流企业提供优质的信用证开证、结算、多币种汇入汇出汇款、出口托收和进口代收、进出口押汇、打包贷款等功能贸易融资服务和非贸易国际结算服务，同时也开办保证业务。为保证资金及时安全收回，减少资金占用，物流企业需要银行提供与其贸易结构相适应的应收账款保理业务及其他保证业务，主要包括关税保付保证、保释金保证、付款保证、为港口施工企业提供投标保函、履约保函、预付款退款保函等。物流结算金融流程如图12-1所示。

物流结算金融是指利用各种结算方式为物流企业及其客户融资的金融活动，目前主要有代收货款、垫付货款、承兑汇票等业务形式。

1. 代收货款业务

代收货款业务是指物流企业在为电子商务公司、商贸企业、邮购公司等企业提供传递实物服务的同时，帮助企业向消费者收取现款，然后将货款转交投递企业，从中收取一定服务费用的业务。代收货款业务是物流金融的初级阶段。从盈利角度看，代收货款业务为物流企业带来直接

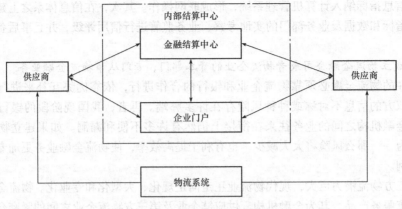

图 12-1 物流结算金融流程

利益,同时厂商和消费者获得了方便快捷的服务。

2. 垫付货款业务

垫付货款业务又称银行质押贷款业务,指当物流公司为发货人承运一批货物时,物流公司首先代提货人预付部分货款,当提货人取货时则交付物流公司全部货款,然后物流公司将剩余货款交付发货人。为消除垫付货款对物流公司的资金占用,垫付货款还有另一种模式:发货人将货品移交给第三方物流企业,同时将货权转移给银行;银行收到第三方物流企业的货物信息后,根据市场情况按一定比例提供融资,使发货人获得货款;当提货人向银行提货并付清货款后,银行向第三方物流发出放货提示,然后第三方物流向提货人交货。很明显,在该种模式下,物流企业不再是物流过程中的信用主体,而是作为一个辅助角色为银行提供货物信息、承担货物运送、协助控制风险等服务。在整个货物流通过程中,物流企业由于提供了物流监管服务获得利润、银行获得利息收入、企业获得有效的融资,促进了货物和资金的有效流转。

3. 承兑汇票业务

承兑汇票业务也称保兑仓业务,其业务模式有:在物流活动开始前,物流企业、银行、卖方企业、买方企业之间签订保兑仓协议;卖方企业缴纳一定比例的保证金,向银行申请开出承兑汇票;物流企业提供承兑担保,买方企业以货物对物流企业进行反担保,并承诺回购货物;买方企业凭银行承兑汇票向供应商采购货物,并由物流企业进行产品评估、质押入库;物流企业将仓单质押给银行,银行承兑汇票,划拨账款;买方企业分批还贷,银行开出仓单分提单;物流企业根据银行指示分批寄货,直至货款两清;如果买方企业违约,质押物可由卖方企业回购。承兑汇票业务有效缓解了买卖交易双方的现金压力,买方企业通过向银行申请承兑汇票,实际上获得了间接融资,缓解了企业流动资金的紧张状况;卖方企业在承兑汇票到期兑现即可获得银行的支付,不必等买方企业是否向银行付款。银行通过向买方企业开出承兑汇票而获取了业务收入。物流企业的收益来自两个方面:存放与管理货物向买方企业收取费用;为银行提供质物价值评估和质押监管收取一定比例的费用。

(二) 物流仓单金融

物流仓单金融指融通仓融资,包括以下步骤:货主(生产经营企业)将其采购的原材料或产成品作为质押物或反担保物,存入融通仓,然后将融通仓的仓单质押给银行。银行再发放贷款给货主;货主在其生产经营或质押产品销售过程中分阶段还贷。其中,在融通仓中,第三方物流企业利用其专业化能力提供质押物的保管、价值评估、去向监管、信用担保等服务,从而架起企业和银行之间资金融通的桥梁，并获得相应的收益。整个模式运作过程中，货主可以通过流动资产（原材料或产成品）获得融资，加速企业资金流通；银行可以拓宽贷款业务范围；物流企业提供融通仓的中介业务而获得利润。

随着物流业和金融业的不断发展，物流仓单融资不再仅仅局限于融通仓模式，而是出现了很多衍生模式，如反向担保模式和多物流中心仓单模式。反向担保拓展了质押主体，不是直接以流动资产交付银行做抵押物而是由物流企业管理控制货物，极大地简化了相关的程序，提高了灵活性，降低了交易成本。多物流中心仓单模式是基于地理位置的一种拓展。物流企业根据不同客户整合资源，实行就近质押的原则，降低各种成本。

（三）物流授信金融

物流授信金融模式真正将金融业务拓展到物流企业。金融机构根据物流企业的规模、运营状况、资产负债比例、信用程度，授予物流企业一定的信贷额度，物流企业直接利用这些信贷额度向相关需求企业提供灵活的质押贷款业务，由物流企业直接监控质押贷款业务的全过程。整个质押贷款过程中，金融机构基本不参与具体操作，完全授权给物流企业操作。这种模式程序简单、形式灵活，简化了质押贷款中各种烦琐的手续，使企业更加便捷地得到融资；金融机构也得以从具体事务中脱身，进而提高对质押贷款全过程的监控能力，更加灵活地开展质押贷款业务，优化其质押贷款业务流程和工作环节，降低了贷款风险。

从盈利角度看，授信金融模式和仓单金融模式的各方收益基本相似。由于银行不参与质押贷款项目的具体运作，质押贷款由物流公司发放，因此程序更加简单，形式更加灵活，同时，也大大节约了银行与企业各方的相关交易费用。

二、物流金融业务运作流程

物流金融将供应链上各企业和银行紧密地联系在一起，银行能够在一定程度上规避风险，企业也能够做到信息流、物流、资金流的整合，加速了物流和资金流的高速运转，提高了各方的效益。

（一）代收货款业务

在代收货款业务中，首先，第三方物流供应商与发货方签订《委托配送和委托收款合同》；其次，物流供应商按合同规定按时将货物送到需求方手中，并代收货款；最后，物流供应商依据合同规定的时间与发货方结清货款。从第三方物流供应商角度，其收取货款和结清货款的日期有一个资金流动的时间差，也就是说资金在交付给发货人之前产生了一个沉淀期，物流供应商相当于在资金的沉淀期内就得到了一笔免息的资金，这对于规模不大、资金实力弱的第三方物流供应商来说，无疑能改善其现金流，也方便了客户。因此，在我国发达地区的邮政系统和小规模的第三方物流供应商的物流活动中普遍采用代收货款模式。

（二）垫付货款业务

垫付货款业务有两种：其一，第三方物流供应商接受发货方的委托送货，并首先垫付全部或部分货款，物流供应商向货物需求方交货时，按照发货方的委托向需求方收取应收款项，最后物流企业和发货方结清余款。采用该模式，可以暂时缓解发货方的资金压力。需要注意的是，采用该种模式从事物流活动时，第三方物流企业务必与发货方签订《物流服务合同》，并在合同中约定发货方有无条件回购货物的义务，借以回避需求方毁约的风险。一般资金实力比较雄厚、规模比较大的第三方物流企业多采用垫付货款模式。其二，对于规模小、资金实力不够强的第三方物流企业，就需要引进第四方——银行，该模式解决融资企业的资金流问题是通过银行提供资金代付货款的方式来实现的。在货物流通中，发货方将货权转移给银行，银行根据货物市场状况做出价值评估，并根据评估的结果按照货物价值的一定比例给发货方融资。一旦提货方向银行付清货款，银行便指示第三方物流企业放货，同时将货权转移给提货方。采用该模式从事物流活动，买方企业可能因为货物质量和数量与合同不符、货物价格下降，或者金融汇率波动等原因拒付货款，这就给发货方增加了风险。具体运作流程如图12-2所示。

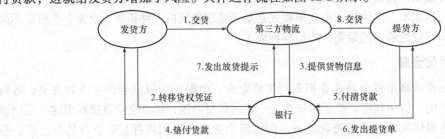

图12-2 垫付货款业务运作流程

（三）仓单质押业务

仓单质押业务可分为典型仓单质押业务和综合仓单质押业务。

1. 典型仓单质押业务

融通仓不仅为金融机构提供了可信赖的质物监管，还帮助质押贷款主体双方完满地解决质物价值评估、拍卖等难题。在实际操作中，货主（借款人）一次或多次向银行还贷，银行根据货主还贷情况向货主提供提货单，融通仓根据银行的发货指令向货主交货。具体流程如图12-3所示。

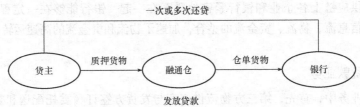

图12-3 典型仓单质押业务运作流程

由于仓单质押业务涉及仓储企业、货主和银行三方的利益，因此要有一套严谨、完善的操作程序。首先货主与银行签订《银企合作协议》《账户监管协议》；仓储企业、货主和银行签订《仓储协议》；同时仓储企业与银行签订《不可撤销的协助行使质押权保证书》。

货主按照约定数量送货到指定的仓库，仓储企业经验货确认后开出专用仓单；货主企业当场对专用仓单做质押背书，由仓库签章后，交付银行提出质押贷款申请。

银行审核后签署贷款合同和仓单质押合同，按照仓单价值的一定比例放款至货主在银行开立的监管账户。

贷款期内，货主实现正常销售时，货款全额划入监管账户，银行按约定根据到账金额开具分提单给货主，仓库按约定要求核实后发货；货款到期归还后，余款由货主自行支配。

2. 综合仓单质押业务

综合仓单质押业务是指金融机构根据第三方物流企业的规模、运营现状、经营业绩、资产负债比例及信用程度,授予第三方物流企业一定的信贷额度,第三方物流企业在此信贷额度内可以直接向相关企业提供灵活便捷的质押贷款业务,对该质押贷款项目的具体运作,金融机构基本上不参与,而是由第三方物流企业直接监控质押贷款业务的全过程。

(四) 保兑仓业务

保兑仓业务是仓单质押业务的一种延伸。在保兑仓业务中,第三方物流供应商(保兑仓)、银行、制造商、经销商四方签署《保兑仓协议书》;经销商依据先前与制造商签订的《购销合同》向银行缴纳一定比率的保证金,该款项应不少于经销商计划向制造商此次订货的价款,并向银行提出开立银行承兑汇票的申请,收款人为上游制造商,制造商在收到银行承兑汇票后向第三方物流供应商仓库发货。银行承兑汇票的担保由物流供应商提供,经销商用货物对第三方物流供应商进行反担保;第三方物流供应商依据自己掌控的货物库存情况以及销售状况按比例确定承保金额,同时收取监管费用。银行给制造商开出承兑汇票后,制造商向保兑仓交货,此时转为仓单质押。具体流程如图12-4所示。

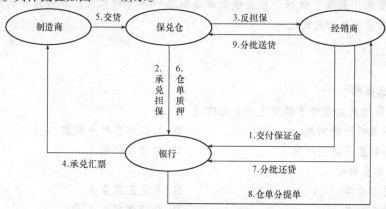

图12-4 保兑仓业务运作流程

这一过程中,制造商承担回购义务。保税仓业务帮助经销商缓解了全额购货的资金压力,经销商可以通过扩大订货量来获取制造商给予的优惠价格,从而提高其销售能力;经销商销售能力的增强也解决了制造商的产品积压问题,有效提高产品的市场占有率,同时,也使产品的销售渠道更加稳固,另外,制造商也没有必要向银行融资,降低了资金成本;对于银行来说,不但可以掌握提货权,而且还能获取丰厚的服务费;第三方物流企业在为银行提供价值评估与质押监管的过程中也能收获不菲的中介服务费。

(五) 物流保理业务

物流保理业务是保理市场迅速发展的产物。客户在其产品置于第三方物流企业监管之下的同时能凭提单获得物流企业预付的货款,货物运输和保理业务的办理同时进行。该业务是物流企业联合金融机构为其他中小企业提供的融资业务。从保理业务的服务内容来看,物流保理业务和银行保理业务无本质不同,但是其经营主体由银行变成了第三方物流企业,使物流和金融的联系更为紧密。

与金融机构相比,第三方物流企业在对客户的供应链管理中,对于买卖双方的经营状况和资信程度都有相当深入的了解,在进行信用评估时不仅手续简捷方便,风险也能够得到有效控制。金融机构保理业务的主要风险来自买卖双方的合谋性欺骗,一旦金融机构在进行信用评估时出现失误,就很可能财货两空,而在物流保理业务中,货物在物流企业的控制之下,可以降低这一风险。即使第三方物流企业因无法追讨货款而将货物滞留,由于对该货物市场有相当的了解,与该行业内的供应商和销售商具有广泛的联系,在货物变现时能够享受到诸多便利,使货物得到最大程度的保值。

(六)开证监管业务

开证监管业务是指银行为进口商开具信用证,进口商利用信用证向国外的出口商购买货物。进口商会向银行缴纳一定比例的保证金,其余部分则以进口货物的货权提供质押担保,货物的承运、监管及保管作业由物流企业完成。

本章小结

物流金融是指在面向物流业的运营过程中,通过应用和开发各种金融产品,有效地组织和调剂物流领域中货币资金的流动。发展金融物流业务虽然能给金融物流提供商、供应链节点企业和金融机构带来"共赢"效果,但提供商却面对各种各样的风险。有效地分析和控制这些风险是金融物流能否成功的关键之一。

思考与练习

一、单项选择题

1. 物流金融的产生是为了解决中小企业的(   )。
   A. 信用等级评级问题   B. 可抵押资产少问题
   C. 财务制度不健全问题   D. 融资难问题
2. 物流仓单金融指(   )。
   A. 保兑仓业务   B. 承兑汇票业务
   C. 融通仓融资   D. 物流保理业务

二、多项选择题

1. 中小企业自身存在的问题有(   )。
   A. 信息不对称   B. 企业经营的不确定
   C. 缺乏信用担保   D. 间接融资体系的制约
2. 按照金融在物流业务中的作用,物流金融分为(   )。
   A. 物流结算金融   B. 物流仓单金融
   C. 物流授信金融   D. 生产物流金融
3. 物流金融可能面临的风险有(   )。
   A. 质押物风险   B. 运营风险
   C. 操作风险   D. 信用风险、法律风险
4. 物流结算金融包括(   )。
   A. 代收货款业务   B. 垫付货款业务
   C. 承兑汇票业务   D. 物流保理业务
   E. 开证监管业务

三、判断题

1. 物流金融是指在面向物流业的运营过程中,通过应用和开发各种金融产品,有效地组织和调剂物流领域中货币资金的流动。这些资金运动包括发生在物流过程中的各种存款、贷款投资、信托、租赁、抵押、贴现、保险、有价证券发行与交易以及金融机构所办理的各类涉及物流

业的中间业务等。   (   )
2. 在物流金融中涉及三个主体：物流企业、客户与金融机构以及物流企业与金融机构。
                                                                                                                  (   )

四、简答题
1. 什么是物流金融？
2. 物流金融的形式有哪些？
3. 物流仓单金融有哪些具体形式？简述其操作流程。
4. 物流金融面临的风险有哪些？如何有效规避这些风险？

五、案例分析题

真空地带，物流保险蕴藏巨大商机

"每次发货都要丢东西，向运输企业索赔麻烦重重，我发货都发怕了。"经营矿山配件生意的赵广世气愤地说道。据赵介绍，他经常通过铁路将从山东、贵州采购的矿山配件发往西昌，但几乎每次货到西昌时都要丢一部分，涉及金额少则几百元，多则数千元。

成都一家服装公司的负责人宋先生也表示，他通过海南一家货运公司成都分公司发了一批服装到新疆，价值数几万元，而货运公司居然把这批货弄丢了，历经周折，才得到货运公司小额赔偿。

"每个物流企业都有货损情况发生，货物丢失或损坏很多时候是由各种无法预测的自然灾害、意外事故造成的，如果这些都让物流公司来赔，物流公司压力很大。"成都市恒申达货运有限公司总经理苏沿东一方面承认"货运丢物索赔难"，另一方面也为物流企业叫苦。

"完善物保险是解决这一矛盾的最好办法，但目前成都物流企业的保险却开展得不尽如人意。"成都市物流协会秘书长黄绍银称。黄绍银介绍，保险公司"保大不保小"、赔偿手续过于烦琐、险种有限等是物流公司难以开展物流保险的主要原因，"前不久还专门找了几家保险公司谈物流保险的事，希望保险公司能降低保险费率，但它们一直没有明确的答复。"黄绍银说。

保险公司为何对物流保险不感兴趣？据华泰保险成都分公司核保部负责人梁勇介绍，这是因为货运保险保费低、风险大。另外，四川的中小型物流企业居多，适用于大型物流企业的预约保险等合作方式，因为信用等级问题无法在小物流企业中实行。

正因为物流公司开展保险不尽如人意，物流保险才蕴藏着巨大商机。黄绍银介绍，成都现有传统仓储企业300余户、运输企业1 000多户、货代公司2 000多家。2004年该市交通运输、仓储业实现增加值172亿元，占第三产业的17.3%。物流产业发展壮大，物流风险也随之增大，专业的物流保险成为市场"必需品"。"仓储式物流保险在成都就是个空白，物流企业又特别需要。"

据梁勇介绍，2004年上半年，成都市货运保险总金额约为2 500万元，整个四川省是8 000多万元，但同期东部省市的货运保险总金额却是四川的几倍甚至十倍。黄绍银粗略估计："2004年川内物流业增加值为905.77亿元。如果开展得好，物流保险在四川的市场份额至少有数十亿元。"

（案例来源：http：//www.lawtime.cn/info/hetong/hetongzhishi/baoxian/2010122795599.html）

问题：
1. 该案例中涉及的物流保险有哪些问题？
2. 企业如何寻找"真空"地带给物流保险留下的巨大商机？

供应链管理

★ 学习目标

通过本章的学习学生应掌握以下知识：
1. 掌握供应链管理的基本概念和基础理论。
2. 掌握供应链设计的相关策略、设计原则及设计步骤。
3. 理解供应链管理与物流管理的关系。

★ 导入案例

采购：从"情人"牌啤酒解读牛鞭效应

在南方的一个小镇上，居民喜欢在下班后到酒吧中休闲娱乐。镇上有很多类似的啤酒馆，每天的啤酒销量大致相当，每种品牌的啤酒销量也比较稳定。酒吧老板每天从零售商那里进货，采取简单的类似双箱法的补货式的订货模式，即啤酒销量低于某一个数量的时候，就开始订货，补足到库房能容纳的数量。他们这样经营，一直没有出现什么问题。

有一天小镇上开始播放一部讲述都市男女爱情故事的电视连续剧，故事中男女主人公约会时经常喝的啤酒就是"情人"牌啤酒。男女主人公缠绵的爱情故事精彩频出，让小镇上的居民看得如痴如醉，大家茶余饭后都在谈论这个故事，喝酒时也纷纷以喝"情人"牌啤酒为时尚。酒吧的客人开始争相喝这种"情人"牌的啤酒，库存不足导致脱销。酒吧胡老板紧急向零售商加订平时需求量的20%，但仍然不能满足大家对"情人"牌啤酒的需求。

第二天，胡老板不得不再加大订量是平时需求量的1.5倍。不妙的是，上一级的零售商面临着众多的酒吧同样的需求暴涨。于是，众多零售商开始向批发商加大订量，结果被告知，目前"情人"牌啤酒已经脱销，增加的订量不可能短期马上补足，只能补足现在增订量的50%，也就是说，胡老板要求增加100箱，却只能拿到50箱，因为制造商不可能马上增加产量。

制造商在两周以后才开始加班订货、生产、运输和配送，但怎么增产，也不能满足需求。而经销商们（酒吧和零售商）不愿意丧失千载难逢的大好销售时机，仍然加大增订的量，提升至平时需求量的1倍，甚至2倍！

胡老板也开始要求增加150箱，甚至200箱！但啤酒总是迟迟不能按照订量到达这样的情况维持了整整8个星期。

8个星期过去,电视剧结束了,大家又恢复了往日的生活,"情人"牌啤酒的销量也就恢复了常态。"情人"牌啤酒不再受欢迎,销量骤然跌回原来的水平。恰在这时,胡老板前几周加订的"情人"牌啤酒都给补足了,胡老板的库房都装不下了!这么多天迟迟不来、痴痴等待的啤酒来得却不是时候!胡老板损失惨重,望着这些啤酒发愣。

和胡老板同样遭遇的有酒吧老板们(零售商们)、批发商们,还有配送商们,其中损失最大的是"情人"牌啤酒制造商。

这条啤酒的供应链条上的四个角色由于损失惨重,不得不坐在一起研究悲剧发生的前因后果。

(案例来源:http://mp.weixin.qq.com/s?__biz=MzI2ODI2NTE4Mw%3D%3D&idx=3&mid=2247484837&sn=3f9014ccb3d57ef728f06863fde30b8d)

问题:

牛鞭效应为企业带来的损害有哪些?企业当如何减少牛鞭效应带来的损害?

第一节 供应链的基本理论

一、供应链的定义

不同学者、专家对供应链的解释不同,但大同小异。其中较为经典的解释有以下几种:

贾亚尚卡尔给供应链的定义为:供应链是由自治或半自治的商业实体构成的一个网络,共同负责着若干产品族的原材料采购、生产和分销活动。

李和比林顿也有类似的定义:供应链是一个企业获取原料、生产半成品或最终产品,并通过销售渠道把产品送达消费者的网络工具。

甘尼香和哈里逊将供应链定义为:供应链是一种物流分布选择的网络工具,发挥着获取原料、把原料转化成中间产品或最终产品,并把产品分销给消费者的功能。

史蒂文斯则认为:通过增值过程和分销渠道控制从供应商的供应商到用户的用户的流就是供应链,它开始于供应的源头,结束于消费的终点。

《物流术语》(GB/T 18354—2006)对供应链的定义是:供应链即生产与流通过程中涉及将产品或服务提供给最终用户活动的上游与下游企业所形成的网链结构。

供应链的概念从扩大的生产概念出发,它将企业的生产活动进行了前伸和后延。例如,在日本丰田公司的精益生产方式中就将供应商的活动视为生产活动的有机组成部分加以控制和协调,这就是向前延伸。后延是指将生产活动延至产品的销售和服务阶段。因此,供应链就是通过计划、获得、存储、分销、服务等活动在顾客和供应商之间形成一种链接,使组织能满足内外部顾客的需求。企业从原材料采购开始到将其进行加工直到最终送到顾客手中为止的这一过程被看成一个环环相扣的链条,而其中的主要活动企业被视为链条上的节点。本书也采用这一定义。

为了正确理解供应链的含义,需要注意以下几个方面:

(1)一条供应链上必然存在一个核心企业,通过供应链的有效运作使得物流、信息流、价值流实现最优化。供应链不同于产业链或行业链的概念,行业链是宏观层面的,一条行业链可能存在该行业的龙头企业,也可能没有;但供应链是微观层次的,没有核心企业的供应链就不能称为供应链。

(2) 供应链不仅是一条从供应商到用户的物流链、信息链、资金链，而且是一条价值增值链，物料在供应链上因加工、包装、运输等过程而实现价值增值，给相关企业带来收益。

(3) 以客户为中心、以满足消费者需求为出发点来规划供应链的运作流程，重视服务质量和客户满意度，为最终消费者提供所需产品或服务。

(4) 并非只有制造企业才能成为核心企业，原料供应企业也可以是核心企业，还可能是产品分销企业。既存在以制造企业为核心的供应链，也存在以销售企业为核心的供应链。

(5) 大型企业并非一定是核心企业，关键在于该企业在一条供应链上的核心领导地位。核心企业应该是一个联盟体的盟主，组织其他成员企业进行有效运作，占领其目标市场。一般而言，立足企业视角，分析、研究哪家企业的供应链，它就是核心企业。

(6) 围绕着核心企业的网链关系，一条供应链中可能存在着若干条交错的子链，覆盖世界各国和地区，而供应商、制造商和分销商通常会在战略、任务、资源和能力方面相互依赖，构成了较复杂的供应—生产—销售网链。包括核心企业与供应商、供应商的供应商等上游关系，以及与用户、用户的用户等下游关系，所涉及的供应商、制造商、批发商、零售商以及消费者组成一个环环相扣、有序协调的供需网链关系。

(7) 网链关系强调以合作关系为纽带，但供应链上成员企业的关联类型并非都是一样的，合作性质也不尽相同，需要兼顾销售商、客户、供应商的多重复杂关系。既有与关键成员企业的战略性合作，也有竞争性合作关系，还有与非关键成员企业的传统交易型供货关系。

二、供应链的结构和特征

(一) 供应链的结构

一般来说，供应链由所有加盟的节点企业组成，一般有一个核心节点企业（可以是产品制造企业，也可以是大型零售企业），节点企业在需求信息的驱动下，通过供应链的职能分工与合作（生产、分销、零售等），以资金流、物流和信息流为媒介实现整个供应链的不断增值。供应链的基本结构模型如图13-1所示。

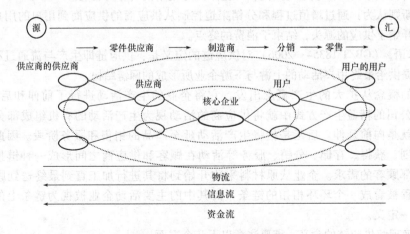

图13-1 供应链的基本结构模型

（二）供应链的特征

从供应链的结构模型可以看出，供应链上各个环节的企业通过信息技术实现了信息和其他资源的共享和互相渗透，实现了优势互补，完成了单个企业不能承担的市场功能，从而更有效地向市场提供商品和服务，这样就使得企业与企业之间传统的界限变得模糊。为了更好地理解供应链的内涵，下面简单地介绍供应链管理的基本特征。

1. 复杂性

首先，因为供应链节点企业组成的跨度（层次）不同，供应链往往由多个、多类型甚至多国企业构成，且节点企业可以是这个供应链的成员，同时又是另一个供应链的成员。众多的供应链形成交叉结构，增加了协调管理的难度。

其次，节点企业除了原料供应商、零件生产商、产品制造商、分销售、零售商和最终消费者之外，还可能有第三方的运输企业、仓储企业、配送节点企业、流通加工企业、信息服务企业，以及衔接各种运输方式的装卸搬运节点企业，节点企业类型不一使得供应链管理更加复杂。

最后，供应链节点企业的合作关系、合作程度各异。可能是战略层面的合作，也可能是技术层面合作，还可能是物流作业层面的合作。合作时间可能很长，也可能很短。节点企业的关系可能是合作性的，也可能是竞争性的，或者是交易性的，因此，供应链的网链结构关系亦非常复杂，进一步加剧供应链管理的复杂性。

2. 动态性

整个供应链一般情况下处于稳定状态，但也可以为了适应企业经营战略改变和市场需求变化而动态地调整节点企业，进行节点企业数量的增减，或者是进行节点企业关系的调整。基于相对稳定、单一的市场需求，供应链是相对稳定的；但基于相对频繁变化、复杂的需求，供应链则是动态的。顾客需求变化、供应商供货能力变化、供应链成员关系变化决定了供应链是一个动态的系统。

3. 企业间实行集成化、同步化流程运作

供应链包含从原材料采购到提供成品给最终消费者的一系列流程行为，如客户关系管理、客户服务管理、客户需求管理、客户订单配送、生产制造管理、物资采购管理、产品开发与营销、逆向物流管理等运作流程。供应链上下游的节点企业通过集成与共享需求信息，实施供需协调性的同步化运作，以降低供应链上的库存水平。生产制造型节点企业还要进行其生产系统运作的物料管理，实现产销均衡化运作，减少在制品和产成品的库存水平。

4. 面向用户需求

供应链的形成、发展以及重新构建都是基于一定的市场需求而发生的，用户的需求是供应链中物流、信息流、资金流等的驱动因素。用户拉动供应链的网链关系和运作流程的变化。

三、供应链的类型

从不同的角度出发，根据不同的划分标准，供应链可以分为以下几种类型。

（一）根据供应链涉及范围广度来划分

供应链根据其涉及范围广度分为内部供应链和外部供应链。内部供应链是指企业内部产品生产和流通过程中所涉及的采购部门、生产部门、仓储部门、销售部门等组成的供需网络。外部供应链则是指企业外部的，与企业相关的产品生产和流通过程中涉及的原材料供应商、生产厂商、储运商、零售商以及最终消费者组成的供需网络。

内部供应链和外部供应链的关系：两者共同组成了企业产品从原材料到成品到再消费者的供应链。可以说，内部供应链是外部供应链的缩小化。制造厂商，其采购部门就可看作外部供应链中的供应商。它们的区别只在于外部供应链范围大，涉及企业众多，企业间的协调更困难。

（二）根据供应链复杂程度不同来划分

供应链根据其复杂程度可以分为直接型供应链、扩展型供应链和终端型供应链。直接型供应链是在产品、服务、资金和信息在往上游和下游流动的过程中，由公司、公司的供应商和公司的客户组成。扩展型供应链把直接供应商和直接客户的客户包含在内，使这些成员均参与产品、服务、资金和信息往上游和下游的流动过程。终端型供应链包括参与产品、服务、资金、信息从终端供应商到终端消费者的所有往上游和下游的流动过程中的所有组织。

（三）根据供应链存在的稳定性来划分

供应链根据其存在的稳定性分为稳定的供应链和动态的供应链。基于相对稳定、单一的市场需求而组成的供应链稳定性较强；而基于相对频繁变化、复杂的需求而组成的供应链动态性较高。在实际管理运作中，需要根据不断变化的需求，相应地改变供应链的组成。

（四）根据供应链容量与用户需求的关系来划分

根据供应链容量与用户需求的关系，供应链可分为平衡的供应链和倾斜的供应链，如图13-2所示。一个供应链具有一定的、相对稳定的设备容量和生产能力（所有节点企业能力的综合，包括制造商、供应商、分销商、零售商等），但用户需求处于不断变化的过程中。当供应链的生产能力和用户需求平衡时，供应链处于平衡状态；而当市场变化加剧时，造成供应链库存增加、成本增加、浪费增加等现象，这样企业不是在最优状态下运作，供应链处于倾斜状态。平衡的供应链可以实现各主要职能（低采购成本、低运输成本、规模效益、产品多样化以及资金运转快）之间的均衡。

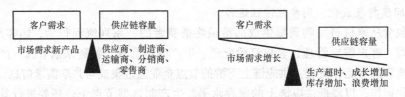

图13-2 平衡的供应链和倾斜的供应链

（五）根据供应链功能模式来划分

根据供应链功能模式（物理功能和市场中介功能），供应链可分为两种：有效性供应链和反应性供应链。有效性供应链主要体现供应链的物理功能，即以最低的成本将原材料转化为零部件、产品、半成品以及在供应链中的运输等；反应性供应链主要体现供应链的市场中介功能，即把产品分配到能满足用户需求的市场，并对未预知的需求做出快速反应。

（六）根据供应链驱动力的来源来划分

根据供应链驱动力的来源，供应链可分为推动式供应链和拉动式供应链。推动式供应链以制造商为核心，产品生产出来后从分销商逐级推向客户，分销商和零售商处于被动接受的地位，各个企业之间的集成度较低，通常采取提高安全库存量的办法应对需求的变动。因此，整个供应链的库存量较高，对需求变动的响应能力较差。这种运作方式适用于供应链管理初级阶段，产品或市场变动较小的情况,如图 13-3 所示。

图 13-3　推动式供应链

拉动式供应链的驱动力产生于最终用户,整个供应链的集成度较高,信息交换迅速,这样可有效降低库存,并可根据客户的需求实现定制化服务,为客户提供更大的价值。采取这种运作方式的供应链系统库存量低,响应市场的速度快,但这种模式对供应链上的企业要求较高,对供应链运作的技术基础需求也较高。拉动式供应链适用于客户需求不断变化、供大于求的市场环境,如图 13-4 所示。

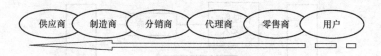

图 13-4　拉动式供应链

(七)根据供应链中企业地位不同来划分

经营主体一般可分为生产商、批发商、零售商以及各种形式的物流服务提供商。按照供应型核心企业的经营主体,供应链可分为以生产商、零售商和第三方物流商为主体的供应链模式。

1. 以生产商为主体的供应链

以生产商为主体的供应链是在生产力为主导的大背景下出现的,其结构相对复杂。供应链的结构形式多种多样。图 13-5 是某公司主要产品的供应链结构。

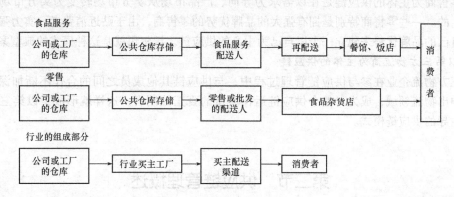

图 13-5　生产商的供应链结构

2. 以批发商为主体的供应链

批发商在供应链结构中一般执行配送功能,以批发商为主体的供应链的结构取决于产品的特征、生产商所选择的渠道、消费者购买渠道和批发商的营销策略。

图 13-6 为消费品批发商的供应结构的形式及变化。对消费者来说,最典型的是批发商—零售商—消费者结构,绝大多数批量生产的消费品都是这样到达市场的。图 13-7 是工业品批发商的供应链结构。在工业品市场中,绝大多数产品都是直接从生产者手中转移到消费者手中的,批

发商往往处理供应品、替换零件以及小批量项目的订货。

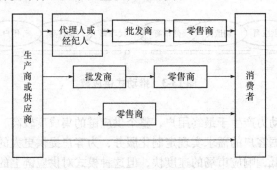

图 13-6　消费品批发商的供应链结构

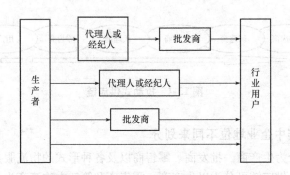

图 13-7　工业品批发商的供应链结构

3. 以零售商为主体的供应链

以零售商为主体的供应链是在以需求为导向、产品市场从卖方市场转变为买方市场的大背景下产生的。一些零售商特别是拥有强大的品牌优势的零售商，由于贴近消费者，实力强大，可以通过自己的品牌优势来建立一个以自己为中心的供应链。沃尔玛就是这种模式的典型案例。

4. 以第三方物流商为主体的供应链

第三方物流企业在参与供应链管理过程中，与供应链其他成员之间的合作不断加深，并将业务延伸出物流领域，成为对整个供应链运作质量的真正控制者。这样就形成了以第三方物流企业为主导的供应链模式。

第二节　供应链管理概述

一、供应链管理产生的背景及发展历程

（一）供应链管理产生的外部背景

1. 现代竞争环境的特点

20世纪90年代以来，随着科学技术的不断进步、经济的不断发展以及全球化信息网络和全球化市场的形成，围绕新产品的市场竞争日趋激烈。技术的进步和需求的多样化使产品的生命周期不断缩短，企业面临着开发新产品、缩短交货期、提高产品质量、降低生产成本和改进客户

服务等方面的压力。这些压力归根结底是要求企业对市场做出快速反应,源源不断地开发出满足消费者个性需要的"个性化产品",以占领市场,赢得竞争。因此,21世纪的全球竞争环境有以下五个方面的特点:

(1) 信息技术的飞速发展和信息资源利用要求的提高。信息技术的发展打破了时间和空间对经济活动的限制,为企业间经济关系的发展提供了新的手段和条件。网络通信、数据库、标准化等技术使各种信息能够很快超越国家的界限,在世界范围内有效地传递和共享。人们可以超越时空进行交流,任何一个企业都可以从网上得到自己所需要的各种信息。

(2) 产品研发提升到企业竞争的重要地位。高新技术的迅猛发展提高了生产效率,缩短了产品更新换代的周期,加剧了市场竞争的激烈程度,因此,所有的公司都面临着不断开发新产品、淘汰旧产品的挑战。

(3) 全球化市场的建立和无国界竞争的加剧。随着信息技术的发展,特别是互联网技术的广泛应用,经济全球化进程加快,企业经营的无国界化趋势越来越明显,整个市场竞争的国际化和一体化倾向也日益明显。据联合国有关部门统计,目前跨国公司的销售额已占全球贸易额的75%,占全球技术贸易的80%。

(4) 用户个性化、多样化需求增强。随着大众知识水平的提高和激烈竞争带给市场的产品越来越多、越来越好。用户的要求和期望也越来越高,消费者的价值观发生了显著的变化。消费者对产品的品种、规格和需求数量呈现个性化、多样化的要求,消费者对产品的功能、质量和可靠性的要求也在日益提高。由于用户的满意程度各不相同,这种要求提高的标准也是不一致的。

(5) 全球性的技术支持和售后服务。随着生产和销售的全球化以及信息技术的飞速发展和广泛应用,企业有条件在全球范围内获得技术支持,及时满足生产所需。同时,全球化的销售网络也需要有全球性的售后服务网络支持。简而言之,销售做到哪里,服务就要送到哪里。

2. 企业面临的挑战

(1) 缩短产品研发周期。消费者需求的多样化要求企业的产品开发能力不断提高,例如,AT&T 公司新电话的开发时间就由过去的 2 年缩短为 1 年,惠普公司新打印机的开发时间也从过去的 4 年半缩短为 22 个月。

(2) 降低库存水平。随着消费者的多样化需求越来越突出,企业为了更好地满足消费者的需求,不断推出新的产品,导致产品品种成倍增长,加重了制造商和销售商的库存负担,严重影响了企业的资金周转速度和企业的竞争力。

(3) 缩短交货期。缩短产品的开发、生产周期,在尽可能短的时间内满足用户需求已成为管理者最关注的问题之一。企业间的竞争因素在 20 世纪 60 年代为成本,80 年代为质量,90 年代为交货期,而 21 世纪则为响应周期。企业不仅要有很强的开发能力,完善产品品种和对供应链成本的控制能力,更重要的是缩短产品上市的时间,即尽可能提高对客户需求的响应速度。20世纪 90 年代,日本汽车制造商平均每 2 年就推出一个车型,而美国推出相当档次的车型却要 5~7 年,这就是为什么在汽车市场中日本汽车一直畅销的原因。

(4) 提供定制化产品和服务。传统的"一对全"的规模经济生产模式已不再能满足顾客的需求,不再能使企业获得效益,企业必须根据每个客户的特殊要求定制产品和服务,即企业必须具有"一对一"的定制化服务。显然个性化定制生产提高了产品的质量,使企业能快速响应客户的要求,但个性化定制生产也对企业的运作模式提出了更高的要求。

总之,企业要想在严酷的竞争环境中生存下去,必须具有较强的处理环境变化和应对由环境引起的不确定性的能力。如何应对这种挑战始终是管理者们关注的焦点。

（二）供应链管理产生的内部背景

传统的管理模式是"纵向一体化"的模式。出于对制造资源的使用和对生产过程的控制的需要，企业常采用与能够为自身提供原材料、零部件的企业建立合作关系，这就是"纵向一体化"管理模式。

20世纪90年代以来，随着科技的迅猛发展，世界范围的竞争日益激烈，多样化的客户需求兴起，"纵向一体化"管理模式的缺点逐渐暴露出来。

（1）企业可能从事非自身核心竞争力的业务活动。"纵向一体化"模式使得企业通常把人事、产品设计、设备维修等工作当作企业必要的业务工作，管理者常常花费过多时间、精力去从事这些工作，使得企业关键性的核心业务失去了竞争优势。

（2）企业存在丧失市场的危险。

（3）企业投资负担的增加。

（4）企业可能在各个业务领域面临强大的竞争对手。

由于"纵向一体化"管理模式存在的种种弊端，从20世纪90年代初开始，"横向一体化"管理模式受到了越来越多企业的青睐。"横向一体化"是利用企业外部资源快速响应市场需求，企业只抓住自身核心竞争力。"横向一体化"的管理模式形成了一条贯穿供应商、分销商、客户的"链"。这条链上的节点企业须同步、协调运行，才能使整个供应链上的企业收益最大，在此基础上供应链管理这一新的管理运作模式产生了。

（三）供应链管理发展历程

供应链早在商品经济时期就开始萌芽，但供应链管理的形成与发展却始于20世纪下半叶。因为企业管理在理念与组织结构上都发生了变化，企业内部生产过程向集约化发展，信息技术的广泛应用以及运输技术的不断进步，都为供应链管理的发展奠定了基础。

按照不同阶段供应链的模式不同，供应链管理的发展历程被划分为四个阶段。

1. 传统的供应链管理阶段

20世纪80年代，此时市场环境是各企业所面临的市场份额大，供应链上各成员企业的管理理念基本上都是"为了生产而管理"，企业之间的竞争是产品在数量和质量上的竞争，即使在企业内部，其组织结构也以各自为政的职能化或者区域性的条条框框为特征。此时，供应链上各成员之间的合作关系并不紧密。这种"为生产而管理"的导向使供应链成员之间时常存在利益冲突，阻碍了供应链的运作和管理的形成。

当时，虽然部分企业采用了MRP/MRPⅡ来管理自己的业务，但只是企业内部各职能部门分别在相互隔离的环境下制订和执行计划，数据的完整性差，甚至在企业内部，信息都缺乏集成性，也不够统一，更谈不上在业务链上形成标准化。这种业务链在某种意义上无法形成一种供应链的运作。在理论研究界，供应链管理也只是停留在开始探索和尝试的阶段，因而无法对供应链管理提出较完善的管理理念和指导思想。

传统的供应链仅仅是一个横向的点到点的集成。它以产品为导向的推式管理，供应链上各企业之间只存在交易关系，采购、生产制造、销售、配送等功能性活动相互分割，节点企业的供应链系统都有各自的标准，互不兼容，结果导致自身的计划和利益与整个供应链的计划和利益相冲突。

在这种由供应商、制造商、分销商、零售商和客户依次连接的供应链中，沿着供应链环节向上游移动，需求的不稳定性增加，预测准确度降低。同时因为整条供应链的响应周期长，导致生产商和零售商必须备有大量缓冲库存，而且上下游企业之间因为缺乏信息沟通和共享，生产率大不相同，这些都造成了供应链上的高库存风险。

这时的供应链管理是一种静态的、信息不透明的简单的管理模式。虽然有了供应链管理的雏形，但仍存在不少缺陷。此时的供应链管理还处于企业内部供应链管理阶段，同上游企业之间的供应商关系管理系统，以及与下游用户之间的客户关系管理系统都还没有建立起来，还有很大的发展空间。

2. 精细供应链管理阶段

精细供应链出现于20世纪90年代，它源于精细化管理。精细化管理源于20世纪50年代日本的一种企业管理理念。在这一阶段，企业的竞争重点已转向了追求高生产效率。企业的组织结构和内部职能划分也发生了转变，大多数企业开始进行企业组织机构的精简和改革，并开始从分散式的部门化和职能化转变为集中的计划式以及更关注业务流程的变革。

在此期间，部分企业将信息技术和计算机应用引入了企业管理的范畴，拥有了较好的管理工具，特别是在20世纪80年代末，MRP II 的推广、ERP 和 Just in Time 模式及系统的引入和应用，逐渐使企业内部实现了信息集成，为供应链上下游之间的业务提供了所需的业务处理信息。同时，企业间的业务联系方式也随着通信技术的发展而不断改善，使上下游业务链在市场竞争的驱使下逐渐向供应链运作方式演变，这些都促使供应链管理概念在企业管理理念的不断变化过程中逐步形成。但在初期，传统的供应链的运作多局限于企业内部，即使扩展到外部，也由于供应链中的各个企业的经营重点仍是企业的独立运作，时常忽略与外部供应链成员企业的联系，因此，在供应链上仍然存在着大量的企业之间的目标冲突，无法从整个供应链的角度出发来实现供应链的整体竞争优势，从而导致供应链管理的绩效低下，尚无法实现整体供应链的运作和从供应链向价值链的根本突破。

3. 集成化供应链管理阶段

集成化供应链管理阶段大致是从20世纪90年代中期到20世纪末。在新的经济一体化的竞争环境下，供应链业务运作也不断地发展和成熟，利润的源泉已经转移到企业与外部交易成本的节约、库存的控制和内部物流的梳理上。为了进一步挖掘降低产品成本和满足客户需求的潜力，各行各业的领先企业均开始认识到，如果要尽可能地提高效益，需求预测、供应链计划和生产调度应作为一个集成的业务流程来看待，因此企业开始将目光从管理企业内部生产过程转向产品全生命周期中的供应环节和整个供应链系统。

从20世纪90年代开始，企业资源规划 ERP 系统的迅速传播和广泛应用使企业的信息和业务都实现了高度的集成，业务流程再造（BPR）使企业管理人员逐渐认识到把企业的组织结构与主管人员的相关业务目标和绩效激励机制结合起来能获得更高的效益。随后，物流信息系统（LIS）、高级计划排程（APS）、系统知识管理（KM）、数据仓库（DW）、客户关系管理系统（CRM）、数据挖掘（DM）、供应链决策（SCS）等管理技术的竞相问世使得企业在内部管理上从计划、执行到优化和决策，都在 ERP 的基础上更上一层楼，在有限的资源基础上合理、有效、及时地开展业务；在企业外部的供应链上，也更好地采用客户关系管理的理念和技术，以市场和客户的满意度为企业经营的中心，共同挖掘和分享知识与价值，将企业的资源紧密地与客户的需求相匹配，并快速响应和满足这些需求。特别是在20世纪90年代末，强调建立合作伙伴关系和协调供应链运作的理论，以及互联网和电子商务及其相关技术的出现和发展更为供应链管理提供了指导和支持，使供应链管理再一次发生了重大的变化，实现了一个新的飞跃。

4. 客户化供应链管理阶段

在21世纪以供应链之间的竞争为主的经济环境中，为了寻找新的竞争优势，企业必须以"订单需求为中心"，将客户化生产和供应链管理结合为一体，通过客户化供应链管理来提升供应链的市场应变力和整体竞争力。

进入21世纪后,基于互联网的供应链系统在发达国家已得到了较广泛的应用,电子商务的出现和发展是经济全球化与网络技术创新的结果,它彻底地改变了供应链上原有的物流、信息流、资金流的交互方式和实现手段,能够充分利用资源、提高效率、降低成本、提高服务质量。

在这个阶段,许多企业开始把它们的努力进一步集中在供应链成员之间的协同,特别是与下游成员业务间的协同上,同时供应商关系管理、产品生命周期管理、供应链和供应链执行等系统的应用使供应链上成员间的业务衔接更加紧密,供应链的运作更加协同化。企业正是通过与供应商和客户间的这种协同运作,来更准确地确定要从供应商那里得到什么,以及要提供给客户什么。

客户化的敏捷化供应链管理强调在敏捷供应链的基础上,进一步加大对顾客个性化需求的满足。其管理的前一阶段为供应链通用化过程,按照推动式管理模式组织通用模块或部件的生产、包装、配送等;后一阶段为客户个性化需求体现过程,即从事产品的差异化生产,以拉动式管理模式对产品定制单元进行生产、装配、运送等。

二、供应链管理的定义

有关供应链管理的定义,许多专家和学者提出了各自的观点。

史蒂文斯认为:"管理供应链的目标是使来自供应商的物流与满足客户需求协同运作,以协调高客户服务水平和低库存、低成本的相互冲突。"

菲利普则认为供应链管理不是供应商管理的别称,而是一种新的管理策略,它把不同企业集成起来以增加整个供应链的效率,注重企业之间的合作。

伊文斯认为供应链管理是通过前馈的信息流和反馈的物料流及信息流,将供应商、制造商、分销商、零售商直到最终用户连成一个整体的管理模式。

柯林在1999年指出供应链管理不再只是单纯的产销供货与企业联盟,而是合作关系更进一步的改善,使供应链中的运作程序更加合理化和弹性化,来求取产业环境波动中无法取代的竞争优势。

供应链管理是运用先进的信息技术和管理技术,将供应链上的业务流程相互集成,从而有效地管理从原材料采购、产品制造、分销到交付给最终用户的全部流程,提高各企业的效益,进而实现在提高客户满意度的同时降低整个系统的总成本的最终目的。

供应链管理承担着供应链中从最初供应商到最终用户的物流计划和控制等职能,它是一种集成化的管理思想和方法。要正确理解供应链管理的内涵,需要注意以下几个方面:

(1) 供应链管理不是供应商管理的别称,而是依靠战略管理,进行内外资源配置的创新,通过节点企业相互合作,进行虚拟资源管理,在更大范围内进行资源有效配置。

(2) 供应链管理需要观念上的创新,注重企业之间的合作。供应链管理最关键的是需要采用合作联盟的思想和方法,而不仅仅是节点企业、技术方法等资源简单的连接。供应链上的两个或更多企业通过一个长期合作协定共享信息、相互信任、风险共担、利益共享,发展成为伙伴关系。

(3) 供应链管理把供应链中所有节点企业看作一个有机整体,涵盖物流的全部职能领域过程,从供应商到最终用户的采购、制造、分销、零售等业务。

(4) 供应链管理是业务流程一体化集成,而不是将上下游企业合并集成为纵向一体化组织。它将上下游企业的主要业务流程集成运作,以提高供应链的效率。

(5) 供应链管理的关键决策在于识别谁是关键的供应链成员,应该与谁的流程进行联结,从而构建供应链网络结构,进而决定哪些流程应该与关键的供应成员进行联结,这些流程应该进行何种程度的集成和管理。

(6)供应链管理关注从原材料供应、产品制造、分销交付给最终消费者的全过程管理,重点不是在企业内部的运作管理,而是网链企业之间的合作关系管理,核心企业在战略和战术上对整个供应链的流程进行优化。

(7)供应链的有效运作需要信息集成与共享,需要借助电子商务、信息技术、网络技术寻找合适的合作伙伴,以及采用新的物流管理技术(如供应商管理库存、第三方物流管理),实现小批量多频次送货的经济效益,提高供应链整体的运作效果。

(8)供应链与传统的供应系统的区别在于,传统的供应系统是"从采购到销售",供应链则是"从需求市场到供应市场",进行同步化运作。

(9)供应链管理具有更高的目标,在于在提高服务水平的同时,降低整个系统的成本。通过运输与库存协调合作关系达到高水平的服务和低物流成本。服务水平反映在保证顾客订单的即时满足率(不缺货的概率),要求即时交货、快速响应需求、最小供货误差、服务质量好,以及提供产品全生命周期的物流支持等;降低总成本主要指最小存货、运送合并实现规模经济。通过整合和优化供应商、制造商、零售商的业务效率,使商品以正确的数量、正确的品质、正确的地点、正确的时间、最佳的成本进行生产和销售。

三、供应链管理的特点

供应链管理是一种新型的管理模式,它的特点可以从与传统的管理方法和与传统的物流管理的比较中显现出来。

(一)与传统的管理方法相比较

供应链管理主要致力于建立成员之间的合作关系。与传统的管理方法相比,它具有如下特点:

1. 以客户为中心

在供应链管理中,顾客服务目标的设定优先于其他目标,它以顾客满意为最高目标。供应链管理本质上是满足顾客需求,它通过降低供应链成本的战略,实现对顾客的快速反应,以此提高顾客满意度,获取竞争优势。

2. 跨企业的贸易伙伴之间密切合作、共享利益、共担风险

在供应链管理中,企业超越了组织机构的界限,改变了传统的经营意识,建立起新型的客户关系,使企业意识到不能仅仅依靠自己的资源来参与市场竞争、提高经营效率,而要通过与供应链参与各方进行跨部门、跨职能和跨企业的合作,建立共同利益的合作伙伴关系,追求共同的利益,发展企业之间稳定的、良好的、共存共荣的互助合作关系,建立一种双赢关系。

3. 集成化管理

供应链管理应用网络技术和信息技术,重新组织和安排业务流程,实现集成化管理。离开信息及网络技术的支撑,供应链管理就会丧失应有的价值。可见,信息已经成为供应链管理的核心要素。通过应用现代信息技术,如商品条码技术、物流条码技术、电子订货系统、POS(Point of Sales)数据读取系统、预先发货清单技术、电子支付系统等,供应链成员不仅能及时有效地获得其客户的需求信息,并且能对信息及时做出响应,满足客户的需求。信息技术能缩短从订货到交货的时间间隔,提高企业的服务水平。信息技术的应用提高了事务处理的准确性和速度,减少了人员配置,简化了作业过程,提高了效率。

4. 供应链管理是对物流的一体化管理

物流一体化是指不同职能部门之间或不同企业之间通过物流合作，达到提高物流效率、降低物流成本的目的。供应链管理实质是通过物流将企业内部各部门及供应链各节点企业联结起来，改变交易双方利益对立的传统观念，在整个供应链范围内建立起共同利益的协作伙伴关系。供应链管理把从供应商开始到最终消费者的物流活动作为一个整体进行统一管理，始终从整体和全局上把握物流的各项活动，使整个供应链的库存水平降到最低，实现供应链整体物流最优化。在供应链管理模式下，库存变成了一种平衡机制。

供应链管理更强调零库存。供应链管理使供应链成员结成了战略同盟，它们之间进行信息交换与共享，使得供应链的库存总量大幅降低，减少了资金占用和库存维持成本，还避免了缺货的发生。

总之，供应链管理可以更好地了解客户，给它们提供个性化的产品和服务，使资源在供应链上合理流动，缩短物流周期，降低库存，降低物流费用，提高物流效率，从而提高企业的竞争力。

（二）与传统的物流管理相比较

物流已经发展成为供应链管理的一部分，它改变了传统物流的内涵。与传统的物流管理相比，供应链管理具有如下特点：

1. 供应链管理的互动特性

从管理的对象来看，物流是以存货资产作为管理对象的，供应链管理则是对存货流动（包括必要的停顿）中的业务过程进行管理，它是对关系的管理，因此具有互动的特征。兰博特教授认为，必须对供应链中所有关键的业务过程实施精细管理，主要包含需求管理、订单执行管理、制造流程管理、采购管理和新产品开发及其商品化管理等。有些企业的供应链管理过程还包括从环保理念出发的商品回收渠道管理，如施乐公司。

2. 供应链管理成为物流的高级形态

事实上，供应链管理是在物流的基础上发展起来的。从企业运作的层次来看，从实物分配开始，到整合物资管理，再到整合信息管理，通过功能的逐步整合形成了物流的概念。从企业关系的层次来看，则有从制造商向批发商和分销商再到最终客户的前向整合，以及向供应商的后向整合，通过关系的整合形成了供应链管理的概念。从操作功能的整合到渠道关系的整合，使物流从战术的层次提升到战略高度，所以，供应链管理看起来是一个新概念，实际上却是物流在逻辑上的延伸。

3. 供应链管理决策的发展

供应链管理决策和物流管理决策都是以成本、时间和绩效为基准点的，供应链管理决策在包含运输决策、选址决策和库存决策等物流管理决策的基础上，增加了关系决策和业务流程整合决策，成为更高形态的决策模式。

物流管理决策和供应链管理决策的综合目标，都是最大限度地提高客户的服务水平，供应链管理决策就形成了一个由客户服务目标拉动的空间轨迹。供应链管理的概念涵盖了物流的概念，用系统论的观点看，物流是供应链管理系统的子系统。所以，物流的决策必须服从供应链管理的整体决策。

4. 供应链管理的协商机制

物流在管理上是一个计划的机制。在传统的物流模式中，主导企业通常是制造商，它们力图通过制订一个计划来控制产品和信息的流动，与供应商和客户的关系本质上是利益冲突的买卖关系，常常导致存货或成本向上游企业的转移。供应链管理同样制订计划，但目的是为了谋求在渠道成员之间的联合和协调。美国联合技术公司为了提高生产周期的运营效率，在互联网上公布生产计划，使其供应商能够更加迅速地对需求变化做出反应。

供应链管理是一个开放的系统，它的一个重要目标就是通过分享需求和当前存货水平的信息，来减少或消除所有供应链成员企业所持有的缓冲库存，这就是供应链管理中"共同管理库存"的理念。

5. 供应链管理强调组织外部一体化

物流管理更加关注组织内部的功能整合，而供应链管理认为只有组织内部的一体化是远远不够的。供应链管理是高度互动和复杂的系统工程，需要同步考虑不同层次上相互关联的技术经济问题，进行成本效益权衡。例如，要考虑在组织内部和组织之间存货以什么样的形态放在什么样的地方，在什么时候执行什么样的计划；供应链系统的布局和选址决策，信息共享的深度；实施业务过程一体化管理后所获得的整体效益如何在供应链成员之间进行分配；特别是要求供应链成员在一开始就共同参与制定整体发展战略或新产品开发战略等。跨组织的一体化管理使组织的边界变得更加模糊。

6. 供应链管理对共同价值的依赖性

随着供应链管理系统结构复杂性的增加，它将更加依赖信息系统的支持。如果物流管理是为了提高产品的可得性，那么供应链管理则是首先解决供应链伙伴之间信息的可靠性问题。所以，有时也将供应链看作协作伙伴之间信息增值交换的一系列关系。

互联网为提高信息可靠性提供了技术支持，但如何管理和分配信息则取决于供应链成员之间对业务过程一体化的共识程度。与其说供应链管理依赖网络技术，还不如说供应链管理是为了在供应链伙伴间形成一种相互信任、相互依赖、互惠互利和共同发展的价值观和依赖关系而构建的信息化网络平台。

7. 供应链管理是"外源"整合组织

供应链管理与垂直一体化物流不同，它是在自己的"核心业务"基础上，通过协作的方式来整合外部资源以获得最佳的总体运营效益，除了核心业务以外，几乎每个产品或服务都可能是"外源的"，即从公司外部获得的。著名的企业如 Nike 公司和 SUN 微系统公司，通常外购或外协所有的部件，而自己集中精力于新产品的开发和市场营销。这一类公司有时也被称为"虚拟企业"或"网络组织"。表面上看这些企业是将部分或全部的制造和服务活动，以合同形式委托其他企业代为加工制造，但实际上是按照市场的需求，根据规则对由标准、品牌、知识、核心技术和创新能力所构成的网络系统整合或重新配置社会资源。

垂直一体化以拥有资源为目的，而供应链管理则以协作和双赢为手段。供应链管理是资源配置的优先方法。供应链管理在获得外部资源配置的同时，也将原先的内部成本外部化，通过清晰的过程进行成本核算和成本控制，可以更好地优化客户服务和实施客户关系管理。

8. 供应链管理是一个动态的响应系统

在供应链管理的具体实践中，应该始终关注对关键过程的管理和测评。高度动态的市场环境要求企业管理层能够经常对供应链的运营状况实施规范的监控和评价，如果没有实现预期的管理目标，就必须考虑可能的替代供应链并采取适当的应变措施。

四、供应链管理的目标

供应链管理的目标是通过协调总成本最低、总周期最短、客户服务最优以及物流质量最优等目标之间的冲突，以实现供应链绩效最大。

（1）总成本最低。库存成本、采购成本、运输成本、制造成本以及供应链物流的其他成本费用都是相互联系的。因此，为了实现有效的供应链管理，必须将供应链各成员企业作为一个有机整体来考虑，并使实体供应物流、制造装配物流与实体分销物流之间达到一定的均衡。从这一点出发，总成本最低的目标并不是指运输费用或库存成本，或其他任何单项活动的成本最低，而是指整个供应链运作与管理的所有成本的总和最低。

（2）总周期最短。在当今的市场竞争中，时间已成为竞争成功最重要的要素之一。当今的市场竞争不再是单个企业之间的竞争，而是供应链与供应链之间的竞争。从某种意义上说，供应链之间的竞争实质上是时间的竞争，即必须实现快速有效的反应，最大限度地缩短从客户发出订单到获取满意交货的总周期。

（3）客户服务最优。在激烈的市场竞争时代，当许多企业都能在价格、特色和质量等方面提供类似的产品时，差异化的客户服务能带给企业以独特的竞争优势。纵观当前的每一个行业领域，从计算机、服装到汽车，消费者都有广泛而多样化的选择余地。企业提供的客户服务水平，直接影响它的市场份额、物流总成本，并且最终影响其整体利润。供应链管理的实施目标之一，就是通过上下游企业协调一致的运作，保证达到客户满意的服务水平，吸引并保留客户，最终实现企业的价值最大化。

（4）物流质量最优。企业产品或服务质量的好坏直接关系到企业的成败。同样，供应链企业间服务质量的好坏直接关系到供应链的存亡。如果在所有业务过程完成以后，发现提供给最终客户的产品或服务存在质量缺陷，就意味着所有成本的付出将不会得到任何价值补偿，供应链物流的所有业务活动都会变为非增值活动，从而导致整个供应链的价值无法实现。因此，达到与保持优良服务质量的水平，也是供应链管理的重要目标。而这一目标的实现，必须从原材料、零部件供应的零缺陷开始，直至供应链管理全过程、全方位质量的最优化。

就传统的管理思想而言，上述目标之间呈现出互斥性：客户服务水平的提高、总周期的缩短、交货品质的改善必然以库存、成本的增加为前提，因而无法同时达到最优。而运用集成化管理思想，从系统的观点出发，改进服务、缩短时间、提高品质与减少库存、降低成本是可以兼得的。因为只要供应链的基本工作流程得到改进，就能够提高工作效率、消除重复与浪费、缩减员工数量、减少客户投诉、提高客户忠诚度、降低库存总水平、减少总成本支出。

五、供应链管理的作用

（1）有效实现供求的良好结合。当前，在我国的流通领域中，存在众多的供应商、生产商、分销商、零售商，它们之间的联系千丝万缕，错综复杂。如此冗长复杂的流通渠道使顾客信息的反馈缓慢而零乱，甚至产生信息失真，使供求无法协调。供应链将供应商、生产商、分销商、零售商紧密联结在一起并对之进行协调、优化管理使企业之间形成良好的相互关系，使产品、信息的流通渠道达到最短，从而可以使顾客需求信息沿着与供应链物流相反方向准确迅速地反馈到供应链中各成员企业，各成员企业据此对产品的增加、减少、改进、质量提高、原料的选择等做出正确的决策，保证供求的良好结合。

（2）可促使企业采用现代化管理。在供应链管理中，信息技术的广泛利用是其成功的关键。在供应链这个整体中，相关的各企业为共同的整体利益努力。要达到这个目标，整个供应链中的物质流、资金流、信息流必须畅通无阻，这样供应链上的各个企业都采用先进技术与设备、科学的管理方法，为客户提供良好的服务，生产、流通、销售规模越大，则物流技术、信息技术、管理手段越需要现代化。

（3）可减少供应链整体库存水平，进而降低成本。供应链管理要求各环节都达到优化，并建立良好的相互关系，采用先进的设备。产品和信息在网链间迅速流动，减少了库存量，避免了浪费,减少了资金占用,从而大大降低了库存成本。

(4) 提高服务质量,刺激消费需求。顾客要求提供消费品的前置时间越短越好。为此,供应链管理在传统的储存、运输、流通、加工、服务的基础上,增加了市场调查与预测、采购及订单处理、配送、物流咨询等增值服务,通过生产企业内部、外部及流通企业的整体协作,大大缩短了产品的流通周期,加快了配送速度,将产品快速送到顾客手中。供应链管理还使物流服务功能系列化。这种快速、高质量的服务,必然会塑造企业的良好形象,提高企业的信誉,提高顾客的满意程度,从而刺激消费需求。

(5) 产生规模效应。供应链是一个整体,它把供应商、生产商、分销商、零售商等联结在一条链上。通过供应链管理,使链中各成员企业形成一个融会贯通的网络整体,各个企业为了整体利益的最大化而合作,协力缩短产销周期,减少库存,使整个供应链对市场做出快速反应,大大提高了企业在市场中的响应能力。

六、供应链管理的具体内容

美国供应链管理专业协会指出供应链管理包括管理供应与需求,原材料、备用件的采购、制造与装配,物件的存放及库存查询,订单的录入与管理,渠道分销及最终交付用户。

根据物流作业的性质,供应链管理包括采购与供应管理、生产作业管理、分销与需求管理、仓储与库存管理、运输与配送管理、第三方物流管理、同步化的运作计划与控制、集成化绩效评价等内容。在提高顾客满意度的同时实现销售的增长、成本的降低以及资产的有效运用,从而全面提高企业的竞争力。具体体现在供应链过程中涉及的跨行业、跨企业、跨部门的物流、资金流、信息流运行进行整体规划设计与管理。因此,可以将其内容主要归结为四项,即对供应链流程管理、物流信息流管理、物流网络化职能管理,以及供应链上节点关系管理。

(一) 供应链流程管理

成功的供应链管理需要一个转变,即从单独功能部门管理转变为将所有活动集成为一个关键供应链进行管理。全球供应链论坛提出了五项关键的供应链管理业务流程。

1. 生产流程最优化运营管理

为了更灵活地响应市场变化,产品生产开始由推动式转向由客户需求拉动式。在这种模式下,企业的生产计划人员与客户服务的计划人员协同缩短生产制造流程周期时间和改进生产过程的柔性,以便整条供应链能快速地执行所有的变化以适应大量的客户化要求。

2. 客户需求与生产供给能力相匹配管理

需求与供给管理过程是将客户的需求与企业的供应能力相匹配和平衡的过程。到目前为止,客户需求是不确定性的最大来源,它是从不规则订单中产生的,因此,接收订单时要进行多资源和多路径的选择。由于这种客户订单的不确定性,市场需求和产品计划应该使企业在广泛的基础上进行协同运作,以实现最后的平衡。在现有的供应链管理中,需求与供给能力匹配管理是非常重要的一个环节。

3. 客户关系及客户服务管理

面向集成供应链管理的第一步是定义关键的客户或客户群落,这一组织目标是企业经营使命的核心和关键。这是一种以客户为中心的管理思想和经营理念,通过在市场、销售、服务与技术支持等与客户相关的领域内,提供快速和周到的服务吸引和保持更多的客户,从而完善客户服务并深入分析客户需求以供预测。另外,客户关系和客户服务管理还通过对营销业务流程的全面管理来降低产品的销售成本,保证客户价值的实现。

4. 客户订单的接受与履行管理

客户订单的接受与履行管理将企业各相关部门的计划集成在一起，并与供应链上的相关成员企业的业务紧密联系起来，实现在尽可能降低总交货成本的情况下满足客户需求的目标。

5. 新产品联合开发管理

新产品是企业活力保持的原动力。由于产品生命周期的不断缩短，企业为了保持其竞争力，必须不断开发出新产品，并成功地在缩短设计时间的前提下将产品推向市场。为了缩短产品投放市场的时间，必须将客户和供应商的相关业务流程都集成到产品开发的过程中。产品开发和商品化过程需要采用客户关系管理和供应商管理技术，协同地确定客户的需求，将产品开发、生产制造流程与市场相结合，为客户提供合适的产品。

（二）物流信息流管理

信息流是供应链有效性的保证，实施供应链管理的关键就在于增强供应链各节点之间的相互合作，提高信息的共享程度，用针对整个供应链网络的决策系统代替分散的、仅覆盖单个企业的决策体系，从而更好地协调各节点企业，消除信息传递所引起的牛鞭效应。

供应链中的信息管理是以信息网络和应用软件为基础，目的是实现彼此间快速、准确的沟通。信息流动通畅是有效管理供应链的前提条件。在信息技术支持下的供应链管理不仅可以提高客户服务水平、降低生产和库存成本、缩短供货提前期，还可以提高产品质量及供应链信息共享水平。

在整合的供应链系统中，企业管理者通过各种基于信息系统的"信息流"来管理供应链的运作。企业管理者对"信息流"的管理主要表现在收集信息，整合运输系统、订单系统和生产制造系统以进行全面物流管理，同时关注订单变化情况，根据订单的变化修正生产、物流及仓储计划。而且有了信息管理，可以对产品运输进行跟踪，了解存货的流动。通过相互之间的信息交流，上下游企业的需求信息和产品信息可以快速进入信息系统，方便企业对信息做出及时的反应。

网络式的信息流能够使供应链充分吸收外部信息，并在内部自由交换，从而可以为供应链创造一个柔性的空间，保证其对内外部环境变化的适应性以及创新性。同时，对单个企业而言，作为整个信息流网络的一个节点企业，它可以拥有广泛的多样化信息传递和处理手段，从而增强供应链的动态性，更适应经济飞速发展带来的挑战。没有对"信息流"的管理，其他"流"的管理就无从谈起，整个供应链也就无法运作。因此，对信息系统的管理是供应链管理中的一个重要问题。

（三）物流网络化职能管理

物流管理在供应链管理中有着重要的作用。这一点可以通过价值链分布来考察。不同的行业和产品类型，供应链的价值增值环节不同，但是物流价值（采购和分销之和）在各种类型的产品和行业中几乎占到整个供应链价值的一半以上，而制造价值还不到一半。在易耗消费品和一般工业品中，物流价值的比例更大，达80%以上，这充分说明物流的价值意义。供应链是一个价值增值链过程，有效地管理好物流过程对于提高供应链的价值增值水平有着举足轻重的作用。

从传统的观点看，物流对制造企业的生产起一种支持作用，被视为辅助的功能部门。但是，由于现代企业的生产方式的转变，即从大批量生产转向精细的准时化生产和即时客户定制式生产。这时，包括采购与供应、运输与配送、仓储与库存等物流职能都需要随之转变运作方式，实行准时供应和准时采购等。另外，顾客需求的瞬时化要求企业能以最快的速度把产品送到用户的手中，以提高企业快速响应市场的能力。所有的这一切，都要求企业的物流系统具有和制造系统协调运作的能力，以提高供应链的敏捷性和适应性，因此物流管理不再是传统的保证生产过程连续性的问题，而是要在供应链管理中发挥重要作用，具体体现在以下几个方面。

(1) 既要创造客户价值，同时又要降低物流成本，从而提升企业价值。

(2) 协调物流与制造作业，实现同步化运作，提高企业对客户需求的敏捷性。

(3) 通过物流信息集成共享系统，提供供应链上各节点企业的物流信息反馈，协调供需矛盾。

要实现以上几个目标，需要物流管理在供应链管理体系下，不断提高效率。充分利用信息技术，保证数据采集、分析处理及信息更新的及时和全面，从而使得物流管理能为供应链五个体系的完善和增强提供更多的帮助。建立合理、科学的配送网络，保证物流管理高效运作。充分利用现有的基础设施和公共的物流平台，采用适合的软件系统和物流管理技术、硬件网络和物流设备技术，建立起重视技术进步的物流配送中心。一定情况下，还要与第三方物流企业进行合作，通过物流外包，提高供应链管理体系和运作效率。企业还可以通过延迟化策略适应大量定制生产，在满足顾客多样化需求的同时大大降低库存成本。

只有建立敏捷而高效的供应链物流系统才能达到提高企业竞争力的要求。供应链管理将成为21世纪企业的核心竞争力，而物流管理又将成为供应链管理的核心能力的主要构成部分。

(四) 供应链上节点关系管理

供应链管理的内容除了完善的信息流和物流管理外，还需要有供应链关系管理。供应链关系管理是指企业为加强和增进供应链伙伴之间的信任关系而进行的管理。物流管理可以降低库存，缩短交货时间；信息管理可以减少信息传递误差，加快信息共享速度，体现及时的协作性管理。但这些都是以企业间拥有良好的相互关系为前提，如果没有供应链各个节点企业之间的良好合作关系，物流、信息流都不会通畅。

供应链节点关系管理主要包括客户关系管理和供应商关系管理。前者用于改善与顾客的关系，也就是与企业下游间的关系；后者致力于改善与供应链上游供应商的关系。

通过建立起良好的客户关系，以此培养客户对企业及其产品的了解与偏好，提高客户的满意度和忠诚度，以提高该企业的收益，进而增加整个供应链网络的总体利益。

客户关系管理是随着企业从以产品为中心向以客户为中心转变而出现的。消费者的个性化需求要求企业必须加强对客户需求的研究和认识，提高客户服务水平，建立起良好规范的客户关系管理。客户关系管理就是通过对客户进行科学有效的分析与管理，使营销人员了解客户的整体状况及发展趋势，由此正确分析和判断市场，实现客户和企业的双赢。客户关系管理的最大目标就是树立客户对企业的忠诚度，其次是降低企业的成本，实现客户与企业的互动。

供应商关系管理通过整合供应链节点企业的资源和竞争优势，开拓市场，实现共赢。依据供应链各个节点企业的性质，以及对供应链的战略价值，采取不同的管理方式，形成整个供应链网络的竞争优势，通过与供应商合作，扩展并加强与核心企业的联系，在维持产品质量的前提下，不断降低供应链的运营成本，促进利润的提升。

供应商关系的管理主要体现在信息共享、快速反应以及供方管理库存三个方面，需要管理层的战略决策、信息技术的支持以及相互信任。要实现有效的供应商管理，就必须建立起共赢的合作伙伴关系，制造商对供应商予以协助和支持，帮助供应商降低成本、改进质量、加快产品开发进度，双方通过长期的信任合作提高效率，降低交易成本、管理成本，建立起可以实现供应链整体长期利益的合作伙伴关系。

第三节 基于供应链的物流管理

一、供应链管理与物流管理的关系

供应链管理与物流管理之间既有联系,又存在区别。一方面,供应链管理是在物流管理由内部一体化向外部一体化发展过程中产生的一种管理思想,与物流管理之间存在不可割裂的联系,物流管理是供应链管理的重要内容。另一方面,供应链管理源于物流管理,却又高于物流管理,与传统的企业内部的一体化的物流管理有着根本的区别。

1. 供应链管理与物流管理的联系

21世纪的竞争不再是个别企业和产品的竞争,而是供应链之间的竞争。随着供应链管理思想越来越受到欢迎和重视,其视角早已拓宽,不仅仅着眼于降低库存,其管理触角也伸展到企业内外的各个环节、各个角落。从某些场合下人们对供应链管理的描述来看,它类似于穿越不同组织界限的、一体化的物流管理。供应链管理战略的成功实施必然以成功的企业内部物流管理为基础。

率先提出供应链管理概念的也是一些具有丰富物流管理经验和先进物流管理水平的世界级顶尖企业。这些企业在研究企业发展战略的过程中发现,面临日益激烈的市场竞争,仅靠一家企业和一种产品的力量,已不足以占据优势。企业必须与其原材料供应商、产品分销商、第三方物流服务者等结成紧密、持久的联盟,共同建设高效率、低成本的供应链,才可以从容应对市场竞争,取得较大的市场份额。

2. 供应链管理与物流管理的区别

1998年,美国物流管理协会(CLM)修订了物流管理的定义:"物流管理是供应链过程的一部分,它对从原产地到消费地的有效率且高效的物流和货物储存、服务及相关信息进行计划、实施和控制,以满足顾客的需要。"

从这个定义可以看出,物流是供应链管理的一个子集,两者非同义词。CLM的定义清楚地表明,物流在恰当的实施下,总是以点到点为目的,而供应链管理是将许多物流以外的功能穿越企业间的界限整合起来,它的功能超越了企业物流的范围。因此,可以认为,物流管理仅仅是供应链管理的一个组成部分。

二、基于供应链的物流管理特征

由于供应链管理下物流环境的改变,使新的物流管理有许多不同于传统物流管理的特点,这些特点反映了供应链管理思想的要求和企业竞争的新策略。

首先,来考察传统物流管理的情况,如图13-8所示。在传统的物流系统中,由于需求信息和反馈信息(供应信息)都是逐级传递的,因此上级供应商不能及时地掌握市场信息,因而对市场的信息反馈速度比较慢,从而导致需求信息的扭曲。

其次,由于传统的物流系统没有从整体角度进行物流规划,所以经常导致一方面库存不断增加,另一方面当需求出现时又无法满足。导致企业因为物流系统管理不善而丧失市场机会。例如,1994年,康柏公司就因为流通渠道没有跟上而导致1亿美元的损失。对此,康柏财务经理说:"我们在制造、市场开拓、广告等方面做了大量的努力,但是物流管理没有跟上,这是最大的损失。"

与传统的物流模型相比，基于供应链的物流系统模型（图 13-9）的信息流量大大增加，需求信息和反馈信息不是逐级传递，而是采取网络式传递，企业通过 Internet/EDI 可以很快掌握供应链上不同环节的供求信息和市场信息。因此基于供应链的物流系统有三种信息在系统中运行，即需求信息、供应信息和共享信息。

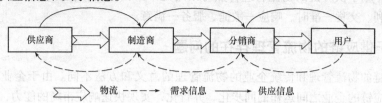

图 13-8　传统的物流供应链

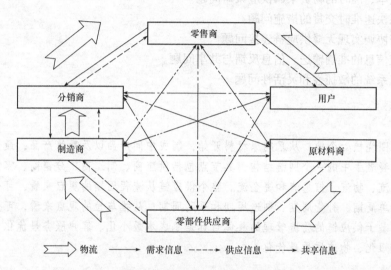

图 13-9　供应链的物流与信息流

由于可以做到信息共享，供应链上任何节点的企业都能及时地掌握市场的需求信息和整个供应链的运行情况，每个环节的物流信息都能透明地与其他环节进行交流与共享，从而避免了需求信息的失真。可见，共享信息的增加对供应链管理是非常重要的。

在供应链管理环境下，充分利用第三方物流系统、代理运输等多种形式的运输和交货手段，降低了库存的压力，提高了安全库存水平。

作业流程的快速重组能力极大地提高了物流系统的敏捷性。通过消除不增加价值的环节，供应链物流系统的成本进一步降低，从而为实现供应链的敏捷性、精细化运作提供了基础性保障。

在传统的物流系统中，许多企业有能力跟踪企业内部的物流过程，但没有能力跟踪企业之外的物流过程，这是因为没有共享的信息系统和信息反馈机制。基于供应链的物流系统对信息跟踪能力大大提高，供应链物流过程更加透明化，同时也为实时控制物流过程提供了条件。

合作性与协调性是供应链管理的一个重要特点，如果没有物流系统的无缝连接，运输的货物就可能会逾期未到，顾客的需要就不能得到及时满足，采购的物资就会经常在途受阻，这些都会使供应链的合作性大打折扣。因此，无缝连接的供应链物流系统是使供应链获得协调运作的前提条件。灵活多样的物流服务提高了用户的满意度。制造商和运输部门的实时信息交换,可以及时地把用户关于运输、包装和装卸方面的要求反映给相关部门,从而提高了供应链管理系统对用户个性化响应的速度。

归纳起来,基于供应链的物流管理特点可以用几个术语简要概括:信息—共享、过程—同步、合作—互利、交货—准时、响应—敏捷、服务—满意。

三、基于供应链的物流管理存在的问题

基于供应链的物流管理和传统企业的物流管理的意义和方法不同。由于企业经营思想的转变,为保证供应链的企业之间运作的同步化、并行化,实现快速响应市场的能力,基于供应链的物流管理将面临一系列的转变和以下五方面的问题:

(1) 低成本、准时的物资采购供应策略问题。
(2) 实现快速准时交货的措施问题。
(3) 供需协调实现无缝供应链连接问题。
(4) 物流信息的准确输送、信息反馈与共享问题。
(5) 物流系统的敏捷性和灵活性问题。

本章小结

供应链是围绕核心企业,从采购原材料开始,制成中间产品以及最终产品,最后由销售网络把产品送到消费者手中的一个网链结构,其节点包括供应商、制造商、分销商、零售商等,其流程要素包括商流、物流、信息流和资金流。整个供应链从流程周期的观点来看,可分为四个流程周期:客户订单周期、补货周期、制造周期和采购周期;从推与拉的观点来看,可分为推式流程和拉式流程。基于供应链的物流管理的具体目标是总成本最小化、客户服务最优化、总库存最少化、总周期最短化、物流质量最优化。

思考与练习

一、单项选择题

1. (　　) 主要体现供应链的物理功能,即以最低的成本将原材料转化成零部件、半成品、产品,以及在供应链中的运输等。
   A. 有效性供应链　　B. 反应性供应链　　C. 稳定供应链　　D. 动态供应链

2. 许多企业已经普遍将信息系统业务,在规定的服务水平基础上外包给应用服务提供商(ASP),由其管理并提供用户所需要的信息服务。这是属于(　　)业务外包的方式。
   A. 研发外包　　B. 生产外包　　C. 脑力资源外包　　D. 应用服务外包

3. (　　) 是指在竞争、合作、动态的市场环境中,由若干个供方、需方等实体(自主、半自主)构成的快速响应环境变化的动态供需网络。
   A. 敏捷供应链　　B. 稳定供应链　　C. 反应性供应链　　D. 平衡供应链

4. 供应链中的信息流控制模式中,各部门对信息的流向及内容有决定权,能灵活掌握信息需求及信息传播的时间、地点和方式,但企业不能从整体上把握信息的流向及内容,缺乏宏观调控能力并导致信息流的混乱无序,管理效率下降,严重的情况将会导致管理失控。这种模式是(　　)。
   A. 集中控制模式　　B. 分散控制模式　　C. 综合式　　D. B/S 模式

5. 在企业目前工作流程存在的问题中,由于分工过细造成的问题是( )。
   A. 无人负责整个经营过程,缺乏全心全意为顾客服务的意识
   B. 组织机构臃肿,助长官僚作风
   C. 员工技能单一,适应性差
   D. 资源闲置和重复劳动,症结是内部信息纵向和横向沟通不够

二、多项选择题

1. 按照供应型核心企业的经营主体,可以将供应商分为以( )为主体的供应链模式。
   A. 生产商   B. 零售商
   C. 第三方物流商   D. 经销商
2. 供应链管理的目标是通过协调( )以实现供应链的绩效最大。
   A. 总成本最低   B. 客户服务最优
   C. 总周期时间最短   D. 物流质量最优
3. 供应链管理的作用包括( )。
   A. 有效实现供求的良好结合
   B. 可促使企业采用现代化管理
   C. 可减少供应链整体库存水平进而降低成本
   D. 提高服务质量,刺激消费需求
4. 整个供应链从流程周期观点来看可以分为( )。
   A. 客户订单周期   B. 补货周期
   C. 制造周期   D. 采购周期
5. 基于供应链的物流管理的具体目标是( )。
   A. 总成本最小化   B. 客户服务最优化
   C. 总库存最少化   D. 物流质量最优化、总周期最短化

三、判断题

1. 供应链结构模式比一般单个企业的结构模式更为简单。( )
2. 依据相对于顾客需求的执行顺序,供应链上的所有流程可以分为两类:推动流程和拉动流程。( )
3. 供应链管理的实施目标之一是总成本最低化,总成本最低化目标是指运输费用或库存成本。( )
4. 供应链之间的竞争实质上是时间竞争。( )
5. 供应商在供应链上扮演着一个至关重要的角色,是链中物流的始发点,是资金流的开始,同时又是反馈信息流的终点。( )

四、简答题

1. 供应链管理的特征有哪些?
2. 供应链管理的目标是什么?
3. 供应链下库存管理的形式有哪些?

五、案例分析题

西南仓储公司的管理

西南仓储公司是一家地处四川省成都市的国有商业储运公司,随着市场经济的深入发展,原有的业务资源逐渐减少,在企业的生存和发展过程中,也经历了由专业储运公司到非专业储运公司再到专业储运公司的发展历程。

在业务资源和客户资源不足的情况下,这个以仓储为主营业务的企业的仓储服务是有什么就储存什么。以前是以五金交电为主,后来也储存过钢材、水泥和建筑涂料等生产资料。这种经营方式解决了企业仓库的出租问题。那么,这家企业是如何发展区域物流的呢?

1. 专业化

当仓储资源又重新得到充分利用的时候,这家企业并没有得到更多利益,经过市场调查和分析研究,这家企业最后确定了立足自己的老本行,发展以家用电器为主的仓储业务。

一方面,在家用电器仓储上,加大投入和加强管理,加强与国内外知名家用电器厂商的联系,向这些客户和潜在客户介绍企业确定的面向家用电器企业的专业化发展方向,吸引家电企业进入。另一方面,与原有的非家电企业用户协商,建议其转库,同时将自己的非家电用户主动地介绍给其他同行。

2. 延伸服务

在家用电器的运输和使用过程中,不断出现损坏的家用电器,以往,每家生产商都是自己进行维修,办公场所和人力方面的成本很高,经过与用户协商,在得到大多数生产商认可的情况下,这家企业在库内开始了家用电器的维修业务,既解决了生产商的售后服务的实际问题,也节省了维修品往返运输的成本和时间,并分流了企业内部的富余人员,一举两得。

3. 多样化

除了为用户提供仓储服务之外,这家企业还为一个最大的客户提供办公服务,向这个客户的市场销售部门提供办公场所,为客户提供了前店后厂的工作环境,大大地提高了客户的满意度。

4. 区域性物流配送

通过几年的发展,企业经营管理水平不断提高,企业内部的资源得到了充分的挖掘,同样,企业的仓储资源和其他资源也已经处于饱和状态,资源饱和了,利润的增加从何而来?在国内发展现代物流的形势下,这家企业认识到只有走出库区,走向社会,发展物流,才能提高企业的经济效益,提高企业的实力。发展物流从何处做起?经过调查和分析,决定从学习入手,向比自己先进的企业学习,逐步进入现代物流领域。经过多方努力,他们找到一家第三方物流企业,在这家第三方物流企业的指导下,通过与几家当地的运输企业合作(外包运输),开始了区域内的家用电器物流配送,为一家跨国公司提供物流服务,现在这家企业的家用电器的物流配送已经覆盖了四川、贵州和云南。

(案例来源:http://www.shangxueba.com/ask/1078880.html)

问题:

1. 通过分析说明现代物流与传统物流的区别?
2. 通过分析西南仓储公司向现代物流的转变过程,你认为其转变成功的关键是什么?
3. 通过分析,你认为中国目前传统物流企业怎样才能实现向现代物流的转变?

参 考 文 献

[1] 吴彬，孙会良. 物流学基础［M］. 北京：首都经济贸易大学出版社，2006.
[2] 刘凯. 现代物流技术基础［M］. 北京：清华大学出版社，北京交通大学出版社，2004.
[3] 白世贞，李楠. 物流管理学［M］. 北京：化学工业出版社，2009.
[4] 毛晓辉，王建军. 助理物流师［M］. 北京：人民交通出版社，2005.
[5] 吴健. 电子商务物流管理［M］. 2版. 北京：清华大学出版社，2013.
[6] 涂盛善，丁烨，孟俊. 物流经营管理实务［M］. 沈阳：辽宁科学技术出版社，2004.
[7] 赵晓波，黄四民. 库存管理［M］. 北京：清华大学出版社，2008.
[8] 彭扬，吴承建，彭建良. 现代物流学概论［M］. 北京：中国物资出版社，2008.
[9]［日］田中一成. 图解库存管理［M］. 顾月花，译. 上海：文汇出版社，2002.
[10] 金汉信，王亮，霍焱. 仓储与库存管理［M］. 重庆：重庆大学出版社，2008.
[11] 王槐林，刘明菲. 物流管理学［M］. 3版. 武汉：武汉大学出版社，2010.
[12] 王道平，周叶. 现代物流决策技术［M］. 北京：北京大学出版社，2009.
[13] 邹辉霞. 供应链管理［M］. 2版. 北京：清华大学出版社，2009.
[14] 赵林度. 供应链与物流管理［M］. 2版. 北京：机械工业出版社，2007.
[15]［美］威廉·J·史蒂文森. 生产与运作管理［M］. 张群，张杰，译. 北京：机械工业出版社，2000.
[16] 赵红梅，岳建集. 生产与运作管理［M］. 北京：人民邮电出版社，2007.
[17] 彭沂. 供应链管理［M］. 北京：北京大学出版社，2007.
[18] 闫秀霞，殷秀清. 供应链管理［M］. 北京：经济科学出版社，2008.
[19] 施先亮，王耀球. 供应链管理［M］. 北京：机械工业出版社，2010.
[20] 周艳军. 供应链管理［M］. 上海：上海交通大学出版社，2008.
[21] 查先进，严亚兰. 物流与供应链管理［M］. 武汉：武汉大学出版社，2013.
[22] 赵涛. 物流经营管理［M］. 北京：北京工业大学出版社，2003.
[23] 杨茅甄. 现代物流理论与实务［M］. 上海：上海人民出版社，2003.
[24] 王道平，鲍新中. 供应链管理教程：理论与方法［M］. 北京：经济管理出版社，2009.
[25] 罗松涛. 供应链管理［M］. 北京：对外经济贸易大学出版社，2008.
[26] 戢守峰. 物流管理新论［M］. 北京：科学出版社，2004.
[27] 陈子侠. 现代物流学理论与实践［M］. 杭州：浙江大学出版社，2003.
[28] 徐勇谋. 现代物流管理基础［M］. 北京：化学工业出版社，2003.
[29] 张铎. 电子商务物流管理［M］. 3版. 北京：高等教育出版社，2011.
[30] 邓爱民，张国方. 物流工程［M］. 北京：机械工业出版社，2002.
[31] 黎继子，杨卫丰. 物流管理［M］. 北京：清华大学出版社，北京交通大学出版社，2011.
[32] 李勇，屈亚琴，王慧娟. 现代物流管理［M］. 北京：清华大学出版社，2016.

[33] [美] 唐纳德·J·鲍尔索克斯, 戴维·J·克劳斯, M·比克斯比·库珀, 等. 供应链物流管理 [M]. 4版. 马士华, 张慧玉, 等, 译. 北京：机械工业出版社, 2014.
[34] 徐丽群. 运输物流管理 [M]. 北京：机械工业出版社, 2006.
[35] [日] 角井亮一. 精益制造014：物流管理 [M]. 刘波, 译. 上海：东方出版社, 2013.
[36] 翁心刚. 物流管理基础 [M]. 4版. 北京：中国财富出版社, 2013.
[37] 夏火松. 物流管理信息系统 [M]. 2版. 北京：科学出版社, 2015.